Sven Plöger
Rolf Schlenker
*Die Alpen
und wie sie unser Wetter
beeinflussen*

Sven Plöger
Rolf Schlenker

Die Alpen und wie sie unser Wetter beeinflussen

Mit 49 farbigen Fotos, vier Schwarz-Weiß-Fotos
und zwei farbigen Karten

MALIK

Mehr über unsere Autorinnen, Autoren und Bücher:
www.malik.de

Wenn Ihnen dieses Buch gefallen hat, schreiben Sie uns unter Nennung des Titels »Die Alpen und wie sie unser Wetter beeinflussen« an *empfehlungen@piper.de*, und wir empfehlen Ihnen gerne vergleichbare Bücher.

Inhalte fremder Webseiten, auf die in diesem Buch (etwa durch Links) hingewiesen wird, macht sich der Verlag nicht zu eigen. Eine Haftung dafür übernimmt der Verlag nicht.

Dank an den Verlag C.H.Beck für die Genehmigung des Textabdrucks auf den Seiten 161, 170, 175 und 177 aus Werner Bätzing, »Die Alpen. Geschichte und Zukunft einer europäischen Kulturlandschaft«, München 2015

Cradle to Cradle Certified® ist eine eingetragene Marke
des Cradle to Cradle Products Innovation Institute. Das Etikett ist
kein Bestandteil der erlangten C2C-Zertifizierung bei GGP Media

ISBN 978-3-89029-560-2
© Piper Verlag GmbH, München 2022
Redaktion: Fabian Bergmann, Gmund am Tegernsee
Karten im Vor- und Nachsatz:
© Freytag-Berndt und Artaria KG, 1030 Wien
Fotos im Bildteil: Sven Plöger und Rolf Schlenker, bis auf: Ruedi Homberger, UNESCO-Welterbe Tektonikarena Sardona: Bild; Adrian Pfiffner: Zeichnung (S. 4 oben), Hans Rudolf Keusen (S. 13 unten), SN/APA (ARCHIV/TECHT)/HANS KLAUSTE (S. 2 unten), KEYSTONE/Alexandra Wey (S. 8 oben), Helga Nesensohn-Vallaster (S. 3 oben links und rechts), Angela Weiss/AFP (S. 1 oben), Zoonar/PeJo29 (S. 7 oben);
Illustrationen: Flaticon.com (Barometer); designed by smithytomy/
Freepik (Wettericons); Angelika Tröger (Alpensilhouette)
Satz: Satz für Satz, Wangen im Allgäu
Gesetzt aus der Minion Pro
Litho: Lorenz & Zeller, Inning am Ammersee
Druck und Bindung: GGP Media GmbH, Pößneck
Printed in Germany

Inhalt

Mein Weg in die Alpen und zu diesem Buch 9

Teil 1
Alpenwetter 19

Was wäre, wenn … 20
Schuld war der Toni … 25
Das Wetter 28
Fliegen wie ein Vogel –
Meteorologieunterricht aus dem Gleitschirm 46
Die Wetterphänomene 59
Der Wind, der Wind, das himmlische Kind 86
Der Weiße Tod 93
Wolfgang 105
Die schlimmsten Naturkatastrophen
in den Alpen 108
Grausige Gletscherfunde 128

Teil 2
Alpenklima 131

Nackt in Eis und Schnee: Wie Alpenpflanzen und -tiere mit dem rauen Gebirgsklima umgehen 132

Eroberung und Nutzung der Alpen 146

Unser Dorf – die Story der Alpen im Kleinen 163

Tourismus, Übernutzung und Entsiedelung 168

Warum wir dem Klima Gotthard, Grimsel und andere Alpenpässe verdanken – und Ötzi 180

Ein faszinierendes Experiment: Wie Ötzi über die Alpen (1) 196

Teil 3
Alpenklimawandel 203

Warum Verkehr die Alpen besonders stresst 204

AÖPNV oder: Warum einem in den Alpen
nie das Auto kaputtgehen sollte 212

Wie Flora und Fauna damit zurechtkommen,
dass das raue Klima immer weniger rau wird 215

Die Alpen – ein Wasserturm mit Verfallsdatum 233

Die Staulage vom Januar 2019 252

Leise rieselt's, doch leider kein Schnee –
die Krise der weißen Pracht 256

Ein faszinierendes Experiment:
Wie Ötzi über die Alpen (2) 273

Die Boten des Wandels:
Warum sind gerade die Alpen so sensibel? 277

Wie gefährlich sind die Alpen –
ein gut gehütetes Geheimnis? 292

Was die Hotspots des Klimawandels
über die Zukunft der Alpen aussagen 295

»Daisy« und die Medien 306

Und danach? Die Zukunft der Alpen 309

Mein Weg in die Alpen und zu diesem Buch

Sven Plöger

Zu meinem 40. Geburtstag – der inzwischen mehr als eine Dekade zurückliegt – bekam ich ein großartiges Geschenk von meinen Eltern. Sobald ich halbwegs verständliche Worte aussprechen und in eine einigermaßen sinnvolle Reihenfolge bringen konnte, hatten sie begonnen, immer eine Notiz zu machen, wenn ich etwas aus ihrer Sicht Wertvolles oder Lustiges von mir gab. Die Kladde, die mir an diesem runden Geburtstag überreicht wurde, ist erstaunlich umfangreich, und sie durchzulesen trieb mir zuweilen Tränen in die Augen. Meistens vor Lachen, oft aber auch, weil es einfach rührend war zu sehen, wie empathisch meine Eltern sind, die wohl wussten, dass ich mich über diese Sammlung aus der eigenen Vergangenheit in einigen Jahrzehnten maßlos freuen würde.

Der Eintrag, der mich bis heute am meisten bewegt, stammt aus meinem dritten Lebensjahr. Mein Vater stellte mir die – in diesem Lebensabschnitt sicher höchst sinnvolle – Frage, was ich denn später beruflich mal machen wolle. »Ich will Vogel werden!«, lautete meine selbst aus heutiger Sicht bemerkenswerte Antwort. Auch wenn ich dieses Ziel erwartungsgemäß verfehlt habe, so sagt der Satz alles über meine Interessen. Ich war schon damals ein Hans Guckindieluft, und ich wollte in ebendieser Luft auch möglichst zu Hause sein, also fliegen können. Ich war sicher nicht das erste Kind, das diesen Wunsch hegte, aber den Blick auch beruflich gen Himmel zu richten und später mit den Hobbys Segelfliegen, Gleitschirmfliegen und schließlich ein bisschen Motorfliegen anzufangen war offensichtlich vorgezeichnet. Auch wenn es dafür in meiner Familie keinen naheliegenden Grund gab. Meteorologen und allgemein Naturwissenschaftler spürt man bei uns kaum auf. Geisteswissenschaften, Literatur, klassische Musik und auch das Interesse an Geschichte hatten einen viel höheren Stellenwert. Mathematische Gleichungen und Physik wurden eher mit Skepsis, um nicht zu sagen Erstaunen betrachtet.

Ein Schnelldurchlauf durch meine früheste Jugend zeigt, dass ich offensichtlich mit einem Wetter-Gen zur Welt kam. Als in der dritten Klasse der Grundschule in Sankt Augustin bei Bonn das Thema Wetter behandelt wurde, flippte ich vor Freude fast aus. Alle denkbaren Wetterbücher für meine Altersstufe hatte ich innerhalb weniger Wochen verschlungen und konnte jede Zeile daraus wiedergeben. Meine Umgebung wurde, unabhängig von ihrem Interesse am Thema, erfolgreich von mir drangsaliert. Im Unterricht mussten wir dann eine Woche lang das Wetter beobachten, die Regenmenge messen, die täglichen Temperaturen auf Millimeterpapier eintragen und sagen, welche Wolken mit welchem Bedeckungsgrad über uns hinwegzogen.

Ich schaute ab da nur noch nach oben und machte über Monate hinweg mit meinen Aufzeichnungen weiter, obwohl die Unterrichtsreihe längst abgeschlossen war. Selbst *Cumulonimbus capillatus incus* (die bis auf rund zwölf Kilometer hinaufreichende Gewitterwolke) hatte ich als Wort aufgesogen. Doch meine Eltern begleiteten diese Entwicklung durchaus kritisch. Wäre die Bezeichnung »Nerd« oder »Wetternerd« damals schon gebräuchlich gewesen – auf mich hätte sie perfekt gepasst. Als dann im heißen und trockenen Sommer 1976 irgendwann ein heftiges Gewitter mit wahren Regenfluten und heftigem Hagel über unseren Wohnort donnerte, der Strom in der ganzen Siedlung ausfiel und die Familie ehrfürchtig staunend an der Haustür stand, war es endgültig um mich geschehen. Ich konnte »Meteorologe« zwar nicht schreiben, aber ich wollte es partout werden.

Unser Heizungsmonteur, der immer freundlich dreinblickende Herr Dorndorf, war der festen Überzeugung, ich würde später Professor werden. Daraus wurde zwar nichts, aber meine Mitschüler in der siebten Klasse hatten ein untrügliches Gespür für meine Zukunft. Ich würde später sicher mal im Fernsehen den Wetterbericht machen, so ihr einhelliges Urteil. Ich fand das albern, aber irgendwie müssen sie mich besser gekannt haben als ich mich selbst.

In Jahrgangsstufe 11 freute ich mich sehr über ein »notenloses« Klausurergebnis bei einer Arbeit zum Thema Wetter: Zu lesen war dort »65/32 Punkte« und statt einer Note die Formulierung »Nicht bewertbar«. Mein Geografielehrer klärte mich auf: »Deine Arbeit geht weit über alle Unterrichtsinhalte hinaus, und so hast du 65 Punkte bekommen, obwohl es nur 32 gibt. Würde ich dir nun aber eine Eins geben, dann hätte der Zweitbeste gerade noch eine Vier. Dann wäre der Klassenspiegel zu schlecht, und ich müsste die Klausur neu schreiben lassen.« Bevor Sie nun in mir einen typischen Streber vermuten: Es gab so einige Fächer, allen voran Latein, in denen ich bei der Benotung das andere Extrem ausreizte. Nur mit sehr viel Wohlwollen der Pädagogen schaffte ich es hier, jeweils zur Versetzung eine Fünf zu packen, und – ganz ehrlich – sie war nie gerechtfertigt. Dafür im Nachhinein ein herzliches Dankeschön!

Die Schule war vollbracht, und ich wechselte an die Uni Köln. Voller Energie wollte ich loslegen. Ich kam mir vor wie ein Husky, der schon wild am noch angepflockten Schlitten zog und einfach nicht mehr warten konnte. Doch mit Wucht kam die Ernüchterung. Ich hatte wohl vergessen, das Wort »Meteorologie« vernünftig zu übersetzen. Und das heißt nun einmal »Physik der Atmosphäre« und nicht etwa »Wettervorhersage machen«. Wer aber Physik quantitativ betreiben, also etwas ausrechnen will, der braucht als wichtigstes Hilfsmittel die Mathematik. Und zwar so richtig! Da gab es für Meteorologen keine großzügigen Erleichterungen. Mathematik für Mathematiker war angesagt und füllte etwa die Hälfte meiner Vorlesungspläne aus. Schließlich sollte am Ende ja ein echter Profi im Lösen nicht linearer Differenzialgleichungssysteme aus mir werden. Jetzt nur nicht müde werden!

Während die Worte der Dozenten in den Vorlesungen an mir vorbeizogen, hatte ich zunächst das dumpfe Gefühl, für meinen Berufswunsch angemessen bestraft zu werden – vielleicht vorab schon für alle eventuellen Fehlvorhersagen meines späteren Berufslebens. Physik liegt mir, und mathematisches Denken ist mir auch nicht völlig suspekt. Trotzdem war das Grundstudium eine zähe Quälerei. Wo war die schöne *Cumulus-humilis*-Wolke, deren Leben ich verfolgen wollte? Wo waren die Wetterkarten mit den Frontensystemen und die Satellitenbilder? Wo die wissenschaftlichen Messgeräte, die ich bei Orkan installieren, ablesen und auswerten wollte? Von alldem keine Spur. Immer nur Hörsäle und Professoren, die monoton ihre Skripte wiedergaben.

Nur ein Mathe-Prof stach heraus: Seine überbordende Freude an komplexen Gleichungen führte zu massivem Speichelfluss, der sich stets auf dem damals genutzten Tageslichtprojektor in Form eines »Starkregens« entlud und zu einem skurril-künstlerischen, vor allem aber gänzlich unleserlichen Bild führte. Diese Form des Starkregens war meine erste ernsthafte Begegnung mit der Meteorologie in der frühen Studienzeit. Doch die große Erkenntnis jener Tage war: Halte durch, und lass dich nicht ins Bockshorn jagen! Irgendwann musste es bergauf gehen, und das tat es dann auch.

Im Hauptstudium schlossen sich viele Dinge zu einem großen Ganzen zusammen, der Spaßfaktor wuchs und die Qualität dessen, was ich ablieferte, gleich mit. Neben dem guten und soliden Fundament für meine heutige Tätigkeit in vielen Bereichen zwischen Wetter und Klima lehrte das Studium mich aber auch, dass mir Prüfungen liegen. Das ist ein Glücksfall, denn während viele Menschen unter der Last der Situation leiden und ihre Nerven ihnen dann einen Streich, manchmal bis hin zu völliger Verwirrtheit, spielen, fallen mir unter Stress lauter Dinge ein, die ich ohne diesen Druck einfach nicht auf dem Schirm habe.

Durch diesen dankbaren Umstand und aufgrund meiner daraus resultierenden Prüfungsergebnisse wurden mir am Ende der Studienzeit zwei Doktorarbeiten angeboten, was mich ehrte und freute, zumal sie auch thematisch interessant waren. Doch irgendetwas zog mich hinaus in die große weite Welt und vor allem auch weg von einem Alltag an der Universität, obwohl er für mich durch die Promotionsangebote durchaus positiv besetzt war. Zunächst wollte ich meinem Steckenpferd Synoptik (der analytischen »Zusammenschau« und damit letztendlich Wettervorhersage) nachgehen, Jahre später sollten dann die Themen Klima und Klimawandel immer mehr Bedeutung für mich gewinnen.

Der Deutsche Wetterdienst, bei dem ich mir sehnlichst eine Arbeitsstelle als Meteorologe auf einer Flugwetterwarte wünschte – es war mein großer beruflicher Traum, Piloteure für ihre Flugroute zu beraten –, hatte leider gerade einen totalen Aufnahmestopp für Neubewerber, denn den Kollegen aus der ehemaligen DDR musste damals vorrangig eine neue Perspektive geboten werden. Ich brauchte also Alternativen und bewarb mich blind bei privaten Wetterdienstleistern. Zwei Bewerbungen schrieb ich, zweimal wurde ich eingeladen, und mein erstes Vorstellungsgespräch führte mich … in die Alpen. Genauer gesagt in die Ostschweiz, in den wundervollen Ort Gais im Appenzellerland, wo ich im Sommer 1996 der 2783. Einwohner werden sollte – so stand es jedenfalls dann in der Zeitung.

Der Tag des Bewerbungsgesprächs einen Monat zuvor, der 30. Mai, war ein sonniger Frühlingstag, mein Zug erreichte gegen Mittag St. Gallen, und ich wurde vom Abwart – dem Hausmeister, wie ich schnell lernte – in die Firma Meteomedia gefahren. Ihre Zentrale lag wundervoll auf 1150 Meter Höhe, und die 20-minütige Autofahrt dorthin war umwerfend. Hatte ich jemals so ein intensives Grün erblickt? Hatte ich jemals so viele Bauern gleichzeitig heuen gesehen? Hatte ich jemals einen so blauen Himmel und einen so frischen Geruch der Landschaft wahrgenommen? Hatte ich jemals fast den ganzen Bodensee auf einmal gesehen, so wie jetzt beim Blick in den Rückspiegel?

Dann kamen wir um eine Kurve herum, und vor mir baute sich das gesamte Alpsteinmassiv mit dem Hausberg Säntis (2502 m) und seinem Nebenbuhler Altmann (2435 m) auf. Alles da oben war noch eingepackt in hellweißen Schnee – ein wahnwitziger Kontrast zum Wiesengrün.

Plötzlich hielt das Auto, viele Menschen traten auf den Plan: »Grüezi wohl, Herr Plööggr. Sind Sie guat aachoo, isch d' Fahrt aagnehm gsi?« Damals mussten sich meine Ohren noch etwas eingewöhnen, aber weil ich diese Sprache mit ihrem so sympathischen alpin-gutturalen Klang immer schon gemocht hatte, habe ich mich bis heute so sehr eingehört, dass ich gar nicht mehr bemerke, ob jemand Mundart oder Hochdeutsch spricht, und so mancher im Land lobt mich sogar für das Schwyzerdütsch, das ich nach einem bald halben Leben in den Alpen heute selbst sprechen kann. Aber ein Schmunzeln ist dabei immer zu sehen, denn die »Sven-Plöger-Variante« bleibt – sagen wir es positiv – irgendwie individuell.

An jenem Maitag beim Bewerbungsgespräch hatte ich schlicht und einfach Glück. Es war sonnig, und es würde in den kommenden Tagen sonnig bleiben. Genau deshalb bestand ich auch diese meteorologische »Prüfung«. Ich musste mir die verschiedenen Wettermodelle ansehen und für die Folgetage Wettersymbole und verschiedenste Temperaturen in Städten, Tälern und auf Bergen in der gesamten Schweiz nördlich und südlich der Alpen überlegen und sie eintragen. Das Ganze war für eine große, landesweit erscheinende Tageszeitung gedacht. Dazu war noch die Wetterlage zu erläutern, was bei einem stabilen Hoch mit Sonnenschein eine recht überschaubare Aufgabe ist.

Aber hätte ich auch bestanden, wenn eine Kaltfront etwa aus Nordwesten ins Land gebraust oder kräftiger Föhn aufgekommen wäre? Heute kann ich es ja offen sagen: niemals! Zwar hatte ich ein Diplom mit Auszeichnung in der Tasche, doch hier wäre ich krachend gescheitert. Einfach weil ich keine Ahnung von den lokalen Gegebenheiten, keine Kenntnis von der Wirkung von Luftströmungen in alpinen Tälern und absolut keine Erfahrung und kein Bauchgefühl – ja, auch das braucht man bei der Wettervorhersage – für das Hochgebirgswetter hatte. Theoretisch war ich zweifellos fit und verstand auch die Großwetterlage, aber was das für

Lausanne, Sion, das Mittelland, die Windverhältnisse am Zürich- oder Vierwaldstättersee oder gar die Täler im Tessin oder in Graubünden bedeutete, war mir ebenso unklar wie die Frage, ob es morgen auf dem Gspaltenhorn oder dem Oberalpstock frostiger würde. Was wäre wohl aus mir geworden, wenn der 30. Mai 1996 im Appenzellerland ein windiger Regentag gewesen wäre? Schlüsselmomente im Leben machen immer wieder nachdenklich.

Recht zügig gelang mir aber, das zu erwartende sonnige Wetter in einen schlüssig klingenden Zeitungstext zu fassen. Nachdem ich Glück und ein bisschen Verstand gehabt und mich bemüht hatte, einen möglichst freundlichen Eindruck zu vermitteln, wurde ich nach wenigen Tagen informiert, dass ich anfangen könne. Bereits am 1. Juli begann somit mein unbefristetes Arbeitsverhältnis in einer wunderschönen Region, die andere Menschen vorwiegend besuchen, um dort Urlaub zu machen. Ich war wirklich glücklich.

Mit Spaß und Energie fuchste ich mich in das Schweizwetter rein, starrte stundenlang auf Landkarten, bis die Täler und Bergketten im Hirn eingefräst waren. Ich paukte Ortsnamen, schaute mir gefühlt Millionen verschiedener Wetterlagen an und staunte über viele Wetterdaten. Aber vor allem versuchte ich, von meinen grandiosen neuen Kollegen zu lernen. Zuhören und schweigsam aufsaugen war meine Devise, und ich gebe es ganz ehrlich zu: Es dauerte ziemlich genau ein Jahr, bis ich mich innerlich traute zu sagen, ich sei jetzt in etwa auf dem Niveau angekommen, das meteorologisch gefordert war.

Doch warum ist die Wettervorhersage in den Alpen so schwer? Schlicht und einfach, weil diese so stark zerklüftete Landschaft mit der über ihr liegenden Atmosphäre in intensivster Wechselwirkung steht. Luftmassen werden ständig gestaut, gehoben oder sausen hinunter, sie werden gestaucht, gestreckt und gedehnt oder gepresst – das Gebirge lässt die Luft nicht einfach in Ruhe strömen. Hinzu kommt noch die Thermodynamik, die das für uns und die Atmosphäre so wichtige Wasser immer wieder zwischen den drei Aggregatzuständen fest, flüssig und gasförmig hin- und herwechseln lässt und dabei stets die Energieerhaltung berücksichtigt. Kondensation, der Übergang von Wasserdampf zu Wasser, setzt Energie, sprich Wärme frei, und die Verdunstung, der umgekehrte Prozess, benötigt Wärme. Auf diese Weise kühlt der Schweiß uns beispielsweise ab, wenn er verdunstet.

Das Alpenwetter zu begreifen bedeutet, es als einen Organismus zu sehen, bei dem alles voneinander abhängt und in sich logisch ist. Schließlich spielt sich dort Physik ab. Mit diesem Blick lassen sich die Prozesse fast spielerisch entschlüsseln. Wenn ich heute eine Alpenwettervorhersage mache, so kann ich – freilich nur, nachdem ich vorher die Wettermodelle betrachtet habe – die Augen schließen, und dann spüre und »sehe« ich das Geschehen am Folgetag. Diese Intensität des Alpenwetters beeindruckt mich, es zieht mich seit Jahren in seinen Bann.

Verstehen und Erfühlen des Wetters bleiben aber auch für mich als Meteorologe immer zwei Dinge. Schon in den ersten Tagen in Gais wurde mir klar: Entweder scheint hier die Sonne, oder es wird wild, der typische bewölkte Rheinlandtag kommt hier nur selten vor. Was zur Folge hatte, dass ich fast ein Viertel mehr Sonnenschein abbekam als in meiner alten Heimat, aber gleichzeitig über das Jahr gemittelt auch mehr als die doppelte Niederschlagsmenge.

Mein erster Wettertag, an dem ich aus dem Staunen nicht mehr herauskam, war der 2. Juli 1996, also gleich Arbeitstag Nummer zwei. Der Sommer hatte begonnen, doch es schüttete bei nicht einmal drei Grad Höchsttemperatur den ganzen Tag wie aus Eimern. Als die Wolken tags darauf allesamt verschwunden waren, erstrahlte der Alpstein für einen Tag als sommerliche Winterlandschaft – was für ein Anblick! Seither wollte ich nie wieder weg, ich war gekommen, um zu bleiben: in den Alpen zu bleiben und von ihrem Wetter, ihrem Klima und der ganzen Region zu erzählen.

Und erzählen ist besonders schön, wenn man Gleichgesinnte trifft – hier kommt nun Rolf ins Spiel! »Meteorologe trifft auf Wissenschaftsjournalisten« war für uns beide ein echter Gewinn, und die Freude an der daraus entstehenden gemeinsamen Arbeit möchten wir nun mit Ihnen – liebe Leserinnen und Leser – teilen. In diesem Buch präsentieren Rolf und ich Ihnen viele Themen aus der Meteorologie, insbesondere natürlich im Zusammenhang mit den beeindruckenden Bergen der Alpen, und möchten Theorie und Praxis dabei in leicht verständlichen Gedanken zusammenbringen.

So finden Sie an entsprechender Stelle auch die etwas dunkler unterlegten Wissensboxen »Wer es genauer wissen will«, in denen wir uns in prägnanter Form einigen zentralen Aspekten des Faszinosums »Berge, Wetter und Klima« vertiefend widmen. Abbildungen illustrieren Schlüsselmomente – schwarz-weiß im Text, farbig im Bildteil zusammengefasst oder mittels eines QR-Codes anzusteuern.

Und darüber hinaus wird Ihnen jeder von uns für sich noch von einigen persönlichen Erfahrungen mit dieser Gebirgslandschaft berichten. Einer Gebirgslandschaft, deren Schönheit so viele Besucher auch aus ferneren Regionen zu sich zieht und die durch ihre Auswirkungen auf das Wetter tagtäglich auch das Leben vieler Menschen in der Ferne mit beeinflusst.

Teil 1
ALPENWETTER

Was wäre, wenn ...

Neapel, 14. März. Der Blizzard tobt nun schon den vierten Tag in der Stadt am Fuße des Vesuvs. Wieder einmal. Dass er so heftig ausfallen würde, hatten die Meteorologen des staatlichen Wetterdienstes nicht vorausgesehen. Schon binnen weniger Stunden war das Centro Storico unter einer 1,30 Meter dicken Schneedecke versunken, zu Tausenden versuchen die Neapolitaner jetzt, die gigantischen Schneemengen aus den engen Gassen und von den ächzenden Dächern zu schaffen und ins Meer zu kippen – vergeblich. Denn die eisigen Sturmböen, die mit Geschwindigkeiten um 80 Kilometer in der Stunde durch die Stadt fegen, türmen Schneeverwehungen schneller auf, als sie der Mensch beseitigen kann. So ist die mächtige Front des altehrwürdigen Museo Archeologico Nazionale bereits hinter einer 15 Meter hohen Schneemauer verschwunden. Das Chaos ist unbeschreiblich: Der gesamte Verkehr ist zusammengebrochen, die Strom- und Wasserversorgung ausgefallen, Menschen erfrieren selbst in ihren Wohnungen – Neapel im Würgegriff des Blizzards.

Mooooment! Neapel? Schneeverwehungen?? Blizzard??? In der Stadt, in der man selbst im Dezember gute Chancen hat, seinen Espresso in einem der vielen Straßencafés zu nehmen?

Erwischt! Aber ersetzen Sie »Neapel« einfach durch »New York City«, und das Szenario stimmt. Das kleine Gedankenspiel soll lediglich illustrieren, was wäre, wenn es einen etwa 200 000 Quadratkilometer großen Landstrich im Herzen Europas nicht gäbe: die Alpen. Kalte Nordlagen könnten dann ungebremst bis in den tiefsten Süden unseres Kontinents hinunterziehen und dort für Winterchaos sorgen. Der Vergleich Neapel/New York ist dabei nicht zufällig gewählt: Beide Städte liegen auf demselben Breitengrad und sollten damit – so könnte man ja vielleicht denken – ein ähnliches Klima haben. Haben sie aber nicht. Denn in den USA gibt es eben keinen mächtigen Gebirgsriegel, der den Big Apple vor den eisigen Unbillen des Nordens schützt, immer wieder wird New York deshalb von solchen Blizzards durchgeschüttelt: 2016, 2010, 2006, 1996, 1947 und davor der schlimmste vom 11. bis 14. März 1888 mit den oben beschriebenen Begleiterscheinungen, ein Monsterschneesturm, der 100 New Yorker das Leben kostete.

Umgekehrt: Ohne die Mauer der Alpen könnte feuchtwarme Luft aus dem Mittelmeerraum ungehindert bis weit hinauf in den Norden gelangen und dort auf polare Kaltluft prallen, ein explosiver Mix, der zu Zuständen wie in der berüchtigten »Tornado Alley« führen könnte, einem Landstrich zwischen Texas und South Dakota, in dem von März bis Mai bis zu 800 Tornados wüten. Insgesamt sind es im Jahr in den Vereinigten Staaten bei stark schwankender Zahl zwischen 900 und 1800 Tornados. Auch in Deutschland gibt es jährlich 20 bis 60 dieser Wirbelstürme, aber die stärkeren und schlimmeren gibt es in den USA.

Blizzards und Tornados zeigen, welch entscheidende Rolle die Alpen für unser Klima in ganz Europa spielen. Sie sind eine mächtige breitenparallele Barriere mittendrin, eine gewaltige Wetterküche; sie trennen den kühlen Norden vom milden Süden; sie zwingen die woher auch immer kommenden Wolken, die gegen dieses Bollwerk prallen, zum Abregnen; sie speichern diese gewaltigen Wassermengen im Innern ihrer riesigen Steinmassive und werden so zum Quellgebiet der wichtigsten europäischen Flüsse. Kurz, gerade mal ein Fünfzigstel der Fläche des gesamten Kontinents gibt klimatisch den Ton fürs Ganze an.

Die Alpen sind eine Art Alphatier unter den anderen klimabestimmenden Faktoren Europas – den Hochs von den Azoren, den Tiefs aus Island, der trockenen Luft aus den Weiten Russlands oder der feuchten Luft von den Meeren –, das zeigt der Umstand, dass dieses Gebirge quasi ein ganzer Kontinent im Kleinen ist. So entspricht zum Beispiel eine Wanderung vom Süden Europas bis in den hohen Norden der Arktis in den Alpen gerade mal einer Tour von Nizza auf den Mont Blanc – zumindest in floristischer Hinsicht. Zugegeben, klingt nach einer äußerst steilen These. Ist aber so.

Zum Verständnis: Mal angenommen, Sie würden wirklich von der Côte d'Azur in die Polregion loswandern, dann würde Sie Ihr Weg gleich durch mehrere höchst unterschiedliche Vegetationszonen führen: zunächst aus der milden mediterranen Zone der Hartlaubgewächse hinein in die für Mitteleuropa typische Laub- und Mischwaldzone, dann über die in Nordeuropa beheimatete Nadelwaldzone in die Flechtenlandschaft der Tundra nördlich des Polarkreises und von da aus noch mal ein gutes Stück weiter in die Arktis mit ihrer polaren Eiskappe. Über etwa 5000 Kilometer erstreckt sich Ihre Tour durch diese fünf Vegetationszonen.

Wenn Sie nun die Möglichkeit hätten, diese 5000 Kilometer in einem Kraftakt auf ein Tausendstel, also auf fünf Kilometer, zusammenzuquetschen und das Ganze hochkant zu stellen, dann hätten Sie ... die Alpen erschaffen.

Für die besagte Bergtour bedeutet das: Auf einer Route von Nizza (Meereshöhe null) hoch auf den Mont Blanc (Meereshöhe 4807 Meter) würde die durchwanderte Höhendifferenz von etwa fünf Kilometern – was Anzahl und Natur der Vegetationszonen angeht – Ihrem 5000-Kilometer-Marsch entsprechen. Unten in Nizza die Palmen, oben auf dem Gipfel des Mont Blanc das Dauerweiß des Permafrosts, dazwischen Laub- und Nadelwald plus tundraähnliche Grasheiden. Diese schwer vorstellbare Verdichtung von so grundverschiedenen Vegetationszonen auf einem so kleinen Raum ist die Ursache dafür, dass die Naturdynamiken in den Alpen um so vieles stärker und das Wetter um so vieles wilder ist als unten in der Ebene.

Das ist die eine Seite dieses mächtigen Gebirges. Die andere: So wuchtig sie auch wirken, die Alpen reagieren sensibel wie kaum eine andere europäische Landschaft auf die Veränderungen durch den Klimawandel.

All dies macht sie so spannend für uns. Kaum irgendwo sonst in Europa gibt es auf kleinstem Raum solch große klimatische Unterschiede: Während es im einen Tal regnet, knallt in dem daneben die Sonne herab; eine im Schatten liegende Bergflanke kann eine völlige andere Vegetation aufweisen als der sonnenbeschienene Hang ein paar Hundert Meter gegenüber; hinter jedem Felsen kann die Temperatur um 20 Grad tiefer liegen als auf der Wiese davor. Dieses komplexe System zu begreifen ist eine faszinierende Herausforderung. Für jeden Meteorologen. Für jeden Wissenschaftsjournalisten. Und für jeden Naturliebhaber.

Die Alpen: Wenn es sie nicht gäbe, sähe Europa völlig anders aus.

Aber es gibt sie ja. Deshalb kann der Neapolitaner selbst im tiefsten Winter auf der Terrasse des Gran Caffè Cimmino sitzen, während die New Yorkerin ihre durchfrorenen Finger an einem Becher Americano to go wärmen muss. Andererseits dürfen wir im deutschen September milde Altweibersommertage genießen, während man am Fuße des Vesuvs immer noch unter schwülen 30 Grad stöhnt – *così è la vita*, so ist das Leben. Den Alpen sei Dank.

Schuld war der Toni ...
Rolf Schlenker

Es war ungefähr so oder so ähnlich: Als sich die dichten Staub- und Abgasschwaden verziehen, werden die noch schneebedeckten Gipfel und die sattgrünen Weiden mit dem Milchvieh langsam wieder sichtbar. Und auch der Junge in der kurzen Lederhose, der neben dem Schotterweg steht. Verträumt sieht er den Autos hinterher, die mit halsbrecherischer Geschwindigkeit durch die ansonsten stille Hochgebirgslandschaft brettern ...

Okay, heute hätte eine solche Szene in einem Jugendbuch wohl nichts mehr zu suchen. Anfang der 1960er-Jahre aber, als ich Oliver Hassencamps »Die Testfahrer und der fixe Toni« in die Hände bekam, war das noch völlig anders.

Die Geschichte des Bergbauernsohns Toni, auf dessen väterlichem Hof sich eine Testfahrer-Crew mit einer Flotte von hochgeheimen »Erlkönigen« einquartiert, nahm mich sofort gefangen – erst viel später wurde mir klar, warum mir von meinen vielen Kinderbüchern ausgerechnet dieses noch so bildhaft in Erinnerung ist. Ich entsinne mich, dass mich damals die aufregende, spritgeschwängerte Welt der Testfahrer so gut wie gar nicht interessierte, dafür sehr viel mehr die Schilderungen, wie Toni im Winter mit den Ski zur Schule fährt, in den Sommerferien die Kühe hütet und abends bei prasselndem Kachelofenfeuer mit Eltern und Geschwistern in der holzvertäfelten Stube sitzt: Die »Faszination Alpen« übertraf die »Faszination Technik« bei Weitem. Bei mir jedenfalls.

Und dann gab es ja auch noch Alpinlegenden wie Luis Trenker, der zwischen 1959 und 1973 im Fernsehen hocherfolgreiches – wie es im Fachjargon heißt – Storytelling betrieb: »Buam und Maderln, heut erzähl ich euch die G'schicht, wie ich als Bub ...« Dann saß man vor dem Bildschirm, als ob's im Keller donnerte. Dass der wild vor einem Herrgottswinkel gestikulierende Trenker vom Hundertsten ins Tausendste kam (»Dabei fällt mir ein ...«) und seine Geschichten nicht immer stringent zu Ende erzählte – schnurzegal. Es war das Sonnengegerbte, das Zünftig-Fröhliche, das Alpenländisch-Naturburschenhafte, das mich fesselte.

»Alpen bringen Quote« – diese Fernsehweisheit galt auch noch Jahrzehnte später, als ich für den SWR einen Dokumentationsplatz betreute. Sicher, viele europäische Naturlandschaften haben ihren eigenen Reiz, aber kaum eine – außer vielleicht dem Meer – ist zu einem solchen Sehnsuchtsort geworden wie die Alpen.

Warum berühren uns die Berge so stark? Ist es dieses Gefühl, Weitsicht und Überblick zugleich zu haben, wenn man auf einem Gipfel steht? Oder die Illusion, die Uhr wäre stehen geblieben und es wäre alles noch so wie früher? Ist es einfach nur der Kontrast zum Gewohnten? Diese Urgewalt der Natur mit ihren unberechenbaren Wetterstürzen, Schnee-, Fels- und Schlammlawinen? Und die Bewunderung für die Fähigkeit der Alpenbewohner, nicht nur mit ihr zu leben, sondern sie auch zu begreifen?

Und warum treiben Menschen, die als Kind maulend (»Wie weit ist's noch?«) von ihren Eltern über steile Felspfade getrieben wurden, nachdem sie selbst Eltern geworden sind, ihre eigenen Kinder durch die Berge? Und die wiederum ihre ...?

Wohl jeder Alpenfan hat seine eigene Geschichte zu erzählen, warum, wann und wie ihn die Faszination für dieses Gebirge packte. Was bei vielen Johanna Spyris »Heidi« war, war bei mir eben »Die Testfahrer und der fixe Toni« – für mich roch diese Geschichte schlichtweg nach Tannen, Heu und Holzfeuer und nicht nach Motoröl und Auspuffqualm.

Übrigens: Am Ende des Buches verlässt Toni den Berghof und geht bei den Testfahrern in die Lehre. Wäre diese Fortsetzungsgeschichte auch noch geschrieben worden, ich hätte sie wohl nicht gelesen.

Das Wetter

Wenn Sie schon mal einen Fahrradreifen aufgepumpt haben, dann kennen Sie auch den Grund, warum es auf der 3842 Meter hohen Aiguille du Midi um rund 18 Grad, manchmal sogar um satte 28 Grad kälter sein kann als im 2807 Meter tiefer gelegenen Chamonix – es ist derselbe, der auch die Fahrradpumpe in Ihrer Hand heiß werden lässt. Beim Pumpen pressen Sie die Luft durch das Ventil in den Reifen und erhöhen damit den Druck: mehr Druck gleich wärmere Luft. Also warmes Ventil!

Aber von Anfang an. Wir alle haben es nicht leicht! Im Gegenteil, jeder von uns schleppt eine gewaltige Last mit sich herum, gut und gern 18 Tonnen. So viel wiegt – umgerechnet auf die durchschnittliche Körperoberfläche – die Luftsäule über jedem von uns. Denn Luft wiegt nicht nichts, sondern rund ein Kilogramm pro Kubikmeter. Und zwischen unsere Frisur und die Höhe, ab der das Weltall beginnt, passen viele dieser Luftwürfel – den Begriff für diese drückende Last kennt jedes Kind: Luftdruck. Wichtig dabei: Der Luftdruck nimmt ab, je weiter man in die Höhe kommt, denn die Luftsäule über einem wird ja nun immer kürzer und deshalb auch immer leichter. Schließlich liegt auf einem hohen Alpengipfel viel Luft bereits unter uns und kann so keinen Druck mehr ausüben. Weil man Luft zusammendrücken kann, sie also komprimierbar ist, ist die Luftdichte unten am größten und wird mit der Höhe immer geringer, sprich, jeder unserer Kubikmeterwürfel wird mit der Höhe immer leichter.

Dazu kommt jetzt noch mal die Erkenntnis aus dem Radaufpumpen: Druck erzeugt Wärme – dort, wo hoher Druck herrscht, mehr als dort, wo er niedrig ist. Deshalb ist es auch im Tal meist wärmer als auf dem Gipfel; je nach meteorologischem Ansatz nimmt die Temperatur meist zwischen 0,5 und 1 Grad pro 100 Höhenmeter ab.

Wer es genauer wissen will

Luftdruck: Die Last, die wir ständig tragen

Luft wiegt nicht nichts. Ein Luftwürfel von 1 Kubikmeter Ausdehnung bringt es in Bodennähe auf rund 1 Kilogramm, genau genommen sogar 1,226 Kilogramm. In die ganze Atmosphäre passen ziemlich viele solcher Luftwürfel, denn alle 511 Millionen Quadratkilometer Erdoberfläche haben Luft über sich, hinauf bis zu jeder Stelle, wo die Atmosphäre ins Weltall übergeht. Deshalb wiegt unsere aus dem Weltall so zierlich aussehende und verletzliche Atmosphäre am Ende auch beeindruckende 5 Billiarden Tonnen – kein Leichtgewicht also. Diese Luft übt nun einen Druck auf die unter ihr liegende Fläche aus, das nennen wir Luftdruck, den kann man mit einem Barometer messen. Und diesem Druck müssen freilich auch wir standhalten, denn jeder von uns hat das Gewicht der Luftsäule zu tragen, die über ihm liegt.

Wie viel ist das? Lassen Sie uns dazu mal ein bisschen rechnen: Der mittlere Luftdruck auf der Erde beträgt 1013,25 Hektopascal (hPa) oder 101 325 Pascal. Weil 1 Pascal, die Druckeinheit, 1 Newton (N) pro Quadratmeter entspricht und die Erdbeschleunigung 9,81 N/kg beträgt – da der Planet alles immer zu seinem Mittelpunkt ziehen will –, muss man nun aufschreiben: $(101\,325\ N/m^2)/(9{,}81\ N/kg)$. Wenn man dann wie im Physikunterricht der Mittelstufe konzentriert rechnet und bei den Einheiten gut aufpasst, steht da nun 10 328,7 Nkg/Nm². Weil N/N 1 ist und sich damit »wegkürzt«, wie Mathematiker in so einem Fall zufrieden resümieren, heißt das nichts anderes, als dass auf jedem Quadratmeter knapp 10 329 Kilogramm lasten, also rund 10 Tonnen. Jetzt muss jeder Einzelne von uns nur noch flott seine Körperoberfläche anschauen – bitte nicht entmutigen lassen –, und schon kennt man die höchstpersönliche Luftlast, die man tragen muss, ob man will oder nicht. Wenn Sie – rein von der Körpergröße her – ein Durchschnittsmensch sind, so haben Sie eine Körperoberfläche von 1,73 Quadratmetern. Dann lasten stets 17 869 Kilogramm, also knapp 18 Tonnen auf Ihnen, da der Druck immer aus allen Richtungen gleichmäßig auf uns einwirkt.

So, nun einmal durchatmen und diesen Abschnitt noch mal lesen, dann bekommt man richtig Freude an der Zahlenjonglage! Wenn wir Sie mit unserer Begeisterung aber nicht anstecken konnten, dann zeigen wir hiermit größtmögliches Verständnis, und Sie merken sich einfach: »Ich muss stets knapp 18 Tonnen Luft tragen.«

Warum ist das aber nicht anstrengend? Weil unser Körper so gestaltet ist, dass er mit seinem Innendruck diesen Außendruck ausgleicht. Deshalb wäre es sogar ganz schlecht, wenn genau dieser Außendruck fehlen würde! Denn was würde passieren, wenn ein Mensch ein Raumschiff im Weltall ohne Raumanzug verließe? Ganz praktisch würde er sofort ersticken, weil der Sauerstoff fehlte. Um diesen sofortigen Tod zu vermeiden, würde man sicher spontan versuchen, die Luft anzuhalten. Weil sich die Luft im Körper ohne den Außendruck aber sofort stark ausdehnt, würde unsere Lunge nicht standhalten und schlicht platzen. So, wie es einem Taucher widerfahren würde, wenn er mit einer Luftflasche tauchen und bei einem raschen Aufstieg die Luft anhalten würde. Darum ist das einer der wichtigsten Sätze in der Tauchausbildung: »Nie die Luft anhalten, immer atmen!«

Neben der platzenden Lunge würden zu allem Überfluss auch noch unsere Körperflüssigkeiten beginnen zu kochen. Denn bei abnehmendem Druck sinkt der Siedepunkt schnell. Betrachten wir dazu einmal Wasser, denn unser Körper besteht zu 60 bis 80 Prozent aus Wasser. Auf Meeresspiegelhöhe beträgt der Siedepunkt bekanntlich 100 Grad Celsius. Nun nimmt dieser pro 100 Meter, die man nach oben steigt, durch die Abnahme des Luftdrucks aber um circa 0,34 Grad ab. Besteigt man zum Beispiel den höchsten Alpenberg, den Mont Blanc mit seinen 4807 Metern, dann muss man 100 Grad minus 48 x 0,34 Grad rechnen und erhält etwa 84 Grad. Dort oben kocht Wasser also schon bei 84 Grad und erwärmt sich dann auch nicht weiter. Ein gekochtes Mont-Blanc-Ei fordert uns demnach viel Geduld ab, weil es ewig lange braucht, bis es fertig ist.

Wenn es nun weiter bergauf geht, wird das Problem klar: Auf dem Gipfel des 8848 Meter hohen Mount Everest kocht Wasser bei 70 Grad, und auf knapp 19 000 Meter Höhe würde es – Achtung! – schon bei 37 Grad kochen. Das ist unsere Körpertemperatur, und deshalb ist es gut, dass kein zu besteigender Berg auf diesem Planeten so hoch ist. Und wenn der Druck wie im Weltall eben weg ist, dann kochen Wasser und andere Flüssigkeiten sofort. Also ist der Kauf eines guten Raumanzugs auch für Weltraumtouristen immer eine vernünftige Investition, oder aber man bleibt – wie es wohl die meisten von uns instinktiv bevorzugen würden – gleich im kuscheligen Raumschiff. Hier lässt sich auch gut erkennen, warum keine Raumstation mit Weltraumschrott kollidieren möchte. Bei so einem Zusammenstoß mit rund 28 000 Kilometern pro Stunde könnten die Trümmer Außenwände oder Fenster der Station durchschlagen, und dann würde die Luft sofort mit all den gerade beschriebenen Folgen entweichen.

Verlassen wir das Weltall jetzt aber wieder und schauen noch mal in die Atmosphäre. Für die Druckabnahme mit der Höhe gibt es nämlich ein paar schöne Faustregeln: Alle rund 5500 Meter halbiert sich der Luftdruck. Da der Bodendruck rund 1000 hPa beträgt, sind es folglich auf 5500 Meter Höhe noch 500 hPa, auf 11 000 Metern 250 hPa, auf 16 500 Metern 125 hPa und so weiter. Es handelt sich – auch hier wieder wegen der Komprimierbarkeit der Luft – um eine Exponentialfunktion. Umgekehrt gerechnet können wir festhalten, dass der Druck in Bodennähe alle 8 Meter (das ist gar nicht so viel!) um 1 hPa abnimmt. In den höheren Regionen braucht man für 1 hPa auf 5500 Metern über dem Meer aber schon 16 Meter, auf 11 000 Metern 32 Meter und auf 16 500 Metern 64 Meter Höhendifferenz.

Das zeigt übrigens auch, wie unwahrscheinlich es ist, dass Luftdruckschwankungen für Wetterfühligkeit ursächlich

> sind, denn sonst würde es uns schon bei einem Ausflug ins Mittelgebirge sehr schlecht gehen, und die Besteigung eines Alpengipfels wäre völlig undenkbar. Der tiefste Luftdruck in Deutschland wurde am 27. November 1983 mit 954 hPa in Emden gemessen, der höchste am 23. Januar 1907 mit 1061 hPa in Greifswald. Die Differenz beträgt 107 hPa, das entspräche 856 Metern – ein Höhenunterschied, den wohl jeder schon mal erlebt hat, ohne dabei gesundheitlich völlig aus dem Ruder zu laufen. Und dies ist ja der Extremwert überhaupt. Bei typischen starken Wetterveränderungen durch ein heranziehendes Tief geht es meist um 20 oder 30 hPa, also umgerechnet um 160 bis 240 Höhenmeter. Wetterfühligkeit muss andere Gründe haben.

Welchen ganz besonderen Einfluss die Höhe auf die Temperaturänderung hat, erfuhren wir im Hochsommer 2019 bei Dreharbeiten in der Nordwand des Eigers (3967 m) bei Grindelwald im Berner Oberland. Dort gibt es seit dem Bau der Jungfraubahn (1896–1912) das »Stollenloch«, durch das die Arbeiter damals den Schutt aus dem Tunnel entsorgten. Gegen Voranmeldung hält die Jungfraubahn auf Höhe dieses Lochs, und man kann mit einem Bergführer durch eine dicke Holztür auf einen schmalen Felssims mitten in der senkrechten, 1800 Meter hohen Nordwand steigen, ein atemberaubendes Erlebnis. Das Stollenloch liegt ungefähr auf 2700 Metern über dem Meer, rund 1700 Meter höher als Grindelwald. Als wir dort unten losfuhren, saßen die Leute bei 25 Grad in Sommerkleidern im Straßencafé; als wir aus dem Stollenloch traten, empfing uns ein wüster Graupelschauer. 1700 Meter höher mal 0,65 Grad Abkühlung pro 100 Meter (siehe dazu die Wissensbox »Der Temperaturgradient« auf den Seiten 63 ff.), das wären etwa 11 Grad Unterschied zu unten, es war also immer noch deutlich zu warm für eine solche weiß-kalte Dusche. Selbst der Extremfall von 1 Grad pro 100 Meter hätte uns oben noch 8 Grad plus beschert. Da wäre Graupel schon möglich, aber es war noch deutlich kälter – richtig winterlich.

Zu der Temperaturabnahme durch die Höhe musste noch ein weiterer Faktor dazukommen. Wer eine der zahlreichen Webcams auf www.jungfrau.ch mit Sicht auf die Nordwand anwählt und sich in den angebotenen 10-Minuten-Schritten zurückklickt, sieht ihn deutlich: Die Wand liegt fast immer im Schatten, durch ihre Ausrichtung nach Norden macht sie sich ihr ganz eigenes Wetter. Das heißt, sie erwärmt sich zum einen kaum, weswegen feuchte Luft an ihrer kalten Oberfläche kondensiert und als kalter Regen oder sogar als Schnee abgeht, zum anderen ist die Wand konkav, also nach innen gewölbt, und wirkt wie eine überdimensionale Satellitenschüssel, nur dass sie keine Rundfunksignale sammelt, sondern Wolken.

Diese Besonderheiten machen den Eiger zu einem der zehn gefährlichsten Berge der Welt – über 70 Tote forderte die Wand bereits. Eines dieser Unglücke gilt als eine der größten Tragödien in der Alpingeschichte, und den vier Betroffenen war 1936, fast auf den Tag genau 83 Jahre vor unserem Nordwand-Erlebnis, Ähnliches widerfahren: Das Wetter verschlechterte sich plötzlich, was mitten in dieser Satellitenschüssel einer Katastrophe gleichkam.

Die vier Männer, die Deutschen Andreas Hinterstoißer und Toni Kurz sowie die Österreicher Willy Angerer und Eduard Rainer, waren – zunächst in zwei Seilschaften – am 18. Juli in die Wand eingestiegen, beobachtet von einer Heerschar Journalisten und Neugieriger, die sich auf der Kleinen Scheidegg versammelt hatten, einer Passhöhe gut 1000 Höhenmeter oberhalb von Grindelwald mit einer Zahnradbahnstation und anderer touristischer

Infrastruktur. Dieser Erstbesteigungsversuch war im Vorfeld zum nationalen Wettkampf zwischen Nazideutschland und Österreich hochgejubelt worden und fand vor Hunderten Ferngläsern und Teleobjektiven statt. Was die Zuschauer sahen, mutete zunächst wie eine Erfolgsgeschichte an: Die zwei Seilschaften kamen in der senkrechten Wand viel schneller voran als gedacht – doch dann, am zweiten Tag, zogen plötzlich Wolken auf, sammelten sich in der Wand und blieben dort zäh hängen.

Diesen Effekt hatten wir auch bei unseren Dreharbeiten beobachtet: Am Fuß des Eigers schien die Sonne, während die Nordwand völlig in Wolken gehüllt war. Im Zeitraffer sah das so aus, als würde der Eiger ausdampfen, weil die Wolken, die zu den Rändern der Wand strömten, sich dort aufzulösen begannen – eine spektakuläre Einstellung.

Für die vier Bergsteiger war das damals ein Super-GAU – ohne Sicht in einer senkrechten Wand, die ja keiner kannte, weil sie zuvor noch nie komplett durchstiegen worden war. Immer mal wieder hatten die Zuschauer durch Wolkenlöcher Blickkontakt zu den Kletterern, sie sahen, dass sich die beiden Seilschaften zusammengeschlossen und offenbar wieder an den Abstieg gemacht hatten.

Was man da unten aber nicht ahnen konnte: In der Wand spielte sich eine Tragödie ab, bei der sich eine alpinistische Meisterleistung als tückische Todesfalle erweisen sollte. Bei ihrem Aufstieg waren die beiden Deutschen an einer Stelle angelangt, an der ein Weiterkommen nicht möglich war. Doch Hinterstoißer hatte eine ebenso geniale wie halsbrecherische Idee. An einem langen Seil hängend, ließ er sich wie ein Uhrenpendel hin- und herschwingen, bis er an ein Wandstück kam, an dem ein Weitersteigen möglich war. Dort krallte er sich in den Fels, schlug einen Haken ein und befestigte sein Seil daran. So konnte sich Kurz an dem horizontalen Seil hinüberhangeln – »Hinterstoisser-Quergang« heißt diese Passage bis heute in der Schweizer Schreibweise des Namens. Wettbewerb hin, Wettbewerb her, die Deutschen ließen auch die beiden Österreicher das Seil benutzen, um gemeinsam weiterzuklettern. Allerdings zogen sie vorher das Quergangsseil ab – und besiegelten damit ihr Todesurteil.

Da einer der Österreicher durch einen Steinschlag am Kopf verletzt worden war und das Wetter immer schlechter wurde, entschieden sich die vier zur Umkehr. Als sie wieder an den Hinterstoisser-Quergang kamen, hofften sie, auch ohne Seil auf ihre alte Aufstiegsroute hinüberzugelangen. Doch die Wand war mittlerweile (wie gesagt, es war Hochsommer!) völlig vereist, sie mussten eine steile Ersatzroute nehmen, die jetzt doppelt gefährlich war, denn der kalte Regen war in der Wand inzwischen in Schnee übergegangen. Die Seilschaft wurde von mehreren Neuschneelawinen getroffen – drei der vier Kletterer kamen dabei ums Leben.

Als wäre das Drama nicht schon schlimm genug gewesen, schrieb das Schicksal jetzt einen Schlussakt, der noch heute jedem Bergsteiger einen Schauer über den Rücken jagt: Der einzige Überlebende, Toni Kurz, versucht, sich weiter abzuseilen. Er will das Stollenloch erreichen, wo sich schon Rettungskräfte versammelt haben. Doch dann ist sein Seil nicht lang genug. Er steht auf einem schmalen Absatz mitten in der Wand, 150 Meter vom Stollenloch entfernt. Einige Retter klettern ihm entgegen, schaffen es aber nicht, nahe genug an ihn heranzukommen, nehmen Rufkontakt zu ihm auf. Kurz gelingt es, ein Verlängerungsseil an einer dünnen Schnur nach oben zu ziehen. Er verknotet es mit seinem Seilrest und beginnt – halb erfroren, wie er ist –, sich weiter abzuseilen.

Er hängt unter einem überstehenden Felsen frei in der Wand und ist nur noch sechs bis acht Meter von den Rettern entfernt, als das Verhängnis nicht mehr abzuwenden ist: Den Rettungskräften war das Seil, das sie Kurz hochziehen ließen, als zu kurz erschienen, und sie hatten es mit einem zweiten Seilstück verlängert. Doch dieser dicke Verbindungsknoten passt jetzt nicht durch den engen Karabinerhaken, durch den das Seil läuft. Hilflos müssen die Retter zusehen, wie der völlig erschöpfte, über ihnen in der Luft baumelnde Kurz versucht, das mittlerweile steif gefrorene Seil mit einem Messer zu durchtrennen – vergeblich. Nach stundenlangem Kampf kippt er schließlich nach vorne und stirbt. Das Foto, das den toten, in seinem Seil hängenden Toni Kurz zeigt, hat auch fast 90 Jahre nach den Ereignissen nichts von seinem Schrecken verloren. Die Bergtragödie um ihn und seine Kameraden ist in unseren Tagen noch so präsent, dass ihr 2008 der Kinofilm »Nordwand« ein Denkmal setzte.

Vier Tote in einem zum Spektakel hochstilisierten Erstbesteigungswettlauf. Wer hatte Schuld? Gab es jemanden, den man verantwortlich machen konnte? Am Ende war es das Wetter, das in den Bergen – und vor allem am Eiger – eben damals unberechenbar war und selbst heute noch in gewissem Maße ist. Wenn man sich die Möglichkeiten dieser Zeit, eine verlässliche Wetterprognose zu bekommen, mal genauer anschaut, dann sieht man, dass eine Unternehmung wie die der vier vom Juli 1936 rein auf Sicht gefahren werden musste. Die meteorologische Infrastruktur der Schweiz wurde in diesen Jahren mit Flugwetterdienst und Sturmwarndienst für die Schweizer Seen gerade erst aufgebaut, und die örtliche Tageszeitung, das *Echo von Grindelwald*, veröffentlichte zu dieser Zeit auch noch keinen Wetterbericht. Wenn man tiefer in die Recherche geht, stellt man fest, dass der Wetterumschwung, der die vier in Eis und Schnee mitten im Sommer das Leben kostete, so lokal war, dass er in den »Annalen der Schweizerischen Meteorologischen Zentral-Anstalt« des Jahres 1936 mit keiner

Silbe erwähnt wurde. Da ist unter der Rubrik »Einzelne bemerkenswerte Niederschläge« eine Schlechtwetterperiode zwischen 8. und 11. Juli vermerkt und dann erst wieder eine Gewitterfront am 28. Juli. Der Wettersturz des 19. und 20. Juli war für die Meteorologen eine unwesentliche Randerscheinung.

Kurz: Bergsteigen war damals um ein Mehrfaches riskanter als heute. Wer den Friedhof an der evangelisch-reformierten Kirche in Grindelwald besucht, findet viele Gräber von solchen Wetteropfern: Robert Burton Fearon, gestorben durch Blitzschlag am Wetterhorn; ebenfalls am Wetterhorn wurden William Pennhall und sein Führer Andreas Maurer von einer Lawine verschüttet; Fritz Steuri, Schneebrett am Grünhorn; Barry Brewster, Steinschlag Nordwand und und und ... alles erfahrene Bergsteiger, bei denen man davon ausgehen kann, dass sie sich auf ihre Touren gründlich vorbereitet hatten, aber an der Unberechenbarkeit des Alpenwetters scheiterten.

Das kommende Wetter zu erkennen war und ist in den Alpen lebens-, ja überlebenswichtig. Und so verwundert es nicht, dass die Alpenbewohner alles versuchten, um eine verlässliche Prognose zu bekommen, damit sie den günstigsten Zeitpunkt für das Mähen ihrer hoch gelegenen Wiesen oder den Auftrieb ihres Viehs auf die Sommeralp herausfinden konnten. Und »alles versuchen« heißt wirklich: ALLES versuchen. Die Mittel dazu waren manchmal kurios, so kurios, dass heute eine clevere Truppe zweimal im Jahr ein richtiges Volksfest daraus macht: die »Muotathaler Wetterschmöcker«. Für die Nichtschweizer unter uns: Ein Wetterschmöcker ist einer, der das Wetter »schmöckt«, also schmeckt, wie Alemannischsprachige zu »riechen« sagen. Dieses Schmöcken stand natürlich in elementarem Widerspruch zu den Ende der 1930er-Jahre immer stärker aufkommenden wissenschaftlichen Methoden der Meteorologen. 1947 wurde deshalb der

Verein »Muotathaler Wetterschmöcker, Innerschwyzer Meteorologen und Wetterpropheten« gegründet, der die Tradition der Wetterprophezeiungen durch eine genaue Beobachtung der Natur bewahren sollte.

Und diese Methoden vor allem zur Erstellung einer Langfristprognose sind sehenswert: Bis heute setzt sich einer der durchweg urig ausschauenden Männer in einen Ameisenhaufen: »Sind die Ameisen aggressiv und beißen, dann gibt es einen kalten Winter.« Ein anderer bezieht seine Erkenntnisse aus der Beschaffenheit von Tannenzapfen: »Wenn die so mager sind, dann wird es mild«, weissagte er einmal für den bevorstehenden Winter. Ein dritter Wetterschmöcker begutachtet Schneckenhäuser. Hier kommt es auf die Wandstärke an, die ihn allerdings bei der Prognose für denselben Winter zum exakt gegenteiligen Ergebnis wie den Tannenzapfenmann brachte: »Wenn sie eine so dicke Schale haben, dann wird es kalt mit viel Schnee!« Klar, würde es mild werden, hätten die smarten Tiere ja wohl nicht so viel in die Wärmedämmung ihrer Häuser investiert, oder? Warum Rundfunkanstalten noch immer mit Humanmeteorologen und nicht mit schlauen Schnecken arbeiten, ist damit eine noch zu klärende Frage …

Zweimal im Jahr führen die Prognosekünste der Innerschweizer Wetterschmöcker wie gesagt zu einem Volksfest. Im Frühjahr und Herbst füllen die meist vollbärtigen Propheten ein riesiges Festzelt und präsentieren zu Blasmusik, Bier und Würstchen ihre neuesten, mit deftigen Sprüchen und Witzen gewürzten Prognosen. Dabei wird auch der »Wetterkönig« gekürt, also der, der vor sechs Monaten mit seiner Halbjahresprognose den tatsächlichen Verhältnissen am nächsten kam. Ob die auch einem wissenschaftlichen Faktencheck standhalten würde? Das ist zumindest den Festzeltbesuchern so was von schnurzegal, das Ganze ist eine Riesengaudi, regionale Unterhaltung at its best.

Zurück zum Ernst des Wetters: Eine exakte Vorhersage für den Alpenraum zu machen ist auch heute noch eine hochkomplexe Angelegenheit. Das hat allein schon damit zu tun, dass sich die Alpen wie ein mächtiger Sperrriegel mitten im Kontinent erheben und Wettereinflüssen der unterschiedlichsten Art ausgesetzt sind. Was es bedeutet, wenn der Wind aus einer bestimmten Himmelsrichtung weht, begreift man erst so richtig, wenn man einmal dahin fährt, wo die verschiedenen Winde herkommen, und schaut, welches Wetter sie von dort mitbringen.

Weht der Wind aus Norden, kann er die berühmte »polare Kaltluft« mitbringen. Das ist bei uns vor allem dann so richtig spürbar, wenn Anfang April schon die Krokusse blühen und sich die Magnolienknospen gerade öffnen. Bildet sich da eine »Nordlage«, hilft ein Blick auf die Webcam im finnischen Levi, um zu wissen, was uns blüht. Wer Levi nicht kennen sollte: Das Städtchen liegt circa 135 Kilometer nördlich des Polarkreises in Lappland. Polarkreis heißt: An diesem Breitenkreis geht die Sonne zur Wintersonnenwende gerade nicht mehr auf und zur Sommersonnenwende gerade nicht mehr unter. Levi ist damit im Winterhalbjahr nicht nur sehr dunkel, sondern auch so schnee- bzw. kältesicher, dass es jedes Jahr bereits im November Austragungsort eines Skiweltcup-Slaloms für Damen ist. Und im April ist dort immer noch Saison. Levi meldet dann Temperaturen um oder unter null Grad und gern auch Schneefall. Während wir die warme Frühlingssonne genießen, zeigt die Webcam an der nordfinnischen Slalomstrecke regen Skibetrieb – eine Nordlage bringt dann dieses Wetter zu uns.

Kurze Zwischenfrage: Wer sorgt eigentlich dafür, dass der Wind aus einer bestimmten Richtung weht und nicht aus einer anderen? Das sind die Hochs und Tiefs, genauer: ihre Stellung zueinander. Ein Hoch dreht sich auf unserer Halbkugel im Uhrzeigersinn um sich selbst, ein Tief genau umgekehrt gegen den Uhrzeigersinn. Wie daraus nun »Wind« entsteht und wie man das am einleuchtendsten darstellt, war eine der Herausforderungen bei der Vorbereitung der »Wind«-Staffel unserer ARD-Reihe »Wo unser Wetter entsteht«. Und die Lösung kam – wie so oft im Leben – in einem Moment, in dem man überhaupt nicht an das Problem dachte: bei der Einfahrt in eine Autowaschanlage. Die beiden senkrecht stehenden Bürsten, die sich gegeneinander drehend auf das Auto zubewegten, erinnerten irgendwie an die Darstellung von Hochs und Tiefs in einer Wetterkarte, als rechts- bzw. linksdrehende Walzen. Und so wie die beiden Bürsten Wasser in Richtung Motorhaube und Windschutzscheibe schleuderten, so treiben auch Hochs und Tiefs die Luftströme zwischen sich in eine bestimmte Richtung.

Für die Nordlage, bei der Lapplandluft in unsere Richtung geblasen wird, steht die rechtsdrehende »Hoch«-Walze über den Britischen Inseln und die linksdrehende »Tief«-Walze über der Ostsee. Die beiden Walzen drehen sich nun so, dass sie die Luft von Norden wie riesige Mühlräder nach Süden schaufeln.

Bei der »Südlage« ist es genau umgekehrt: Die Hochdruckwalze steht über Südosteuropa, das Tief über der Biskaya – jetzt fächeln die beiden Systeme Luft aus dem Süden zu uns. Und die ist in der Regel sehr warm. Denn je näher man dem Äquator kommt, umso höher wird der Sonnenstand, und umso mehr Energie ist in der Atmosphäre.

Dieser Luft sieht man manchmal deutlich an, woher sie kommt: aus der Sahara. Bei unseren Dreharbeiten in Marokko wurden wir mehrfach Zeuge, wie ein kräftiger Wüstenwind Wüstensand nach oben riss, wobei die dickeren Sandkörner schnell wieder zu Boden fielen, der leichte Sandstaub dagegen weiter nach oben gezogen wurde. Bei der Südlage wird eben diese staubgeschwängerte

Luft Richtung Norden gesaugt. Besonders unangenehm dabei: Auf ihrem Weg über das Mittelmeer saugt sich die heiße Luft mit Wasser voll, das feucht-warme Schlammgemisch entlädt sich dann wie im März 2022 in Süddeutschland als rötlicher »Blutregen« über unseren frisch gewaschenen Autos. Oder wie im Februar 2021 über dem frisch gefallenen Schnee Graubündens. Aber nicht jede Südlage bringt notwendigerweise Saharastaub mit sich.

Eine völlig andere Situation ergibt sich, wenn ein Tief über Südosteuropa und ein Hoch über der Ostsee liegen: Jetzt schaufeln die beiden Walzen Luft aus dem Osten in unsere Richtung. Und Osten heißt: Russland, Sibirien. Aber auch: Ukraine, Tschernobyl.

Zunächst zum Normalfall. Wer zum ersten Mal nach Sibirien reist, ist überrascht von den gewaltigen Temperaturgegensätzen, die dort herrschen. 40 Grad heiße Sommertage sind ebenso keine Seltenheit wie minus 40 Grad kalte Wintertage – und manchmal geht's sogar noch extremer. Im ostsibirischen Oimjakon werden im Winter schon mal Temperaturen von fast minus 70 Grad gemessen, weshalb die Motoren von parkenden Autos ständig laufen müssen, damit sie nicht einfrieren. Brillenträger bekommen Probleme, wenn ihnen die Bügel an Nase und Ohren festfrieren, und auch Beerdigungen müssen langfristig vorbereitet werden, weil das Ausheben von Gräbern in dem metertief gefrorenen Boden eine Kärrnerarbeit ist.

Das Klima in Sibirien ist deshalb so extrem, weil es ein ähnliches Problem hat wie das ansonsten völlig gegensätzliche New York: das Fehlen einer schützenden Gebirgskette im Norden. Die weite Landschaft ist damit den eiskalten arktischen Winden schutzlos ausgeliefert.

Dazu kommen noch zwei weitere klimabestimmende Faktoren. Zum einen die schiere Größe. Sibirien ist mit seinen 13 Millionen Quadratkilometern die größte Landfläche der Welt. Zum anderen: Die Luft, die aus dieser gewaltigen Landmasse zu uns kommt, streicht auf ihrem Weg fast ausschließlich über Festland, nicht aber über Meere oder größere Gewässer – das heißt, sie ist knochentrocken.

Im Winter trocken-eiskalt, im Sommer trocken-heiß. Man spricht darum von »Kontinentalklima«.

Bei unseren Dreharbeiten nahe der charkassischen Stadt Abakan ganz im Süden Sibiriens besuchten wir im August eine deutsch-russische Auswandererfamilie, die sich dort vor der imponierenden Kulisse des Altaigebirges eine Selbstversorgerexistenz aufgebaut hatte. Jeder Nichtmeteorologe wäre überrascht gewesen, wie warm es dort war und dass Sibirien so überhaupt nicht den Klischees von Gulags, sumpfigen Wäldern und blutgierigen Mückenschwärmen entsprach, im Gegenteil. Wir kamen in eine zauberhafte weite Landschaft mit idyllischen Höfen, die inmitten paradiesischer Gärten lagen, in denen alles wuchs, was auch bei uns in den Gärten gedeiht – Äpfel, Erdbeeren, Himbeeren, Johannisbeeren, alle möglichen Salat- und Gemüsesorten. Nur: In Sibirien wird durch die kurzen, aber intensiven Sommer fast alles zur gleichen Zeit reif – die Erntezeit ist für die Familie jedes Mal ein Megastress, aber dafür hat sie ja lange Winter, um sich wieder zu erholen.

Es war ein meteorologischer Schicksalsschlag, dass sich ausgerechnet Ende April/Anfang Mai 1986 eine solche »Ostlage« bildete, nur wenige Tage nach der Explosion des sowjetischen Atomkraftwerks in Tschernobyl. Langsam, aber unaufhaltsam transportierte der Ostwind die radioaktiven Wolken zu uns nach Mitteleuropa, vor allem in Süddeutschland und den Alpenrandgebieten stieg die Radioaktivität in den folgenden Tagen rasant. Während einige Bestandteile der radioaktiven Fracht rasch zerfielen, belasten uns langlebige Radionuklide wie Cäsium-137 noch heute. Seine Halbwertszeit beträgt 30 Jahre, das heißt, 2016 waren 50 Prozent des Stoffs zerfallen, 2046 erst wird eine weitere Hälfte dieses Rests verschwunden sein. Die Folgen sind immer noch spür- und vor allem messbar: Im Oktober 2020 wiesen zum Beispiel 40 Prozent der in Graubünden geschossenen Wildschweine Cäsiumwerte oberhalb des Grenzwerts auf.

Bleibt noch die »Westlage«, die in Mitteleuropa häufigste Wetterlage, die dann entsteht, wenn ein Hoch über Südfrankreich und Spanien liegt und ein Tief über den Britischen Inseln. Wer an der Westküste Frankreichs oder Irlands steht und nach Westen blickt, begreift am besten, was das bedeutet: Man sieht nur Wasser. Und das wiederum heißt, dass die Luft, die von dort kommt, auf ihrem vieltausendkilometerlangen Weg über den Atlantik reichlich Gelegenheit hatte, sich mit Wasser vollzusaugen. Westlagen bringen also das maritime Klima mit in der Regel wechselhaftem Wetter, gern mit Regen. Und manchmal mit Sturm. Der Orkan »Lothar« vom Dezember 1999 war die Folge einer solchen Westlage, mit Spitzengeschwindigkeiten von 218 Kilometern pro Stunde auf dem österreichischen Feuerkogel und sogar 249 Kilometern pro Stunde auf dem Schweizer Jungfraujoch (siehe die Seiten 88 ff.).

Welch weite Strecken Luft zurücklegt, bevor sie gegen den steinernen Wall der Alpen prallt, zeigt auch eine andere, leider wenig erfreuliche Beobachtung. Auf einem Gipfel pumpt man sich nämlich noch anderes in die Lungen als frische Bergluft, zum Beispiel polychlorierte Dioxine, polychlorierte Biphenyle, polyzyklische aromatische Kohlenwasserstoffe, Organochlorpestizide, Octachlorstyrol, Decabromdiphenylethan, Perfluoroctansäure, Quecksilber und und und ... Diese Schadstoffe wurden in einem 15 Jahre dauernden Monitoring von Wissenschaftlern des mittlerweile beendeten MONARPOP-Projekts zur Schadstoffüberwachung im

Alpenraum gefunden, ein Umstand, der sehr viel damit zu tun hat, dass die Alpen wie kein anderes Gebirge der Erde von einem dichten Geflecht an Industrie- und Agrarzentren umgeben sind. Je nach Windlage werden Schadstoffe aus den osteuropäischen, deutschen, italienischen oder französischen Ballungszentren herangeweht.

Darunter gibt es auch Stoffe, die zunächst Rätsel aufgaben: So wird am österreichischen Sonnblick Observatorium und an der deutschen Umweltforschungsstation Schneefernerhaus auf der Zugspitze regelmäßig das Insektenvernichtungsmittel DDT nachgewiesen – nur wurde dessen Verwendung in Europa schon in den 1990er-Jahren eingestellt. Weltweit setzen nur noch 21 Länder – Indien und einige Staaten im tropischen Afrika – DDT zur Malariabekämpfung ein. Das heißt: Von dort muss das Gift stammen. Allerdings ist die Belastung der Zentralalpen mit diesen importierten Stoffen im Vergleich zu den Industriezentren Mitteleuropas äußerst gering, oft sind es nur Spuren. Aber sie sind da!

Fliegen wie ein Vogel – Meteorologieunterricht aus dem Gleitschirm

Sven Plöger

Wer als Kind Vogel werden wollte – Sie erinnern sich? –, der muss irgendwann in ein Flugzeugcockpit! Wenn das als Linienpilot nicht klappt, weil die Augen ein paar Dioptrien zu viel haben, dann muss die Liebe zu den Lüften zum Hobby werden. Schließlich wollte ich den Traum vom Fliegen nicht aufgeben, und für einen Meteorologen ist das die perfekte Freizeitbeschäftigung. Auf diese Weise kann man die Welt aus Sicht der schwebenden Wolke sehen und ist wirklich mitten drin im Thema, um das man sich beruflich jeden Tag kümmert. Man bekommt im wahrsten Sinne des Wortes ein Gefühl für Luft, sogar für heiße Luft. Damit meine ich aber keine sensationsheischenden Wetterschlagzeilen, wie sie Ihnen im Kapitel »›Daisy‹ und die Medien« auf den Seiten 306 ff. noch begegnen werden, sondern die aufsteigende Warmluft, die Thermik also, die dazu führt, dass für den Menschen Fliegen auch ohne Motor möglich ist. Er schlägt dabei nicht mit Flügeln wie die Vögel, trotzdem kann er sich gemeinsam mit ihnen am Himmel tummeln und ... die Welt einfach genießen.

Ach, zu Anfang schnell noch: Thermikschläuche nennen wir Flieger »Bart«. Wenn ich hier also vom Bart spreche, geht es nicht um Gesichtsbehaarung, sondern um wahren Genuss – den, sich mit den Kräften der Natur quasi emissionsfrei in die Höhe zu schwingen.

Nur etwa zwei Kilometer von dem kleinen Reihenhäuschen entfernt, in dem ich im nordrhein-westfälischen Sankt Augustin aufwuchs, liegt der Flugplatz Bonn-Hangelar. Schon als Kind zog er mich magisch an. »Segelflugzeuge gucken« war mein klassisches kindliches Ausflugsziel. Kaum alt genug und nach vielen ausgetragenen Zeitungen, die mir das Geld zur Vereinsaufnahme einbrachten, ging es auf »den Platz«, meine Ausbildung begann, und aufgrund meiner grenzenlosen Begeisterung hatte ich sie auch schnell abgeschlossen. Ende Juli 1988 ging ich das erste Mal allein in die Luft. Unbeschreiblich toll. Und danach schmerzhaft, denn die Taufe des Piloteurs wird mit einem kräftigen Rumms aller werten Anwesenden auf den Allerwertesten besiegelt. Eine Woche lang war Sitzen ein schweres Unterfangen für mich. Aber mein Glücksgefühl überwog: Ich war Pilot, durfte in »meine« Luft und genoss es in vielen Flugerlebnissen ausgiebig.

Nachdem mich der Weg aus dem NRW-Flachland geradewegs in die Alpen geführt hatte, schaute ich an schönen Tagen Richtung Berge – und darüber war alles bunt. Nein, ich habe keine komischen Sachen geraucht, sondern schlicht Gleitschirme gesehen. »Das müssen wir auch machen«, beschlossen meine Frau und ich unisono, und schon folgte die nächste Ausbildung auf einem so ganz anderen Fluggerät. Nicht mit festen Flächen, wie Flieger zu Flügeln sagen, sondern einer sehr beweglichen Schirmkalotte, die stets so behandelt werden muss, dass sie ihre Form im Flug nicht verliert. Sonst führt es zu seltsamen Figuren und einem hohen Puls – und wenn der Boden zu nah ist, wird es sogar gefährlich. Also aufpassen und zuhören, was die Fluglehrerin oder der Fluglehrer sagt! Denn beim Gleitschirm gibt es in der Ausbildung nur einen »Sitzplatz«, und das ist der eigene.

Wer lustige Stunts sehen will, sollte sich zu einer Flugschule begeben und am Übungshang zuschauen. Am Anfang ist es eben nicht leicht, den großen Schirm, der einen schließlich tragen soll, zu bändigen. Mein heiterster Moment: Als der Schweizer Fluglehrer mich motivieren wollte, schneller zu laufen, um erfolgreich abzuheben, rief er laut: »Seckle, seckle!!« Das heißt »lauf, lauf!« und nicht etwa »segel, segel!«. Erst seit Kurzem in der Schweiz, verstand ich natürlich Letzteres und setzte mich mit meinem ganzen Gewicht entschlossen ins Gurtzeug. Wumms ... Staunend saß ich auf der Wiese, während der Schirm robust vor meiner Nase in den Boden einschlug. Fliegen geht irgendwie anders.

Doch rasch waren solche Anfangsschwierigkeiten überwunden, und am Hohen Kasten im Alpstein im Appenzellerland stand mein erster richtiger Flug bevor. Ringsum ein tolles Alpenpanorama, doch mein Blick war konzentriert, ich war im »Tunnel«. Mein erster Höhenflug! Vorbereitung, Check, Abnahme durch den Fluglehrer am Start, Luftraum kontrollieren, um nicht gleich übermotiviert in einen vorbeifliegenden Kollegen zu krachen, und ab ging's!

Raumgreifende Schritte talwärts. Der Schirm füllt sich mit Luft. Richtung kontrollieren. Schirm unterlaufen, sonst sitze ich wieder auf dem Hintern und kann bloß viele Leinen entwirren. Neuerlicher Kontrollblick: Ist die Kalotte über mir und nichts »vertöddert«? Alles gut! Abheben!

Man kann sich dieses Gefühl nicht vorstellen, und so brüllte ich ein lautes »Ich fliege!« in den Schweizer Luftraum. Doch ein Erstflug ist sehr konzentriert, denn am Ende soll auch die Landung gelingen. Der Blick für die alpine Schönheit fehlte mir immer noch. Bei der Landung half die Fluglehrerin unten auf der Wiese per Funk. Die Volte, die typische Landeeinteilung, passte prima, und ich setzte in Brülisau sanft im Gras auf. Unbeschreiblich, mir kamen vor Freude die Tränen!

Mit zunehmender Erfahrung wuchs bei Hunderten meiner Flüge nicht nur der Genuss der sportlichen Flugdynamik, sondern auch der Alpenlandschaft. Aber vor allem kam ich zu einer Erkenntnis, die man wohl nur aus der Vogelperspektive gewinnen kann: Wir Menschen sind klein, die Natur und ihre Kräfte groß. Selbstüberschätzung ist gefährlich und Respekt notwendig! Das leise Fliegen mit dem Schirm, bei dem man die Aufwinde mit dem Hintern spürt, die frische Bergluft mit wachen Sinnen riecht, weitet den Blick für die Schönheit dieser grandiosen Landschaft. Auf höchst emotionale Weise verspüre ich dabei den tiefen Drang, all das, was ich da sehen darf, zu schützen. Der Mensch darf diese Augenweide einfach nicht durch unbedachtes Handeln und Geldgier zerstören, das steht uns nicht zu! Außerdem wird manche Alltagsstreitigkeit aus diesem Blickwinkel unglaublich nichtig. Gleitschirmflüge machen mich stets friedfertig, eine Eigenschaft, die das Leben grundsätzlich leichter macht.

Aber natürlich möchte ich jetzt auch die Gelegenheit nutzen, Ihnen ein bisschen Meteorologieunterricht aus der Luft zu geben!

Als Erstes zum Wind, denn ich werde immer wieder gefragt, ob es denn heute genug Wind zum Fliegen gebe. Der Gleitschirm ist kein Drachen, und so braucht es keinen Wind. Beim Start kann man ihn durch schnelles Laufen selbst erzeugen, und ist man erst mal in der Luft, hat so ein Schirm je nach Typ eine Gleitgeschwindigkeit von meist 30 bis 40 Kilometern pro Stunde. Weht aber Wind, so ist es beim Fliegen immer gleich, egal ob mit Jumbo oder Schirm: Es wird gegen den Wind gestartet! Die einzige Form von Wind, die man haben möchte, ist der Aufwind, also die Thermik, der Bart. Aber selbst wenn es, wie oft im Herbst und Winter, in ganz ruhiger Luft keine Aufwinde gibt, kann man sanft dahingleiten.

Ein Gleitflug ist zwingend beendet, wenn man die Höhe abgeglitten hat. Im Frühjahr und Sommer, bei kräftiger Thermik, setzt allerdings oft erst die einbrechende Dunkelheit – oder manchmal auch der Harndrang – dem Flug ein Ende. Meine längste Gleitschirmluftfahrt dauerte etwas mehr als sechs Stunden, und danach ist man geistig und körperlich ziemlich durch. Dann mit anderen Piloten reichlich zu futtern, Flugerlebnisse auszutauschen und ein Bierchen zu genießen ist bei untergehender Sonne in den Bergen ein zutiefst befriedigender Tagesausgang. So schöpft man Lebensfreude.

Aber wo ist die Thermik eigentlich? Sehen kann man sie nicht, Luft ist immer durchsichtig. Meine Lieblingsantwort: Da, wo die anderen Gleitschirme sind. Oder die Vögel! Die wissen es am besten. Sie wollen schließlich Energie sparen und möglichst wenige Flügelschläge machen. Sie haben einen unglaublichen Thermikinstinkt, und drum sind sie des Gleitschirmpiloten beste Lehrmeister. So manchen Bart habe ich schon gemeinsam mit grandiosen Vögeln »ausgekurbelt« – das ist schon eine verrückte Partnerschaft in der Luft. Da sitzt du im Gurtzeug, kreist in der Thermik, und dir gegenüber gleitet ein Bartgeier (der Name scheint Programm zu sein) durch die Luft. Beide haben wir uns freundschaftlich im Blick – Tier und Mensch mit gleichem Ziel. Manchmal scheint der Vogel mir zuzuzwinkern, ich grüße höflich zurück.

Weil der Thermikschlauch kein stabiles Konstrukt ist, sondern stets ein bisschen hin und her schwankt und irgendwann auch verschwindet, sind beim Flug ständig kleine Korrekturen erforderlich, um das beste Steigen zu erreichen. Der Vogel gewinnt bei dieser Übung immer, er ist der Könner, man selbst der Schüler! Aber wenn man versucht, seine Positionsverlagerung soweit wie möglich nachzumachen, profitiert man und steigt besser. Wenn viele Gleitschirme in der Luft sind, hat auch immer einer solch einen guten Aufwind gefunden, und flugs sausen alle anderen dort hin, um ebenfalls zu steigen. Sorgfältiges Einfädeln in den Kreisverkehr ist dann angesagt und ständiges aufmerksames Schauen. Zusammenstöße in der Luft sind lebensgefährlich, auch wenn es einen Rettungsschirm gibt. Darum kreisen auch immer alle in eine Richtung – der erste Schirm im Bart bestimmt sie.

Aber wie herum soll man kreisen? Entgegen der Drehrichtung des Aufwindschlauchs! Dann hat man quasi Gegenwind, ist gegenüber dem Grund langsamer und kann, falls nötig, steiler in die Kurve gehen und so den Aufwind besser zentrieren. Fliegt man mit dem Wind, ist man schneller, und der Kreis wird unnötig groß. Haben die Bärte eine feste Drehrichtung? Klare Antwort: nein! Die Corioliskraft, die bei den großen Hochs und Tiefs die Drehrichtung bestimmt, wirkt auf dieser kleinen Skala nicht (siehe auch Seite 73). Die Schläuche selbst drehen sich zwar immer, allerdings nach Lust und Laune. Wenn man allein unterwegs ist, niemanden behindert und frei wählen kann, ändert man einfach mal die Drehrichtung, wenn einem die geflogenen Kreise »komisch« vorkommen. Und wenn ein Hang in der Nähe ist, kann diese Überlegung helfen: Die Reibung lässt die Luft näher am Hang langsamer werden. Fliegt man also in ein Tal hinein und es herrscht Taleinwind, hat man Rückenwind. Dann werden die Wirbel an der rechten Bergseite rechtsherum drehen, und man selbst wird linksherum kreisen. An der linken Seite ist beides genau andersherum.

Generell – und das ist für die gesamte Wetterentwicklung in den Alpen wichtig – sorgen die Hänge für Aufwinde. Das ist auch logisch, denn die Luft kann ja nicht einfach durch die Berge hindurchströmen. Sie muss sie raufklettern, und so lösen sich die meisten Bärte an den Hangkanten ab. Deswegen sieht man dort auch die meisten Gleitschirme, hingegen selten über der Talmitte. Weil sich die Luft beim Aufsteigen abkühlt, ist sie irgendwann mit Wasserdampf gesättigt. Wird dieser Punkt – wir Meteorologen nennen ihn Taupunkt – erreicht, so setzt Kondensation ein, und eine Wolke entsteht. Dies passiert jeweils in einer bestimmten Höhe. Dort, wo es eben kalt genug ist. Deswegen sind die Wolken unten auch immer ganz glatt.

Zurück zur Thermik: Sie ist also besonders oft an Hängen zu finden oder dort, wo die *Cumuli*, die typischen Haufenwolken, zu sehen sind. Sie markieren quasi die Bärte. Gerade im Sommer sind die Berghänge natürlich auch die Stellen, wo die Wolken am größten werden und man als Wanderer am ehesten von schweren Gewittern überrascht werden kann. Denn Wetterwechsel in den Alpen können unwahrscheinlich schnell vonstattengehen. Flott noch nachgereicht: Steigen die Thermikschläuche nicht hoch genug, um den Taupunkt zu erreichen, entsteht trotz Aufwind keine Wolke, man spricht von Blauthermik. Und so ist »blauer Himmel gleich keine Thermik« ein Trugschluss.

Zwei weitere Besonderheiten hat die Thermik noch zu bieten. Wenn im frühen Frühjahr der Schnee in den tieferen Lagen taut, die Sonne schon höher am Himmel steht, in den Bergen aber alles noch verschneit ist, löst sich Thermik fast immer an der Grenze der Schneefelder ab. Die Quellwolken sind dann nicht über dem Hang, sondern etwas zum Tal versetzt zu finden. Grund ist ein »Luftzusammenstoß«: Über dem Schnee befindet sich schwere, kalte Luft, deswegen rutscht sie behäbig den Hang hinab. Es ergibt sich ein Abwind. Vom Tal strömen gleichzeitig von der Sonne erwärmte Luftmassen den Hang hinauf. An der Schneekante prallen die beiden Luftströmungen frontal aufeinander, und die einzige Möglichkeit für die Luft besteht darin, nach oben auszuweichen. Das Leben des Thermikschlauchs beginnt.

Wenn Sie länger am Abend unterwegs sind und weiter die bunten Rechtecke am Himmel bewundern, wird Ihnen auffallen, dass sich plötzlich immer mehr Schirme und auch Vögel über der Talmitte versammeln und dort noch erstaunlich gut ihre Höhe halten. Auch das ist einem Luftzusammenstoß gezollt. Mit sinkendem Sonnenstand kühlen sich die Berghänge ab, der Talwind schläft ein, die Luft beginnt, überall die Hänge hinabzurutschen, der Bergwind setzt ein. Kommen sich nun in einem Tal von den gegenüberliegenden Hängen die Luftpakete entgegen, stoßen sie ebenfalls zusammen und müssen – über der Talmitte etwa – aufsteigen. Diese Luft trägt einen oft bis zum Sonnenuntergang, man spricht von der Umkehrthermik.

Im späten Frühling, zum Beispiel im Mai, ist die Thermik am stärksten und am »bockigsten«. Manchmal lässt sich der Aufzug kaum noch im Griff halten, und man hüpft mehr durch die Lüfte, als dass man fliegt. Beim Übergang von ruhiger, langsam absinkender Luft hinein in den Thermikschlauch kommt es zuweilen zu massiven Schlägen, dann ist ein sehr entschlossener Umgang mit den Steuerleinen notwendig, um das Fluggerät stabil zu halten. Solch eine Thermik haben Sie vielleicht auch schon einmal im Linienflugzeug kurz nach dem Start oder vor der Landung unterhalb der Quellwolken erlebt. Selbst dieser tonnenschwere Flieger rumpelt ziemlich, als wäre man auf einer schlecht asphaltierten Straße unterwegs.

Im Gleitschirm kann man sich an solchen Tagen in extrem engen Kreisen regelrecht in die Höhe katapultieren lassen. Mein wildester Aufstieg war ein fast göttliches Erlebnis, war ich doch am »Zeusthron« unterwegs, dem 2909 Meter hohen Gipfel des Stefani im Olymp in Griechenland. Mit mehr als acht Metern pro Sekunde, also knapp 30 Kilometern pro Stunde, schoss ich senkrecht nach oben, der Gottheit entgegen. Ob das nicht etwas respektlos war?

Doch mich traf kein Blitz aus den Wolken, so war mein Ausritt vom Götterchef wohl genehmigt, und der Flug blieb bis heute unvergessen.

Apropos Wolken: Es war an diesem Flugtag sehr trocken, und das bedeutet, dass die Wolkenuntergrenze, bei uns Fliegern üblicherweise die Basis genannt, besonders hoch ist, in dem Fall waren es weit über 3000 Meter. Grundsätzlich gilt für alle Fluggeräte, die nach Sichtflugregeln unterwegs sind, dass das Einfliegen in Wolken untersagt ist. Und wenn etwas sinnvoll ist, dann das. In der Wolke ist die Sicht schlagartig null, und jede Orientierung ist futsch. Im Bergland und auch wenn andere Piloten in derselben Wolke unterwegs wären, wäre das einfach nur lebensgefährlich.

Die Wolkenbasis lässt sich sehr einfach berechnen, wenn man die Temperatur und den Taupunkt zur Verfügung hat. Man muss nur rechnen: (Temperatur minus Taupunkt) x 125 m. Stellen Sie sich einen Tag mit 25 Grad und einem Taupunkt von 5 Grad vor. Dann erhalten Sie $25 - 5 = 20 \times 125\,m = 2500\,m$. Steigt die Luft also bis zu mindestens dieser Höhe auf, so entwickeln sich ab dort Quellwolken. Wenn Sie in den Bergen wandern wollen und Ihr Ziel auf 2000 Meter Höhe liegt, können Sie sich freuen, dass Sie nicht in die Wolken hineinlaufen werden. Denn im Nebel herumzustochern ist ja kein großes Vergnügen.

Doch wieder zurück zu unserer ruppigen Frühlingsthermik: Wer sich mit seinem Schirm bei diesem Luft-Geblubber nicht mehr wohlfühlt, sollte in dieser Zeit ein paar Wochen Flugpause einlegen. Aber warum ist die Thermik gerade jetzt so stark? Weil die Sonne schon sehr hoch steht und viel Kraft hat, aber die Luftmasse selbst nach dem Winter noch kalt ist. Dann ist die aufsteigende Luft so viel wärmer und damit leichter als die kalte Umgebungsluft, dass sie einfach immer schneller immer weiter hinaufwill.

Wenn aber ganz viel Luft nach oben schießt, muss natürlich von irgendwoher neue Luft nachkommen, denn sonst entstünde im Tal ja ein luftleerer Raum. Das passiert Gott sei Dank nicht, aber deshalb bedeutet viel Aufwind auch viel Taleinwind – Luft, die aus Regionen außerhalb des Alpentals quasi eingeatmet wird und ins Tal jagt. Dieser Wind, der in tieferen Lagen eines Tals nachmittags regelrecht zu Sturm anwachsen kann, hat das Potenzial, eine große Gefahr für den Gleitschirmbenutzer zu werden.

Einer dieser Talwinde ist auf der Alpensüdseite am Gardasee die Ora, auf die sich die Surfer jeden Tag aufs Neue freuen. Will man das großartige Panorama aber nicht vom Wasser, sondern aus der Luft genießen, startet man auf dem Monte Baldo oberhalb des Nordostufers und landet auf einem eigens eingerichteten großen Landefeld direkt am See in Malcesine.

Genau das habe ich mal gemacht und erfuhr bei der Flugvorbereitung als Erstes, dass ich beim Flug eine Schwimmweste tragen müsse. Das würde mein Leben retten, sollte ich in den See stürzen, wurde mir erklärt. Nachdem ich den Landeplatz gesehen hatte, war mir nicht ganz klar, wie man ihn nicht treffen können sollte, aber ich wollte es mir mit niemandem verscherzen, und so tat ich, wie mir geheißen. Auch wenn ich mich beim Start mit der Weste fast stranguliert hätte, war der Flug selbst doch wundervoll. Trotzdem war ich durchweg in innerer Habachtstellung, denn irgendwann würde ich von oben in den Bereich der Ora eintreten – die kleinen Schaumkronen auf dem See und die vielen Surfer, die recht dynamisch unterwegs waren, machten mir das deutlich klar. In ruhiger Luft flog ich weit ins Luv, also dem Wind unter mir entgegen. So lag der Landeplatz immer hinter mir, denn gegen die Ora würde ich ihn niemals erreichen können, und in diesem Fall hätte ich rasch kapiert, dass die Schwimmweste doch keine so schlechte Idee war.

Etwa 300 Meter über dem See ging es dann los. Wumms, ich flog quasi gegen eine Mauer aus Luft. Gegenüber dem Grund stand ich einfach nur noch still. Das passiert, wenn die eigene Geschwindigkeit etwa 35 Kilometer pro Stunde beträgt und einem die Luft genauso schnell entgegenkommt. Eine Drehung, und ich war Hunderte Meter weiter im Lee. Vorsichtig an das Landefeld tasten und immer schön davor bleiben, war jetzt die Devise. Allenfalls den Schirm etwas anbremsen und in den kontrollierten Rückwärtsflug übergehen ...

Das Spiel »ich gegen Ora« ging gut aus. Stehend und nach unten sinkend wie im Aufzug, setzte ich ganz sanft in der Mitte der Landewiese auf. Dann schnell mit den Leinen herumdrehen und den Schirm sehr entschlossen am Fliegen hindern. Der weiß ja gar nicht, dass ich auf dem Boden bin, und hat weiterhin das Zeug, mich rückwärts über die Wiese ins kühle Nass zu zerren und mir eine nachträgliche Wasserung zu bescheren. Wie sich zeigt, ist es meist vernünftig, auf die lokalen Kenner der Materie zu hören!

Das Wörtchen »meist« hat hier eine besondere Bedeutung, denn andererseits ist es nicht immer vernünftig, das zu tun, was alle anderen tun. Gerade im Flugsport sollte man immer geistig wach bleiben, Dinge, die man sieht, hinterfragen und bereit sein, eigene Entscheidungen zu treffen.

Mit einer Gruppe war ich zum Segelfliegen nach Puimoisson in den französischen Seealpen aufgebrochen. Doch ich hatte auf dieser Reise auch meinen Gleitschirm dabei und wechselte stets zwischen Flugzeug und Schirm. An einem der Schirmtage stand ich mit sicher zwei Dutzend flugfreudiger Franzosen am Startplatz. Die Bedingungen schienen mir fantastisch, doch niemand packte seinen Schirm aus. Also blieb ich ebenfalls sitzen. Tatsächlich zog nach circa 20 Minuten in der Ferne ein Gewitter heran, ein Start wäre unklug gewesen. Nach einer weiteren halben Stunde zeigte sich dann, dass das Gewitter eine schöne Panoramafahrt vor unseren Augen machen, aber weit genug wegbleiben würde. Am Startplatz würde es wohl weiterhin sonnig und trocken sein.

Was passierte? Fleißig wurden Schirme ausgepackt, flott die Overalls angezogen. Schwer irritiert sah ich dem Gewimmel zu. Denn was braucht eine Gewitterwolke immer? Viel Luft aus der Umgebung! Wenn diese Wolke da vor uns vorbeizöge, würde sie auch »unsere Luft« anzapfen, und das würde in spätestens zehn Minuten ordentlich böigen Rückenwind verursachen! Da kann kein Mensch starten oder fliegen. Es gab also zwei Möglichkeiten: Entweder lernte ich gleich ganz viel über lokale Gewitter, oder ich könnte in wenigen Minuten einigen Piloten beim Bergen ihrer Schirme helfen.

Als Einziger blieb ich auf meinem eingepackten Schirm sitzen und schaute interessiert. Und dann ging es los – trotz Sonnenschein Blitz und Donnergrollen vor unserer Nase, und plötzlich lebte der Gewitterwind auf. Kräftige Böen von hinten zeigten mir, dass auch französische Wolken Luft brauchen, und so schmiss ich meinen schweren Rucksack auf den Gleitschirm meines Nachbarn, der durch das Gezerre der Leinen schon sein Gleichgewicht verloren hatte und im Gras lag. Den nächsten Schirm versuchte ich selbst festzuhalten, was auch gelang, und im weiteren Verlauf packten wir fleißig Schirme wieder ein. Zum Glück war niemandem etwas passiert. Ich kann zwar leider kein Französisch, aber mit Englisch oder mit Händen und Füßen wurde beim gemeinsamen Abstieg die Wetterlage analysiert. Die Atmosphäre ein bisschen zu verstehen ist in den Bergen, ob als Pilot oder Wanderer, immer wieder von zentraler Bedeutung.

Zum Schluss möchte ich Sie noch kurz an meinen bis dato wohl eindrücklichsten Flügen teilnehmen lassen. Der zweitschönste fand in Grindelwald statt – ich wollte dabei meine Hobbys Gleitschirm und Skifahren kombinieren. Also flugs die Skier untergeschnallt und mich an einer Stelle, wo es gestattet war, mit dem Schirm über die Piste wedelnd in den Skiverkehr einreihen. Ein paar nette Schwünge mit den Erdverbundenen, dann starten und über die anderen hinweg ins Tal abdrehen. Irre. Unterwegs mit einem richtigen Fahrwerk!

Zuvor sollte man aber wissen, wo genau man landen will, und schauen, ob dort Schnee liegt. Sonst gibt es Randale mit Mensch und Gerät. Mein Einschweben gelang gut, ich glitt vorbei an den auf den Lift Wartenden. Souveränes Aufsetzen wie ein Airliner, Szenenapplaus! Nur führte der Hang am Ende leider etwas stark bergauf – ich rutschte zurück, der Wind blies leicht in den Schirm, und ich purzelte plump in den Schnee. Der Applaus verstummte – die Gedanken der Zuschauer konnte ich förmlich hören ...

Mein schönster Flug bekommt den Titel »700 Meter über der Königin«, und die Königin ist die 3343 Meter hohe Marmolata, der höchste Berg der Dolomiten. Es ist ein überwältigendes Gefühl, unter einem kleinen Stück Stoff auf über 4000 Meter Höhe zu »hängen« und zu erleben, dass einem quasi die ganzen Alpen zu Füßen liegen. Schaut man nach oben, sieht man das ein oder andere Verkehrsflugzeug, das sich im ersten Moment überraschend groß präsentiert. Erst ein Sekündchen später wird klar: Ich bin ja auch viel näher dran!

Im Mittelteil des Fluges hatte ich gar an eine kleine Zwischenlandung auf dem Gletscher gedacht, ein paar Piloten hatten das an diesem Tag schon gemacht. Doch der letzte Kollege meldete bei seinem Start unschöne Winde, und das musste ich ja nicht zwingend überprüfen. Nach vier Stunden endete ein Traumflug, dessen Bilder sich in meinem Gedächtnis regelrecht eingebrannt haben, mit einer sanften Landung im Val di Fassa.

Im Traum flog ich natürlich noch ein paar Stunden weiter ...

Die Wetterphänomene

So komplex das Alpenwetter auch ist, es gibt ein paar sehr typische Wetterlagen, die mit großer Konstanz wiederkehren. Wer vier dieser Phänomene kennt, kann das Wettergeschehen in dieser wilden, zerfurchten Landschaft schon recht gut einschätzen.

Staulage

Was hat das Januarwetter 2019 mit den »Tatorten« aus Kiel, Weimar, Freiburg oder Frankfurt gemein? Nun, es hat ähnliche TV-Quoten generiert wie die ARD-Ermittler aus den genannten Städten. Knapp acht Millionen Zuschauer sahen die ARD-Brennpunkte zu einem Wetterereignis, das mal als »Schneekatastrophe«, mal als »Winterchaos«, mal als »der Alpenraum versinkt im Schnee« überschrieben wurde. Dazu kamen nochmals durchschnittlich sechs Millionen beim ZDF, auch RTL, SAT1 und die Dritten griffen ordentlich ab – kurz: Eine Staulage hatte es in die Primetime der großen Fernsehsender geschafft. Was war passiert?

Es hatte am ersten Tag des Jahres 2019 begonnen. Über den Britischen Inseln stand ein Hoch, über Skandinavien ein Tief – eine »Nordwestlage« hatte sich gebildet, die kalte Polarluft in Verbindung mit feuchter Atlantikluft nach Mitteleuropa und dann gegen die Alpen strömen ließ. Dort wurde die feuchtkalte Luft zum Aufsteigen gezwungen, sie kühlte weiter ab, Schneefall setzte ein. Und der hörte einfach nicht mehr auf. Tagelang nicht.

Der Grund war eine »Omega-Lage«. Der Blick auf die Wetterkarte zeigt, was gemeint ist: Die Isobaren, die Linien gleichen Luftdrucks, beschreiben die Form des griechischen Buchstabens Omega (Ω). Das bedeutet, dass Hochs und Tiefs so zueinander stehen, dass sie sich gegenseitig am Weiterziehen hindern, in der Meteorologie nennt man das »Blocking-Lage«.

Als Ergebnis dieser Konstellation bleibt das Wetter einfach so, wie es gestern war. Und vorgestern. Und vorvorgestern. Übertragen auf die »Schneekatastrophe« von 2019: Vom 1. bis zum 14. Januar schneite es mit nur kurzen Unterbrechungen fast unaufhörlich, die Orte in den Nordalpen verzeichneten Rekordschneehöhen. Im Hinterland des Bodensees, in Schröcken/Vorarlberg, fielen in diesen zwei Wochen 310 Zentimeter Schnee, in St. Antönien/Graubünden 357 Zentimeter. Den Alpenrekord hielt aber Hochfilzen bei Kitzbühel mit 451 Zentimetern – das muss man sich vorstellen: Schnee bis kurz unter den dritten Stock! Und selbst das für alpine Verhältnisse »nur« 500 Meter hoch gelegene Kufstein an der bayerisch-österreichischen Grenze brachte es noch auf 168 Zentimeter.

Die Berichterstattung war dementsprechend dramatisch: Man sah massenhaft gesperrte Straßen, Dörfer, die wegen Lawinengefahr von der Außenwelt abgeschnitten waren, Schneehaufen, die sich als völlig eingeschneite Autos entpuppten, Menschen, die die weißen Schichten von den Dächern ihrer Häuser schaufelten, Livereporter, die oberschenkeltief im Schnee standen.

Es gab aber auch unaufgeregte Stimmen, die sagten: »Man nennt es Winter!« Dazu gehörte der Deutsche Wetterdienst, der die »Chaoskatastrophe« so resümierte: »Insgesamt kann das Ereignis zwar als ungewöhnlich, aber nicht als außergewöhnlich eingestuft werden … Allgemein betragen die statistischen Wiederkehrzeiten der gemessenen täglichen Schneehöhen in den tieferen Regionen weniger als 10 Jahre. Im Berchtesgadener Land bewegten sich die maximalen Schneehöhen zwischen 85 und 150 cm und damit im Bereich von Wiederkehrzeiten zwischen 2 und 15 Jahren. Lediglich die Stationen Ramsau-Schwarzeck/Schmuck und Bischofswiesen-Loipl erreichten Werte um die 200 cm, was dort statistisch gesehen im Mittel alle 30–50 Jahre vorkommt.« (Quelle: Deutscher Wetterdienst, »Hydro-klimatologische Einordnung der Stark- und Dauerschneefälle in Deutschland im Januar 2019«, https://www.dwd.de/DE/leistungen/besondereereignisse/niederschlag/20190116_hintergrundbericht_schneeereignis.pdf?__blob=publicationFile&v=4)

Wobei auch klar ist: Der Klimawandel verändert solche Wiederkehrzeiten ständig. Wenn es auf unserem Planeten stets wärmer wird, dann werden schneereiche Phasen unweigerlich seltener. Aber sie werden nicht ausbleiben, denn kalte Luft wird es weiterhin geben, und sie kann auch immer mal wieder »angezapft« werden.

Solche Staulagen gibt es natürlich auch im Sommerhalbjahr, sie führen vor allem am Nordrand der Alpen zum berüchtigten »Schnürlregen«, ein Begriff, der der Beobachtung geschuldet ist, dass man den Regen nicht mehr als Summe vieler einzelner Tropfen wahrnimmt, sondern als einen dichten Vorhang aus dicken Bindfäden, »Schnürl« halt. Und die gehen nicht eben mal als rascher Platzregen nieder, sondern nervig lang anhaltend, manchmal stunden-, manchmal tagelang.

Als Epizentrum dieses kaum noch steigerbaren Alpen-Mistwetters gilt Salzburg – mit rund 150 solcher Regentage pro Jahr. Wenn man einen Blick auf die Jahresklimatabelle der Stadt wirft, dann sieht man, wie mit der steigenden Temperatur auch die Kurve der Niederschläge ansteigt: Im Mai überquert sie die 100-Millimeter-Marke und sinkt erst im September wieder darunter. Das heißt: Die schönste Jahreszeit ist in Salzburg und im angrenzenden Salzkammergut gleichzeitig die feuchteste – sehr zum Ärger vieler Touristen und Tourismusmanager. Das unstete Wetter schlägt sich sogar in den AGBs der Salzburger Festspiele nieder. Dort heißt es unter Punkt 15: »Da es sich bei der Aufführung des ›Jedermann‹ am Domplatz um eine Open-Air-Aufführung handelt, ist ein Wetterrisiko nicht auszuschließen ... Nach 60 Minuten gilt die Vorstellung als gespielt, bei einem früheren Abbruch wird das Eintrittsgeld aliquot zurückerstattet.« Basta!

Bleibt noch der Hinweis für alle Nichtösterreicher: Der Austriazismus »aliquot« bedeutet laut Duden »anteilsmäßig« und meint hier wohl, dass man noch in Minute 59 des 105-Minuten-Stücks 88 Euro des durchschnittlich 200 Euro teuren Tickets zurückbekommt, aber leider leer ausgeht, wenn der Regen nur eine Minute später einsetzt – Wetter ist halt nicht fair.

Wer es genauer wissen will

Der Temperaturgradient oder die Abkühlung der Luft mit der Höhe

Ohne Energie von der Sonne wäre es auf unserem Planeten ziemlich ungemütlich, denn wir hätten es mit einem toten, atmosphärenlosen Gesteinsklotz zu tun. Es ist also schön, dass wir unseren Stern Sonne haben und er uns bestrahlt, wir somit Energie von der Sonne erhalten. Diese ankommende kurzwellige Strahlung, die wir in einem gewissen kleinen Wellenlängenbereich als Licht wahrnehmen, erwärmt die Luft allerdings nicht. Vielmehr absorbiert neben einigen Gasen in der Atmosphäre vor allem der Boden diese Strahlung und sendet seinerseits langwellige Wärmestrahlung aus, quasi wie eine Herdplatte. Deshalb ist es unten im Normalfall wärmer als oben. Bergwandern bedeutet daher, sich beim Aufstieg auf sinkende und mit zunehmender Höhe immer tiefere Temperaturen einzustellen und die entsprechende Ausrüstung mitzuführen, je weiter man emporsteigen will. Genau diese Temperaturabnahme mit der Höhe lässt sich ganz gut abschätzen.

Dafür machen wir nun eine Konzentrationsübung – also langsam lesen, dann macht's Spaß: Wir haben gesehen, dass der Druck mit der Höhe abnimmt. Stellen Sie sich nun ein Luftpaket vor, das aufsteigen muss. Zum Beispiel so einen Kubikmeterwürfel, von dem schon die Rede war. Entweder weil er wärmer und damit leichter als seine Umgebung ist oder weil zum Beispiel ein Berg im Weg steht, den er überströmen muss. Dann wird dieser Luftwürfel mit Beginn seines Aufstiegs sofort unter geringeren Luftdruck geraten. Weil er jetzt weniger Druck von außen spürt, kann er sich ausdehnen. Das

Volumen nimmt folglich zu, Dichte und Temperatur nehmen ab. Dahinter steckt die Allgemeine Gasgleichung, vielleicht erinnert sich die eine oder der andere noch aus dem Physikunterricht an »Boyle-Mariotte«, »Gay-Lussac« oder »Amonton«.

Am Ende lässt sich die eben erwähnte Abnahme der Temperatur berechnen, und es ergibt sich ein ganz konkreter Wert, nämlich knapp unter 1 Grad pro 100 Höhenmeter. Das ist immer und überall auf der Welt gleich, zumindest in wolkenfreier Luft. Man spricht von einem trockenadiabatischen Prozess. Das Wort klingt vielleicht etwas abschreckend, beschreibt aber nur, dass man annimmt, zwischen unserem aufsteigenden Luftwürfel und seiner ebenfalls aus Luft bestehenden Umgebung finde kein Wärmeaustausch statt. Das ist deshalb so, weil Luft Wärme schlecht leitet und unser Luftpaket beim Aufstieg einfach viel zu schnell nach oben saust. Dass Luft ein guter Isolator ist, zeigen übrigens auch unsere Doppel- oder Dreifachverglasungen mit Luft zwischen den Scheiben, die extrem effektiv sind.

Nun kann es aber natürlich auch sein, dass Feuchtigkeit mit im Spiel ist. Dann wird es richtig lustig: An der Stelle, wo sich der Wasserdampf in Wasser verwandelt, wenn also Wolken entstehen, wird Wärme freigesetzt! Dieser Prozess heißt Kondensation und ist das Gegenteil von Verdunstung. Bei der Verdunstung wird aus Wasser das unsichtbare Gas Wasserdampf, das Energie braucht, und die wird aus der Umgebung »geholt«. Deshalb kühlt diese sich ab, man spricht von Verdunstungskälte. Genau das kennen wir vom Schwitzen. Die Schweißtropfen auf der Haut verdunsten, und unser Körper kann damit gekühlt werden – die Natur hat doch immer wieder bestechend gute Ideen.

Also noch mal zusammengefasst: Die Energieerhaltung, die in der Physik ausnahmslos gilt, führt dazu, dass bei der Verdunstung Energie benötigt und diese bei der Kondensation wieder freigesetzt wird – Energie kann eben nicht einfach »irgendwohin« verloren gehen. Sie steckt, wenn man so will, im Wasserdampf und wartet dort als »latente Energie«, bis sie wieder »rausdarf«. Demzufolge ist »Rauskommen« der Prozess der Kondensation, und danach können wir die Energie wieder als Wärme fühlen oder mit dem Thermometer messen; in der Physik heißt das »sensible Energie«.

Halten wir fest: Ohne Wolken folgt unser Luftpaket dem trockenadiabatischen Temperaturgradienten von etwa 1 Grad pro 100 Meter, und mit Wolken folgt es – naheliegenderweise – dem feuchtadiabatischen Temperaturgradienten. Nach unserer gedanklichen Vorarbeit ist nun klar, dass dieser kleiner als 1 Grad pro 100 Meter sein muss, da die Kondensationswärme ja unserem Luftpaket wieder zugutekommt. Leider ist die Kondensationswärme aber nicht immer gleich, weil in wärmere Luft viel mehr Wasserdampf passt als in kalte. Wir können also keinen fixen Betrag von 1 Grad abziehen, und das führt in der Praxis bei bewölkten Verhältnissen meist zu einer Abkühlung von etwa 0,5 bis 0,7 Grad pro 100 Höhenmeter.

Jetzt stellen Sie sich mal kurz die ganze große Atmosphäre vor. An unzähligen Stellen werden dort nun Luftpakete gehoben und abgesenkt – es sind quasi ständig sehr viele Luftaufzüge unterwegs. Mal ändern sich die Temperaturen dabei trocken-, mal feuchtadiabatisch, und damit haben wir ganz viele Luftwürfel, die ihre Temperatur alle irgendwo zwischen 0,5 und 1 Grad pro 100 Meter verändern. Nun kommt noch etwas Wichtiges hinzu, denn unser Wind verschiebt all diese

Pakete auch noch horizontal durch die Gegend. Was für ein wildes Durcheinander!

Deshalb finden wir am Ende abhängig vom jeweiligen aktuellen Wettergeschehen eine völlig unterschiedliche und sich ständig ändernde Temperaturschichtung vor. Wenn man diese mithilfe von Radiosonden oder Messgeräten an unseren Flugzeugen misst, entsteht jeden Tag eine individuelle Temperaturkurve mit der Höhe, die Schichtungskurve. Wenn man nun »ganz viel Wetter« über die gesamte Atmosphäre betrachtet, findet man am Ende heraus, dass die Temperatur im Mittel in der Troposphäre – der unteren Schicht in der Atmosphäre, in der unser Wettergeschehen stattfindet – um 0,65 Grad pro 100 Meter abnimmt. Diesen Wert nennt man den geometrischen Temperaturgradienten, und mit diesem werden wir hier im Buch immer rechnen, da er die Situation meist am realistischsten erfasst. Sonst weisen wir explizit auf die Nutzung eines anderen Gradienten hin. Aus dem geometrischen Temperaturgradienten folgt natürlich auch: Die mittlere Schneefallgrenze in den Alpen steigt mit dem Klimawandel an – alle 0,65 Grad um 100 Meter.

So, genug Theorie! Jetzt wird wieder gewandert, aber mit mehr Wissen in der Hinterhand: Wenn wir nun noch mal flott von der Aiguille du Midi nach Chamonix hinuntermarschieren, nimmt die Temperatur um 2807 m x 0,65 Grad/100 m oder um 18 Grad zu. Hätten wir trockenadiabatische Verhältnisse, so wie es beim Föhn immer der Fall ist, dann nähme die Temperatur auf dem Weg um 2807 m x 1 Grad/100 m oder 28 Grad zu.

Zum Abschluss eine kurze Übersicht der Temperaturgradienten:

- **trockenadiabatischer Temperaturgradient =**
  1 Grad pro 100 Meter
- **feuchtadiabatischer Temperaturgradient =**
  meist 0,5 bis 0,7 Grad pro 100 Meter
- **geometrischer Temperaturgradient =**
  0,65 Grad pro 100 Meter

Föhn

Bei der Recherche zu der »Alpen«-Staffel der Reihe »Wo unser Wetter entsteht« stießen wir auf ein bemerkenswertes Foto der Münchnerin Margot Ilgner. Es zeigt die Alpenmetropole Venedig. Zumindest sieht das so aus: im Vordergrund die Skyline der Lagunenstadt mit ihren prägnanten Türmen und Kuppeln und direkt dahinter die Kette der tief verschneiten Dolomiten.

Quelle: https://freidenkerin.com/2016/06/03/venedig-ein-seltenes-wetterphaenomen-und-das-treiben-auf-dem-wasser/
Credit: Margot Ilgner

Ein ähnliches Motiv gibt es auch von der anderen Alpenseite: Da scheint Münchens Frauenkirche direkt am Fuß der Berge zu liegen. Nun sind es von München bis zu den ersten namhaften Gipfeln mehr als 60 Kilometer, zwischen Venedig und den Alpen liegen gut 100 Kilometer Luftlinie. Diese faszinierenden optischen Täuschungen haben wir einem Wetterphänomen zu verdanken, das bei uns nicht den allerbesten Leumund hat: dem Föhn.

Zunächst zum meteorologischen Aspekt. Die Alpen wirken auf den beiden Fotos deshalb so nah, weil Föhnluft zum einen sehr trocken und zum anderen sehr rein ist, die Fernsicht wird kaum mehr durch Wasserdampf- oder Schwebeteilchen behindert. Und das bei strahlend blauem Himmel – hört sich toll an! Dabei ist der Föhn überhaupt kein Schönwetterwind, im Gegenteil: Er ist die Fortsetzung der oben beschriebenen Staulage.

Wenn bei einer Staulage große Massen relativ warmer, mit Wasserdampf gesättigter Luft gegen die Alpen strömen, werden sie durch nachdrängende Luft zum Aufsteigen gezwungen und kühlen sich dabei ab. Es geschieht nun das Gegenteil dessen, was wir vom Haartrockner kennen: Da nimmt die warme Luft große Mengen an Feuchtigkeit aus den nassen Haaren auf. Kühlt aber diese Luft – zum Beispiel am Badezimmerfenster – wieder ab, wird der Wasserdampf zu Wasser zurückverwandelt (Kondensation), weil kalte Luft weniger Wasserdampf aufnehmen kann als warme. Man sieht das als Tröpfchen auf der kalten Fensterscheibe. Auf die steilen Gebirgshänge übertragen heißt das: Der in der Luft gebundene Wasserdampf kondensiert, es entstehen Wolken bzw. sie verdichten sich. Je höher nun diese Wolken kommen, umso mehr Wassertropfen entstehen, die Wolken entleeren sich in kräftigen Regenfällen.

Die Luft, die dann oben am Gebirgskamm ankommt, ist also nicht nur durch den Regen von Staub rein gewaschen, sie ist auch eiskalt. Doch das ändert sich schnell. Auf ihrem Weg nach unten erwärmt sie sich wieder. Sie folgt dem trockenadiabatischen Temperaturgradienten, den wir ja schon kennengelernt haben, und das bedeutet, alle 100 Höhenmeter wird es um ein Grad wärmer. Was dort oben noch an Wolkenresten vorhanden war, wird jetzt von der immer wärmer werdenden Luft wie beim Haaretrocknen komplett aufgesogen.

Als Rechenbeispiel: Angenommen, die von Italien aufsteigende Luft müsste als höchsten Punkt eine 2500 Meter hohe Berglücke passieren und wäre dort gerade noch fünf Grad warm, dann hätte sie bei ihrer Ankunft tief unten in Rosenheim (447 m ü. NHN) sommerliche 25 Grad. Und wie die beiden oben angesprochenen Fotos zeigen: Den Föhn gibt's auf beiden Seiten der Alpen, beim Südföhn scheint München ihnen zu Füßen zu liegen, beim Nordföhn Venedig.

Diese schnellen Temperaturanstiege, verbunden mit einer geradezu unnatürlich wirkenden Fernsicht, haben den Föhn für die Menschen schon immer zu einem unheimlichen, schwer fassbaren Phänomen gemacht. Dazu kommt noch, dass Föhn ansatzlos Sturmstärke erreichen kann. Wir haben es selbst einmal in Lindau erlebt, dass uns, als wir bei schönstem Sonnenschein im Straßencafé saßen, von einer Sekunde auf die andere das Tischtuch samt Geschirr um die Ohren flog. Hinter der Bergkette entstehen nämlich atmosphärische Wellen, Bänder mit hoher Windgeschwindigkeit. Dort, wo ein Wellental den Boden berührt, erlebt man den Föhnsturm.

Und man spürt die warme Luft: Das kleine Fürstentum Liechtenstein bietet bei Föhnlagen manchmal unendlich verblüffende Temperaturunterschiede, worauf uns Meteorologen bei der Auflistung der Wetterstationsdaten in Zeitungen dann gern Schreibfehler vorgeworfen werden. Der Klassiker: In Ruggell im Norden herrscht morgens bei einer Föhnlage im Dezember leichter Frost bei Windstille, und gleichzeitig werden in Balzers im Süden 17 Grad plus gemessen, und es herrscht Orkan. Verrückte Welt? Nein – Föhnsturm! Ruggell und Balzers liegen übrigens genau 19,35 Kilometer Luftlinie voneinander entfernt.

Schlagartig losbrechende Stürme, durch die plötzliche Wärme ein drastischer Anstieg der Lawinengefahr – für viele Bewohner des Alpenraums ist dieser unberechenbare Geselle Föhn deshalb noch heute der »Hexenwind«, der für viel Schlechtes verantwortlich ist.

Dazu kommt noch ein weiterer Punkt: Kaum hat der Föhn eingesetzt, scheinen die Raten der Selbstmorde und Autounfälle sprunghaft nach oben zu schnellen, ebenso wie die Zahl der Patienten mit stechenden Kopfschmerzen, plötzlichen Schwindelattacken oder lähmender Müdigkeit. Kein Zweifel: Der Föhn ist ein echter Killerwind, nicht wahr? »Völliger Blödsinn«, meinen Experten wie der Münchner Mediziner Jürgen Kleinschmidt. Natürlich wirke sich Wetter auf den Menschen aus; wenn es heiß sei, schwitze er, wenn es kalt sei, friere er – das sei es aber auch schon. Für eine direkte Auswirkung des Föhns auf das körperliche Befinden gebe es keinerlei Belege.

Die wissenschaftliche Sicherheit für seine Aussagen bezieht Kleinschmidt aus einer groß angelegten Föhn-Studie der Universität München in den 1980er-Jahren, an der er beteiligt war. Dass es Menschen gibt, die besonders wetterfühlig sind, bestreitet Kleinschmidt gar nicht. Im Gegenteil: 1000 solcher wetterfühliger Münchner wurden damals gecastet und mussten ein Dreivierteljahr lang – im Herbst, Winter und Frühjahr – täglich einen Fragebogen zu ihrer Befindlichkeit ausfüllen. Das erstaunliche Ergebnis: »Es gab keine zwei Personen, die synchron am selben Tag sagten, es gehe ihnen schlechter als sonst.« (Zitiert nach: Rolf Schlenker, Sven Plöger, »Wie Wind unser Wetter bestimmt«, Stuttgart 2017) Selbst ein und dieselbe Person habe je nach Tag ganz unterschiedlich auf die gleiche Wettersituation reagiert. Wetterfühligkeit habe eben meist damit zu tun, wie gut oder schlecht jemand trainiert sei. Menschen, die viel draußen arbeiteten, hätten fast nie Probleme, Menschen, die am Abend zuvor ein Glas zu viel gehabt hätten, dagegen schon.

Das Symptom »Wetterfühligkeit« hat Jürgen Kleinschmidt auch nach dieser Studie nicht losgelassen. Als Professor für Balneologie (Bäderkunde) und Klimatologie an der Uni München forschte er bis zu seiner Emeritierung 2010 zu diesem Thema. So konfrontierte er zum Beispiel in einer Klimakammer Hunderte Patienten mit exakt nachgebildeten Wettersituationen, Reaktionen wie Migräne oder Herz-Kreislauf-Beschwerden blieben jedoch aus. Das Wetter, so schlussfolgert Kleinschmidt, sei eben oft ein idealer Sündenbock und eine bequeme Ausrede.

Das Berg-Tal-Windsystem

Wer am Gardasee in den Sommermonaten das optimale Windsurferlebnis sucht, sollte kein Langschläfer sein. Denn schon in der Nacht hat der Pelér eingesetzt, ein Nordwind, der mit Windstärken zwischen 4 und 6 Beaufort bläst, mit zunehmendem Tagesverlauf aber nachlässt und gegen zehn Uhr ganz einschläft. Es gilt also, den Frühmorgenwind zu nutzen, wenn man zum Beispiel von Limone nach Malcesine rübersurfen möchte – auf einen Frühstücks-Cappuccino, den man ohne Hast zu sich nehmen kann, denn man hat nun Zeit. Jetzt heißt es geduldig warten – auf die Ora, die Sie bereits auf Seite 55 kennengelernt haben, jenen Südwind, der um die Mittagszeit einsetzt und den Surfer wieder zurück an seinen Ausgangspunkt bringt. Ora bedeutet »Uhr«, was den Eindruck entstehen lässt, man könne ebendiese nach dem Wind stellen. Ganz so preußisch pünktlich ist er zwar nicht, aber bei ruhigem Wetter tritt er mit großer Regelmäßigkeit auf.

Was den Gardasee auf diese Weise zu einem Windsurfparadies macht, ist ein weiteres alpentypisches Wetterphänomen: Pelér und Ora sind Teil des »Berg-Tal-Windsystems«. Das Relief des Alpenbogens mit seinen hohen Gipfeln und tief eingeschnittenen Tälern sorgt für eine ganz eigene Wind-Choreografie. Sie beginnt mit dem Sonnenaufgang. Da die Berggipfel in den Morgenstunden deutlich früher von der Sonne beschienen werden als die Böden in den steilen Tälern, wird die Luft dort oben in diesen ersten Stunden deutlich stärker erwärmt als die unten. Die warme Luft macht dann das, was warme Luft immer macht: Sie steigt nach oben, und da sie keine leeren Räume hinterlassen kann, wird sie nach und nach durch die kältere Luft aus den Tälern und dem Alpenvorland ersetzt. Eine Luftströmung von unten nach oben setzt ein, der »Talwind«. Ihn nutzen die Gardasee-Surfer, wenn sie nach ihrem ausgedehnten Cappuccino wieder mit der Ora nach Hause gleiten.

Nach Sonnenuntergang verkehrt sich die Situation ins Gegenteil. Jetzt ist der Talboden gut durchgeheizt und bleibt länger warm als die Gipfel in den kühleren Höhenlagen. Nun ist es die warme Talluft, die nach oben steigt und von kalter Bergluft ersetzt werden muss. Die Luftbewegung läuft von oben nach unten, der »Bergwind« setzt ein. Im Laufe der Nacht legt er zu, gegen Morgen schläft er wieder ein, deshalb müssen Surfer so früh aufstehen, wenn sie den Pelér in ihren Segeln fangen wollen.

Natürlich läuft das Berg-Tal-Windsystem nicht ab wie ein Schweizer Uhrwerk, oft genug wird es von anderen Wetterlagen wie Föhn, Kalt- oder Warmfronten überlagert, aber es hat eine hohe Zuverlässigkeit bei ruhigen Wetterlagen. Eine solche Berechenbarkeit ist natürlich der Traum jedes Windkraftmanagers: Windmühlen müssten sich doch in den Alpen wunderbar amortisieren und dürften, da ökologisch, auch ohne größere Widerstände durchsetzbar sein. Aber weit gefehlt. In den Alpen ist – wie in anderen Freizeitlandschaften, zum Beispiel dem Schwarzwald – die »Verspargelung« von Höhenzügen hoch umstritten. Selbst Umweltschutzorganisationen erinnern an die Schutzwürdigkeit der Landschaft und mahnen zur Zurückhaltung. Die grüne Energie Nummer eins in den Alpen ist die Wasserkraft, mittlerweile ist auch die Nutzung der Sonnenenergie auf dem Vormarsch.

Wer es genauer wissen will

Windsysteme in den Alpen

Meteorologie ist vor allem eine Konzentrationsübung. Immer geht es um die Frage, von wo nach wo die Luft strömt. Horizontal von A nach B und vertikal rauf und runter.

Bei der horizontalen Strömung will die Luft eigentlich immer vom Hochdruckgebiet, wo es zu viel Luft – also quasi einen »Luftberg« – gibt, direkt zum Tiefdruckgebiet strömen, dem »Lufttal« mit zu wenig Luft. So ist die Natur, sie gleicht immer aus! Gibt es irgendwo von etwas zu viel, zum Beispiel Luft oder Wasser, so wird der Überschuss dorthin verfrachtet, wo zu wenig vorhanden ist. Das Problem: Die Erde ist eine sich drehende Kugel, und das verursacht eine Scheinkraft, die Corioliskraft. Dadurch kann die Luft mit ganz wenigen Ausnahmen in unmittelbarer Nähe des Äquators nie den direkten Weg vom Hoch zum Tief wählen, sondern es kommt immer zu Drehbewegungen. Das Ergebnis: Hochs auf der Nordhalbkugel drehen sich im Uhrzeigersinn, die Tiefs entgegengesetzt, und auf der Südhalbkugel ist alles genau umgekehrt.

Bei der vertikalen Strömung hat die Luft ein anderes, bereits beschriebenes Problem: Sie kühlt sich auf dem Weg nach oben ab und erwärmt sich auf der »Fahrt« nach unten. Wie stark, hängt davon ab, ob sie mit Wasserdampf gesättigt ist oder nicht. Für uns Meteorologen ist dann immer diese zentrale Frage zu lösen: Ist ein Luftteilchen leichter oder schwerer als seine Umgebung? Schwer will runter, leicht will rauf. Wenn Sie den Fragen »rechtsrum oder linksrum?« und »leichter oder schwerer?« folgen, geht eigentlich kaum noch etwas schief, und man begreift sehr schnell, was die Luft warum tut.

In den Alpen und natürlich auch in allen anderen Gebirgen gibt es zusätzlich noch den entscheidenden Punkt Landschaft – also ihre Struktur aus Tälern und Bergen, die den Luftstrom kanalisieren. Luft kann ja nun mal nicht einfach durch die Berge hindurch, sie muss drum herum, drüber weg oder produziert auch mal einen Rotor nach unten. So haben wir es schon bei der Erklärung des Föhns gesehen, und so ist es auch beim Laseyerwind im Alpstein (siehe Kapitel »Der Wind, der Wind ...« auf den Seiten 90 f.).

Berg- und Talwind
Dies ist die einfachste Form eines Windsystems in den Bergen: Nach Sonnenaufgang werden die Hänge zuerst beschienen und bekommen dank ihrer Schrägstellung auch mehr Energie pro Quadratmeter ab. Sie erwärmen sich schnell, die leichtere Warmluft steigt rasch auf. Deshalb entsteht jetzt ein bodennahes Tiefdruckgebiet, wodurch Luft aus dem Tal nachströmen muss. Weil ein Wind immer nach seiner Herkunft benannt ist, heißt er nun Talwind, da er vom Tal zum Berg weht. Genau wie ein Nordwind Luft aus Norden heranschaufelt. Am Abend bei nachlassender Sonneneinstrahlung kühlen sich die Gipfel zuerst ab, die Luft beginnt zu sinken, und es entsteht ein Bodenhoch. Aus diesem Hoch strömt die Luft jetzt vom Berg durch die Täler hinaus – der Bergwind weht.

So läuft das an ansonsten ruhigen Tagen. Zieht aber ein deftiges Tief durch, übernimmt es mit viel kräftigeren Strömungen sofort die Regie, und der oben beschriebene »Schönwettertagesgang« ist vorübergehend futsch. Lokale Windsysteme sind dabei untergeordnet. Wenn eine überregionale Strömung und der Talwind etwa gleich stark und entgegengerichtet sind, kann sogar komplette Windstille herrschen.

Der Malojawind

Wenn es nur immer so leicht wäre, aber das Bergwetter hält viele Spezialfälle für uns bereit. Einer davon ist der Malojawind, der einfach falsch herum weht. Er ist ein Bergwind, der scheinbar alle meteorologischen Regeln ignoriert und fröhlich tagsüber bläst. Dafür kann er aber nichts, denn die Geländeform ist schuld!

Aber von vorne: Der Wind ist benannt nach dem 300-Seelen-Dorf Maloja im Schweizer Kanton Graubünden, das einen Pass markiert und mit dem schönen Slogan »familiäres Passdörfchen« wirbt. Reist man vom italienischen Chiavenna nördlich des Comer Sees durch das Schweizer Oberengadin nach Zernez im Unterengadin, so durchquert man Maloja zwangsläufig. Dahinter passiert man die von Seglern und Surfern wegen genau dieses Malojawinds so geliebten beiden Seen, den Silsersee und den Silvaplanersee. Dann geht es über St. Moritz – bitte unbedingt auf der zweiten Silbe betonen und keinesfalls auf dem »o« wie beim Namen Moritz –, Samedan und Zuoz nach Zernez.

Wenn Sie diesen Weg einmal gefahren sind, verstehen Sie das »Fehlverhalten« des Malojawinds ganz von selbst. Von Chiavenna nach Maloja sind Sie im Bergell unterwegs, einem engen, steil ansteigenden Tal. Auf 20 Kilometer Strecke geht es rund 1500 Meter hinauf, und so weht hier tagsüber rasch der kräftige Bergeller Talwind. Auf der anderen Seite, quasi hinter Maloja, geht es nur noch ganz flach nach unten. Auf den rund 50 Kilometern bis nach Zernez verlieren Sie kaum 400 Höhenmeter. Der Talwind aus dem Bergell ist so kräftig – oft Windstärke 5 bis 6 –, dass er mit voller Wucht über den Pass schießt und eventuell gemächlich entgegenkommende Luft aus dem flachen Oberengadin einfach wegwalzt. Erst hinter

St. Moritz wirkt dann zunehmend der dortige vergleichsweise schwache Talwind, die Brüscha. Herrscht überlagerter Südwestwind, wird der Malojawind verstärkt, bei Nordostwind wird hingegen die Brüscha unterstützt und kann mit dieser Hilfe auch mal gegen den Bergell-Talwind »gewinnen«.

Ein besonderes Phänomen ist die Malojaschlange. Das ist kein Reptil, das dort sein Unwesen treibt, sondern eine »Wolkenschlange«. Wenn der Wasserdampf etwas unterhalb der Passhöhe beim Aufstieg kondensiert, schiebt der Wind die Feuchtigkeit hinüber ins Oberengadin. Sie kann manchmal sogar als Nebel aufliegen und sich bis knapp hinter Samedan erstrecken (sichtbar z. B. hier: www.facebook.com/DieWolkenVonSilsMaria.DerFilm/videos/die-wolken-von-sils-maria-das-naturschauspiel-der-maloja-sch/838905379558286/).

Die Bise

In Deutschland, zumindest in der Mitte und im Norden unseres Landes, glaubt man beim Wort »Bise« vermutlich, da habe jemand das »r« in »Brise« vergessen, denn die verbindet man ja sofort mit Luftbewegung. Man denke nur an die berühmte »steife Brise«. Aber die Bise ist vielmehr ein oft recht kräftiger Nordostwind, der vom Bodensee durch das Schweizer Mittelland zwischen dem Jura und dem Alpenhauptkamm hindurch bis zum Genfer See saust. Hier befindet sich die größte Engstelle und damit häufig auch der kräftigste Wind. Manchmal kommt es dann am See zu Böen in der Größenordnung um die 100 Kilometer pro Stunde. Am Bodensee freuen sich Segler und Surfer meist über 40 bis 50 Kilometer pro Stunde.

Die Bise entsteht bei hohem Luftdruck nördlich der Alpen und niedrigerem im Mittelmeerraum. Im Winter kommt sie gern schneidend kalt daher, und oft bleibt es trüb mit Nebel und Hochnebel – man nennt sie dann passenderweise »Bise noire« (dunkle Bise), wobei das aus dem Alemannischen stammende Wort nun schön elegant auf Französisch ausgesprochen wird. Im Sommer sorgt die Bise mit trockener Kontinentalluft aus Nordosten oft für das sprichwörtlich schöne Wetter mit nicht zu hohen Temperaturen.

Der Guggiföhn

Wer sich ein bisschen für Wintersport und Skirennen interessiert, kennt das alljährlich im Januar stattfindende Lauberhornrennen in Wengen im Berner Oberland, direkt am Fuße des berühmten Dreigestirns Eiger, Mönch und Jungfrau. Nicht nur das Rennen ist spektakulär und zählt zu den Klassikern des alpinen Skiweltcups, sondern auch das Wetter kann dort sehr spektakulär sein. Dann nämlich, wenn der Guggiföhn durchbricht!

Als ich noch in der Schweiz »wetterte«, hieß es immer: »Achtung, wenn nur eine einzige harmlose Isobare auf einen Südostwind hinweist, dann spricht man oft ganz unvermittelt von ›Orkan‹.« Das habe ich nicht nur einmal erlebt. Während die meisten Föhnregionen in der Schweiz auf südsüdwestliche oder südliche Winde ansprechen, braucht es am Lauberhorn den Südost. Dann stürzt die Luft quasi im freien Fall vom Jungfraujoch den Guggigletscher hinab – das sind rund 1000 Meter – und nimmt donnernd Kurs auf das Gebiet Wixi-Lauberhorn. Innerhalb von Sekunden kann die Windgeschwindigkeit so auf über 200 Kilometer pro Stunde hochschießen. Für Skifahrer wäre das absolut lebensgefährlich, und deshalb kommt es hier gerade für das Rennen auf präzise Prognosen an, eine große Herausforderung, die nur mit sehr viel Regionalkenntnis bewältigt werden kann.

Am 6. November 1997 (dem Tag, als der Föhn im Appenzellerland einem von uns sehr entschlossen einen Hausbesuch abstatten sollte, wie Sie im nächsten Kapitel erfahren werden) setzte sich bis zur Wengernalp ebenjener Südostwind durch. Auf dem Lauberhorn wurden dabei unfassbare 239 Kilometer pro Stunde gemessen. Als ich bei einem Dreh einen Selbstversuch im Windkanal unternahm, wurde die Windgeschwindigkeit bis 216 Kilometer pro Stunde hochgejagt. Dann gab ich das vereinbarte Zeichen zum Abbruch, denn ich war nicht mehr in der Lage, meine Beine auf dem Boden zu halten, es hätte mich einfach davongeweht. Und wie fast immer, geht auch noch mehr. Mitte Dezember 2008 drehte der Guggiföhn noch stärker auf, und die Wetterstation am Lauberhorn wurde ein weiteres Mal getestet – 252 Kilometer pro Stunde wurden gemessen. Das ist durchaus die ICE-Liga.

Mistral und Bora
Der Mistral findet im Westen der Alpen, die Bora viel weiter östlich statt, aber beide gehören in die Kategorie der katabatischen Winde. Klingt kryptisch, bedeutet aber nichts anderes, als dass es sich um kalte, trockene Fallwinde handelt.

Der Mistral schießt als kalter Nordwind durchs Rhonetal, wenn ein Tief über die Nordsee nach Skandinavien oder Polen zieht und sich gleichzeitig von Westen der Keil eines Azorenhochs über die Iberische Halbinsel Richtung Biskaya voranschiebt. Das Wetter ist dabei meist klar und im Winter oft eisig. Selbst im Hochsommer, wenn der Mistral seltener auftritt, ist es dann empfindlich kühl. Die Luft saust etwa in der Camargue hinaus aufs Mittelmeer, und eine solche Südverlagerung von Luft sorgt aus – wie wir Meteorologen sagen – Stabilitätsgründen für die sogenannte Genua-Zyklogenese.

Durch das im Golf der ligurischen Hafenstadt entstehende Tief wird der stürmische Mistral umgelenkt und erfasst als Westwind auch die Engstelle – es greift der Düseneffekt (siehe Seite 124) – zwischen Korsika und Sardinien, die Straße von Bonifacio. Am böigsten ist der Mistral, wenn zum Luftdruckunterschied große Temperaturunterschiede hinzukommen, wenn also etwa über den Cevennen noch Schnee liegt, an der Mittelmeerküste aber schon die Frühlingsluft anklopft.

Die Bora beginnt ihren Weg am östlichen Rand der Alpen, wenn eine nördliche bis nordöstliche Strömung die Luft weiter in Richtung der Berge an der Adriaküste transportiert. Hier rauscht sie durch die Täler und auch über einige Berge hinweg. Zwar erwärmt sich die absinkende Luft, genau wie beim Föhn, auch hier. Aber weil die Ausgangstemperatur sehr niedrig ist und die Fallhöhe von den viel weniger hohen Bergen deutlich geringer ist als inneralpin, fühlt sich die Bora gerade über dem warmen Adriatischen Meer dennoch sehr kalt an.

Die Tramontana

Zum Schluss werfen wir noch einen Blick auf eine dritte Spielart katabatischer Winde. Dieser dem Namen nach von jenseits (»trans«) des Gebirges (»montana«) stammende Wind ist ebenfalls ein Nordwind, der seinen Weg durch die Alpen vor allem durch die vielen Täler sucht. Auch hier wird die Kaltluft natürlich kanalisiert und stark beschleunigt. Häufig bleibt das windige Wetter dabei klar, besonders in Ligurien tritt aber auch die »Tramontana Scura« auf. Diese dem Namen nach dunkle Variante ist oft mit Regen verbunden, nicht selten verursacht durch Störungen der Luftströmungen zwischen Alpen und Apenninbogen. Die Menschen vor Ort wissen das

> und drücken es durch ein ligurisches Sprichwort aus: »Tramuntan-na scüa, ægua següa«. Was so viel heißt wie »dunkle Tramontana gleich sicherer Regen«!

Die Vb-Wetterlage

Sonntag, 10. August 2002: Als es gegen 17 Uhr im sächsischen Zinnwald-Georgenfeld zu regnen beginnt, ahnt noch kaum jemand, dass es jetzt drei Tage lang nicht mehr aufhören wird. Zwischen 12. und 13. August, jeweils 7 Uhr, bricht das Erzgebirgsstädtchen einen Rekord: Mit 312 Litern pro Quadratmeter Niederschlag regnet es hier so viel wie noch nie zuvor irgendwo in Deutschland, jedenfalls nicht seit Beginn der Wetteraufzeichnungen 1881. Die gewaltigen Regenmengen von Tief »Ilse« sorgen für eine der bis dahin schlimmsten Flutkatastrophen der letzten 100 Jahre: 21 Tote und Milliardenschäden sind allein in Deutschland zu beklagen.

Montag, 2. Januar 2006: Tief »Annekathrin« lässt es in Bad Reichenhall seit Mittag kräftig schneien, in der Eissporthalle an der Münchner Allee befinden sich über 50 Schlittschuhläufer, um 16 Uhr soll das Training des örtlichen Eishockeyvereins stattfinden. Weil der Schnee so nass und schwer ist, entschließt sich der Hallenmeister gegen 15:30 Uhr, das Training abzusagen und das flache Hallendach von der immer schwerer werdenden Schneelast zu befreien. Doch die Eisläufer will er jetzt noch nicht rausschmeißen – eine gravierende Fehlentscheidung. Denn gegen 15:50 Uhr ist ein verstörendes Ächzen und Knarren der Deckenkonstruktion zu hören, die Ersten verlassen das Eis. Um 15:54 Uhr dann die Katastrophe: Das Dach hält dem Schneedruck nicht mehr stand und stürzt auf die Eisfläche – 15 Menschen, darunter 12 Kinder, kommen ums Leben, 34 werden zum Teil schwer verletzt.

Freitag, 4. November 2011: Die gewaltige Flutwelle, die in Genua über die Piazza Galileo Ferraris in die Via Fereggiano und den Viale Virginia Centurione Bracelli schießt, hat auf ihrem Weg alles mitgerissen, was nicht niet- und nagelfest war: Tische, Stühle, Mülleimer, selbst Dutzende Autos. Ein paar Ecken weiter, wo sonst steile Stufen in die höheren Stadtteile hinaufführen, stürzen jetzt reißende Bergbäche herunter. Tief »Rolf« hat die italienische Hafenstadt in eine tobende Hölle verwandelt – sechs Menschen sterben.

Zinnwald-Georgenfeld/Sachsen, Bad Reichenhall/Bayern, Genua/Ligurien: drei Orte, die weit auseinanderliegen, drei verschiedene Tiefs, drei unterschiedliche Jahreszeiten – was haben diese Katastrophen gemein? Sie waren alle Folge einer Wetterlage, die nur deshalb so zerstörerische Ausmaße annehmen konnte, weil es die Alpen gibt. Die Rede ist von der »Vb-Wetterlage« (sprich: Fünf-b). Grund für ihre Entstehung ist eine Nordlage, also ein Hoch über der Biskaya und ein Tief über Osteuropa. Das heißt: Kühle Luftmassen fließen nach Süden, was im Rhonetal zum gefürchteten Mistral führt, darüber hinaus überquert Luft von Norden die Alpen, was die Entwicklung eines Tiefs über Genua begünstigt. Dieses Tief kreist nun tagelang über dem warmen Mittelmeer und saugt sich mit Wasser voll, bevor es sich zwischen zwei Möglichkeiten entscheidet: Es regnet – wie »Rolf« – nicht selten mit den oben genannten Begleiterscheinungen über Ligurien ab, oder es wird – wie »Annekathrin« und »Ilse« – über die Alpen geschoben, meist auf einer Route über Slowenien, wo die Alpen flacher sind.

Auf der Alpennordseite passiert nun Folgendes: Durch die Drehrichtung gegen den Uhrzeigersinn wird die Mittelmeerluft aus Norden gegen die Alpen gedrückt, dort gestaut und wie ein nasser Schwamm ausgequetscht. Alles, was sich in den tonnenschwer vollgesogenen Wolken befindet, entlädt sich auf einer Linie Österreich – Bayern – Tschechien – Sachsen und sorgt für oft tagelange Niederschläge; im Sommer – wie beim Elbhochwasser 2002 – als Starkregen, im Winter – wie in Bad Reichenhall 2006 – als Starkschnee.

Wer also im Wetterbericht den Begriff »Genuawetter« hört, sollte nicht an Straßencafé oder Badestrand denken, sondern einen guten Regenschutz aus dem Schrank holen.

Diese vier Wetterphänomene – Staulage, Föhn, Berg-Tal-Windsystem und Vb-Lage – sind typisch für das Alpengebiet. Sie alle verdanken ihre Existenz derselben Ursache: Sie entstehen, weil die Alpen wie eine hohe und breite Mauer im Wege stehen und Luftmassen zum Aufsteigen zwingen.

Was Dornbirn mit London gemeinsam hat

Die Situation war gespenstisch: Obwohl sie – nennen wir sie Jane – nur zwei Blocks von ihrer Wohnung entfernt war, hatte sie keine Ahnung, wie sie dorthin zurückkommen sollte. Wenn Jane den Arm nach vorne streckte, sah sie nur bis zum Unterarm, die Hand dagegen war in der zähen Nebelsuppe verschwunden. Auch wenn sie nach unten blickte, konnte sie nicht mal mehr ihre Knie sehen – gerade noch 30 Zentimeter betrug die Sichtweite. Und so wie Jane ging es vielen Londonern: Sie tasteten sich auf der Suche nach ihren Häusern hilflos an den Wänden entlang, stolperten über Bordsteinkanten, stießen gegen parkende Autos oder andere Suchende.

Der Morgen des 5. Dezember 1952 war noch klar gewesen, ganz Südengland lag unter einer stabilen Hochdruckzone. Als sich am Abend plötzlich Nebel zu bilden begann, machte sich noch keiner einen Kopf: Nebel gehört zu London wie Schnee zu Kitzbühel.

Aber dann wurde die Suppe immer dicker, am Ende so dick, dass Einwohner wie Jane sich selbst in den Stadtvierteln, die sie wie ihre Westentasche kannten, nicht mehr zurechtfanden. Sogar wer im Kino saß, hatte Pech: Der zähe Smog kroch auch in Gebäude, weshalb die Leinwand vom Zuschauerraum aus nicht mehr zu sehen war. Was die Dramatik noch erhöhte: Der dichte Nebel mischte sich mit den Abgasen aus Autoauspuffen sowie Haus- und Industriekaminen zu einem immer giftiger werdenden Gebräu. Vor allem vor den Krankenhäusern verdichteten sich herumirrende Menschenmassen, weil Patienten mit Atemwegsproblemen verzweifelt die Eingänge zu den Notaufnahmen suchten.

Vier Tage dauerte es, bis sich der Nebel auflöste, »The Great Smog« von 1952 war eine der schlimmsten Umweltkatastrophen in der Geschichte Londons. Aber was hat sie mit den Alpen zu tun?

Sie erinnern sich: Durchschnittlich 0,65 Grad nimmt die Temperatur pro 100 Höhenmeter ab. Normalerweise. Wenn nichts dazwischenkommt. Zum Beispiel London-Wetter. Denn was die britische Hauptstadt mit schöner Regelmäßigkeit ereilt, kommt auch in den zerklüfteten Alpen sehr häufig vor: eine Inversionswetterlage. Der Begriff kommt vom lateinischen *inversio* (Umkehrung/umgekehrte Ordnung), und genau dies passiert bei einer Inversionswetterlage: Sie kehrt das Unterste nach oben, das heißt, dass es jetzt oben wärmer ist als unten. Und oben blau, unten grau. Das Rheintal um die Vorarlberger Metropole Dornbirn erlebt das zum Beispiel häufiger.

Es gibt mehrere Arten von Inversionswetterlagen, die häufigste ist die Boden- oder Strahlungsinversion. Sie tritt besonders häufig im Herbst und Winter auf, gemeinerweise dann, wenn es in den Bergen am schönsten ist: bei klarem Hochdruckwetter. Denn wenn keine Wolkendecke die Abstrahlung von Wärme aus dem Talboden blockiert, wird es dort nachts schnell kalt. Und da kalte

Luft schwerer ist als warme, legt sie sich wie ein Kältesee zunächst in Mulden und Senken – Nebel entsteht. Wenn es die Sonne tagsüber nicht mehr schafft, diese Kaltluftseen zu erwärmen und aufzulösen, wird die Nebelschicht immer dicker, während obendrüber schönster Sonnenschein herrscht – mit der Konsequenz, dass sich die warme Luft wie ein Deckel auf die kalte legt und dafür sorgt, dass die Suppe darunter sich zäh hält. Und das kann schon mal einige Tage lang so bleiben; Besserung ist erst dann in Sicht, wenn Wind einsetzt und die Luftschichten sich zu vermischen beginnen.

Wer also das Pech hat, in seinem Herbst- oder Winterurlaub eine solche Inversionslage zu erwischen, dem bleibt nur eines: in die nächste Bergbahn steigen, im Falle Dornbirn in die Seilbahn auf den rund 1000 Meter hohen Karren, und oben einen atemberaubenden Blick auf die Gipfelwelt rundum und den Nebelsee unter sich genießen.

Die Inversion stellt die Verhältnisse also auf den Kopf – und sorgt damit in einigen Ecken der Alpen für Phänomene, von denen man denkt, so etwas könne es doch gar nicht geben. Zum Beispiel eine Baumgrenze nach unten! Wie bitte? Normalerweise erreicht man die Baumgrenze, wenn man in den Alpen immer höher klettert. Irgendwann ist es über das Jahr gemittelt einfach zu kalt für einen Wald oder selbst für ein paar einzelne kleine Bäume. Dann ist Schluss damit, es wächst noch Gras, und irgendwann weiter oben kommt der nackte Fels oder das Eis.

Aber wandern Sie mal zum Funtensee im Berchtesgadener Land. Das ist eine Hochebene auf 1600 Metern über dem Meer, umringt von Berggipfeln und mit ebenjenem kleinen See in der Talmitte. Hier sammelt sich die Kaltluft in langen Winternächten über Schnee, ungestört von Windböen, die sie durchmischen könnten. Und dann lässt sich dem nächtlichen Sturzflug des Thermometers förmlich zuschauen. Minus 45,9 Grad wurden ausgerechnet am Heiligen Abend 2001 gemessen. Sehr frisch und damit ein Rekord für Deutschland! Und weil genau solche Verhältnisse für Bäume oder Wälder unbekömmlich sind, siedeln sie sich hier gar nicht erst an. Pflanzliche Vernunft quasi. Höher am Berg sind solche verblüffenden Temperaturen nicht zu finden, der Baum fühlt sich wieder wohl und gedeiht. Das Ergebnis: Am Hang stehen Bäume, im Tal nicht – das sieht wirklich merkwürdig aus.

Der Wind, der Wind, das himmlische Kind
Sven Plöger

Der Föhn am 7. November 1997

Im Salzburger Saalachtal liegt auf rund 600 Meter Höhe die Marktgemeinde Lofer, und auch dort steht zu meiner Freude eine Wetterstation. Am 7. November 1997 wurde von dieser ein Sommertag mit mehr als 25, ganz genau mit 25,4 Grad registriert. So etwas ist im November nur mit Föhnunterstützung möglich, die schräg stehende Sonne schafft das allein niemals. An das Datum kann ich mich sehr genau erinnern, denn ein enger Freund von mir richtete an diesem Tag seine Hochzeitsfeier in Kiel aus – eine Freundschaft, die mir wirklich sehr viel bedeutet, denn ich war sofort bereit, auf eines der stärksten Föhnereignisse in meiner damals neuen Heimat, der Alpsteinregion im Appenzellerland, zu verzichten. Schon tagelang kündigte sich diese spezielle Wetterlage an, und ich starrte oft ungläubig auf die Wetterkarten: »Da braut sich wirklich was zusammen.«

Ich war längst in Norddeutschland, als am 6. November um 5 Uhr morgens in Altenrhein auf der Schweizer Bodenseeseite 7 Grad und 15 Kilometer pro Stunde (km/h) Wind gemessen wurden. Zwischen 5 und 6 Uhr traf dann das Sturmfeld des

Föhns auch am Bodensee ein. Wie aus dem Nichts kam es zu Böen bis 89 km/h, und die Temperatur sprang übergangslos von 7 auf 20 Grad hoch, während die relative Luftfeuchtigkeit von 87 auf 33 Prozent stürzte – föhntypische grandiose Fernsicht war vormittags die Folge. Um 10 Uhr trat sogar eine Orkanböe mit 119 km/h auf. Das ist wirklich die wilde Wetterwelt, von der ein Plöger so träumt – aber bis Kiel reichte der Sturm dann doch nicht. Auf der Ebenalp, meiner geliebten Gleitschirmstartstelle am Alpstein, wurden mehr als 160 km/h gemessen, auf dem oberbayerischen Wendelstein waren es in der folgenden Nacht immer noch rasante 146 und auf der Zugspitze gar ruppige 178 km/h. Davon gänzlich unberührt, lief die Feier rund 850 Kilometer weiter nördlich fröhlich weiter, und stetes Wetterdatengucken war unmöglich – Smartphones waren ja noch nicht verbreitet.

Am Wochenende blieben wir noch in Kiel, doch am Sonntagabend erhielt ich den Anruf einer Kollegin, ich solle morgen besser mal nachschauen, ob mit meiner Wohnung auf dem föhngeplagten Berg alles in Ordnung sei.

Nach diesem Anruf war ich innerlich darauf vorbereitet, dass ich bei der Rückkehr nach Hause etwas von der Normalität Abweichendes erleben würde. Und genau so trat es ein: Die Wohnung mit Balkon ist nach Süden ausgerichtet, und der Föhn stand vom 5. November um 17 Uhr bis zum 7. November um 7 Uhr mit voller Wucht auf der Hausfront, er wollte wohl mal einen Meteorologen persönlich besuchen. Das schaffte er auch, herein kam er über die Balkontür, die er irgendwann einfach aufdrückte. Mit Spitzenböen bis 130 km/h – die Wetterstation ist kaum 20 Meter entfernt, ich wusste es also ziemlich genau – machte er es sich anderthalb Tage lang im Wohnzimmer gemütlich und lud auch noch fleißig Blattwerk, Erdreich und Äste ein. Sie können sich vermutlich gut vorstellen, was für ein Anblick mein Wohnzimmer bot. Kurz: Ich musste ein wenig aufräumen.

Orkan »Lothar« am 26. Dezember 1999

Als »Lothar« am zweiten Weihnachtsfeiertag 1999 nahte, war ich längst ein erfahrener Bergbewohner. Vorteil: Der Sturm brachte Westwind und keinen Föhn, damit war klar, dass der Balkontür diesmal wohl nicht allzu viel Ungemach drohte. Nachteil: Der Wind sollte noch viel mehr aufdrehen als im November 1997. Dass etwas geschehen würde, ließ sich in der stürmischen Westdrift der letzten Tage vor dem Millennium schon absehen. Kam nun der Weltuntergang sogar noch vor dem Jahrtausendwechsel? Was das anging, blieb ich entspannt, aber als der Luftdruck in den Morgenstunden des 26. Dezember in Rouen und Evreux in Frankreich um rund 25 Hektopascal (hPa) in drei Stunden fiel, wusste ich, dass dies ganz sicher *der* Wettertag meines bisherigen Lebens und auch im Leben vieler anderer Menschen im Alpenraum und in Süddeutschland werden würde: Wir alle würden die bisher wüstesten Windböen überhaupt erleben.

Genau so kam es! Denn bereits bei einem Rückgang des Luftdrucks von 5 bis 10 hPa steht fest: Da ist ein »dicker Brummer« im Anmarsch. Aber 25 hPa? Ein Messfehler konnte nicht vorliegen, denn die umliegenden Stationen wiesen alle Werte in ähnlicher Größenordnung auf. Als die ersten Daten und Schadensmeldungen aus Frankreich, danach aus dem Saarland sowie Baden-Württemberg reinkamen, dachte ich: Das wird wirklich kein schöner Tag.

Meine Frau und ich hatten Gäste über Weihnachten, und das einzige Thema beim Frühstück war der herannahende Sturm. Im Verlauf des Vormittags ging es los: 70, 80, 90, 100, 110, 120 km/h, und ich wusste, das geht noch weiter. Irgendwann fing das Holzhaus an, Geräusche zu machen, die es sonst nicht macht. Es ächzte unter dem Winddruck, aber auch das würde noch nicht das Ende der Fahnenstange sein. Da ich kein Baumeister von Holzhäusern bin und die Folgen nicht abschätzen konnte, riet ich irgendwann, dass wir uns für den Fall schützen sollten, dass Schlimmeres passierte. Wenn man keinen Zugang zu einem Keller hat, macht man das, was etwa die Menschen in den USA machen, wenn eine Tornadowarnung vorliegt und der Shelter fehlt: Man begibt sich in den kleinsten Raum, denn es gilt: je kleiner, desto stabiler. Aber der kleinste Raum ist nicht immer der schönste! Sie ahnen es, vier Erwachsene standen für eine gute halbe Stunde im Gäste-WC. Das ist auch einer der Gründe, weshalb Weihnachten bei mir seither ganz seltsame Assoziationen hervorruft – ich denke einfach immer an enge Klos und weniger an geschmückte Weihnachtsbäume.

Irgendwann erreichte uns die Spitzenböe von 179 km/h, und da wir seitlich aus dem gekippten Fenster schauen konnten, hörten und sahen wir etwas wirklich Apokalyptisches. Kurz vor dieser maximalen Windböe trat ein schrilles Geräusch auf, das sich eigentlich nicht mehr als Wind erkennen ließ, sondern eher die Anmutung von zig in einem Bahnhof bremsenden Zügen hatte, und dann wurde ein Baum nach dem anderen förmlich »niedergestreckt«. So etwas Bedrückendes hatte ich noch nie gesehen, der Puls ging hoch, ich war aufgewühlt.

Uns ist nichts passiert, dem Haus auch nicht. Aber in meinem Kopf fing es zu arbeiten an: Hat das mit den beginnenden Klimaänderungen zu tun, oder ist das »nur« Extremwetter? Bei Stürmen ist das schwer zu sagen, aber für mich war genau das die Initialzündung. Der Klimawandel rückte – und so ist es bis heute geblieben – mit diesem Ereignis in den Mittelpunkt meines Interesses, der Orkan hat meinen Blick geweitet und allmählich auch mein Verhalten im Alltag verändert.

Der Laseyerwind

Als »Lothar« uns ins Gäste-WC zwang, ging es auf meinem Gleitschirmstartplatz Ebenalp noch wilder zu als vor unserer Wohnung. Der Westwind erreichte dort gegen 13 Uhr schier unglaubliche 202 km/h – weihnachtliche Ruhe sieht anders aus.

Jetzt nehme ich Sie gedanklich kurz mal mit in meine damalige Wahlberufsheimat: Wenn Sie von der Ebenalp nach Norden Richtung Bodensee schauen, dann erhebt sich schräg links hinter Ihnen der Säntis mit seinen 2502 Metern, und rechts von Ihnen verläuft ein tief eingeschnittenes Tal, das bis nach Wasserauen befahrbar ist. Dieser Ort liegt nun quasi direkt neben Ihnen, aber rund 700 Meter tiefer. Auf der anderen Seite wird das Tal durch die Alp Sigel begrenzt – ein wunderbares Revier, um nachmittags und am frühen Abend mit dem Gleitschirm Höhe zu machen, wenn die tiefer stehende Sonne auf die Felsen scheint und sie noch lange kräftig und thermikfördernd erwärmt. In Wasserauen befindet sich ein hübscher Gleitschirmlandeplatz direkt am Bahnhof, aber es gibt dort auch eine Wetterstation.

Und genau da wurde am 26. Dezember 1997 geradezu »Irrsinn« registriert: Im Tal gab es während des Orkans tatsächlich noch mehr Wind als oben auf der Ebenalp. Sage und schreibe 206 km/h wurden gemessen – aber der Wind kam aus Osten, aus der Gegenrichtung, denn »Lothar« war ja ein Weststurm. Und der Windrichtungsmesser war nicht defekt! Allerspätestens jetzt merkt man, dass Alpenmeteorologie ganz speziell sein kann und man sich einfach gut mit lokalen Verhältnissen auskennen muss, will man so etwas einschätzen können. Was war passiert?

Der Laseyerwind – oder einfach »der Laseyer« – hatte getobt. »Laseyer« ist der Name eines kleinen Waldgebietes zwischen der Sigelwand und Wasserauen. Wenn in diesen Taleinschnitt massenweise Luft hineingepresst wird, was bei westlichem bis nordwestlichem Wind passiert, dann weiß die Luft nicht mehr, wohin. Die Orografie, also das Relief des Tals, ist so strukturiert, dass sich ein großer Luftrotor bilden muss. Die Luft prallt gegen eine Steilwand, wird dann wie in einer Walze nach unten gedrückt und schießt, da sie ja nun mal nicht durch den Berg hindurchkann, einfach von der Wand wieder zurück ... und kommt jetzt eben aus Osten.

Diese Orkanböen – ein Orkan beginnt bereits bei 118 km/h – entwickeln ungeheure Kräfte, denn der Winddruck wächst immer quadratisch. 200 km/h entwickeln daher einen Staudruck, der nicht doppelt, sondern viermal so stark ist wie bei 100 km/h (2 zum Quadrat), 300 km/h würden sogar die neunfache »Kraft« entwickeln. In der Geschichte der Appenzeller Bahnen, die mit wunderbaren Zügen bis nach Wasserauen fahren und Wanderer somit umweltfreundlich in die Berge bringen, ist es immer wieder passiert, dass der Laseyer ganze Züge aus den Gleisen förmlich auf die Straße »geschmissen« hat.

Quelle: http://www.laseyer.ch/fileadmin/user_upload/
Appenzeller_Tagblatt_-_Laseyer_270716.pdf
Credit: Reto Martin/St. Galler Tagblatt

Und so ein Zug wiegt rund 45 Tonnen – Luft kann eine unglaubliche Kraft entwickeln. Seit einigen Jahren gibt es dort nun ein Warnsystem, das bei zu hohen Windgeschwindigkeiten anspringt. Dann machen die Bahnen Pause und warten die kräftigsten Böen ab.

Als ich bei meinem Selbstversuch im Windkanal stand, um die Windkraft am eigenen Leib zu spüren, war ich schwer beeindruckt. Ab 180 km/h konnte ich nicht mehr sicher und bei 216 km/h wie gesagt gar nicht mehr stehen bleiben – Gott sei Dank war ich festgebunden! In den großen Propeller, der im Kanal diesen Sturm erzeugte, wollte ich nicht unbedingt unkontrolliert reinrauschen. Bei diesem Experiment drückten am Ende 430 Kilogramm auf meinen Körper.

Deshalb sei nochmals auf die schlichte Wahrheit verwiesen: Unsere Kräfte sind im Vergleich zur Natur einfach mickrig, und darum sind wir diejenigen, die ihr gegenüber respektvoll auftreten müssen. Sie wird es uns danken, und damit geht es am Ende auch uns besser.

Der Weiße Tod

Die Bilder entfalten ihren ganzen Schrecken, wenn man weiß, was in den nächsten Minuten passieren wird. In einer SPIEGEL-TV-Reportage sieht man Amateuraufnahmen eines »Fassdauben«-Rennens, eine Aktion der Gemeindeverwaltung Galtür, um die Kinder der seit Tagen in dem österreichischen Skiort im äußersten Westen Tirols eingeschlossenen Touristen ein wenig zu beschäftigen. Fassdauben, das sind die Bretter, die normalerweise – von Eisenringen zusammengehalten – ein Holzfass bilden. Mit diesen gebogenen Latten an den Füßen die leichte Steigung vor dem Galtürer Gemeindeamt herunterzufahren ist gar nicht so einfach, die Kids mühen sich redlich, aber wie sie hilflos herumrutschen ist Anlass für eine Riesengaudi.

Es ist der 23. Februar 1999. Seit Wochen hat es fast unablässig geschneit, der Schnee liegt in Galtür rund zwei Meter hoch. Die Zufahrtsstraßen ins Paznauntal werden immer mal wieder wegen Lawinengefahr gesperrt, dann schließen auch die Skilifte. Wer aus dem Tal rauswill, kann das nur als Passagier eines kleinen, aber umso teureren Hubschraubers tun. Doch jetzt versucht man ja, die immer unruhiger werdenden Touristen etwas aufzuheitern. Vermutlich sind auch die beiden acht- und zehnjährigen Söhne einer Familie aus dem Raum Heidelberg und die beiden elf- und dreizehnjährigen Töchter einer Familie aus dem Kreis Göppingen unter den Startern – und ihre Eltern stehen höchstwahrscheinlich am Rand und schauen zu.

Gegen 16 Uhr ist die Veranstaltung zu Ende. Die Zuschauer und Teilnehmer wollen sich gerade auf den Heimweg machen, da – so beschreiben es Zeugen – ertönt ein lauter, dumpfer Knall, dann wird alles von einer riesigen Schneestaubwolke eingehüllt, die mit hohem Druck durch den Skiort fegt. Sekunden danach die eigentliche Katastrophe: die Lawine.

Ausgangspunkt war ein 2700 Meter hoch gelegenes, 35 bis 40 Grad steiles Gelände am Grieskogel nördlich des Dorfs. Auf 400 Meter Breite stürzen, sich ständig beschleunigend, rund 150 000 Tonnen Schnee auf das 1100 Meter tiefer gelegene Galtür, »das sind 3000 bis 4000 mit Schnee beladene große Lastwagen, die mit Tempo 300 durch den Ort rasen«, so versuchte ein Lawinenexperte die unbegreifbare Macht dieses Abgangs begreifbar zu machen.

»Eine ungeheure Druckwelle ließ ihre Gewalt ins Unmessbare und ihre Auswirkungen ins Unvorstellbare anwachsen. Die Lawine teilte sich, fuhr über das Haus Elisabeth, das Haus Luggi treffend ins Haus Litzner, Landhaus Walter und mit einem Ast und voller Wucht in die ›Schnapfagasse‹ bis zum Haus Winkl, ein zweiter den Stall des uralten ›Peatara Hofes‹ vernichtend in den hinteren Teil der neuen ›Siedlung Frühmessgut‹, weiter bis zum alten Hof des Reinhard Walter und an das Haus Nikolaus. Kleinere Nebenäste der Lawine sausten über Haus und Stall von Paul Lorenz, gegen den Stall vom Mentahaus, in die Tischlerei Siegbert Mattle, fuhren über die Feuerwehrhalle Richtung Kirche, einer zerstörte Fensterstock und Fenster und ein Zimmer des Pfarrhauses, ein letzter vernichtete den neuen Sportplatz, das Clubhaus und drang mit Schneemassen ins Restaurant ›Noggolo‹ ein« – so beschreibt der Galtürer Walter Köck die Wucht der Schneemassen, die alles niederwalzen, was ihnen im Wege steht. Menschen, Autos, ganze Häuser werden in Sekunden von der tonnenschweren Last begraben, 31 Tote werden von den Rettern aus den Schneemassen ausgegraben werden. (Quelle: »Die Lawine von Galtür«. Ein Bericht von: MR Dr. Walter Köck, https://galtuer.gv.at/index.php/cultura/lawine-1999/96-die-lawine-von-galtuer)

Als am nächsten Tag auch noch der Nachbarort Valzur von einer Lawine getroffen wird, die weitere sieben Menschenleben fordert, sind insgesamt 38 Tote zu beklagen, darunter die beiden baden-württembergischen Familien, die komplett ausgelöscht wurden. Es sind solche unfassbaren Schicksale und diese schwer vorstellbare Gewalt, die das Naturphänomen Lawine zu einem Horror der Alpen machen. Kein Jahr, in dem nicht Tourengänger, Skifahrer oder Anwohner zu Opfern werden, die Geschichte der Alpen ist durchzogen von solchen Schneekatastrophen. Der Lawinenwinter 1999 forderte am 23. und 24. Februar in Galtür und Valzur in Österreich sowie zuvor schon am 21. Februar in Evolène im Schweizer Wallis insgesamt 60 Menschenleben. 125 Tote waren es 1954 nach zahlreichen Lawinen in Vorarlberg, 1951 starben in der Schweiz insgesamt 265 Menschen bei mehreren Abgängen.

Was alle diese Lawinenkatastrophen miteinander verbindet: Es hatte davor tagelang geschneit. Und die Lawinen entstanden in einem Gelände, das steiler war als 30 Grad Hangneigung. Ab da wird es aber hochkomplex. Wer die Webseite des Schweizer WSL-Instituts für Schnee- und Lawinenforschung SLF in Davos besucht, wird feststellen, dass Lawine nicht gleich Lawine ist. Zunächst ist ausschlaggebend, ob eine Lawine aus Alt-, Neu- oder –

wie in Galtür – vom Wind verblasenem Triebschnee besteht, auch die Hangausrichtung – liegt er in der Sonne oder nicht? – spielt eine Rolle, ebenso die Geländeform wie zum Beispiel Kammlagen, Rinnen oder Mulden. Ebenso wichtig: Ist der Schnee trocken oder feucht? Bei einer Nassschneelawine nach einem Tauwettereinbruch ist das reine Gewicht des schweren Schnees die zerstörerische Kraft, bei einer trockenen Staublawine ist es die gewaltige Druckwelle, die die Schneemassen vor sich herschieben.

Von zentraler Bedeutung ist auch noch der Umstand, dass eine Schneedecke keine einheitliche Masse ist, sondern aus unterschiedlichen Schichten besteht, vergleichbar einem Stapel Teppiche im Orientbasar – nur eben auf einer Schräge gelagert. Wenn eine dieser Schichten den Kontakt zu der darunterliegenden verliert – das kann durch Neuschnee, einsetzenden Regen oder den Schnitt einer scharfen Skikante passieren –, dann kommt die Auflage ins Rutschen.

Bei unseren Recherchen trafen wir Helga Nesensohn-Vallaster in Schruns, dem etwa 30 Kilometer von Galtür entfernten Hauptort des Montafons. Als Fünfjährige wurde sie Opfer eines der Abgänge des Vorarlberger Lawinenwinters von 1954. Ihre Geschichte zeigt, was diese Naturkatastrophen mit Menschen machen, selbst wenn sie sie überlebt haben. So wie Ältere die Zeit in »vor dem Krieg« und »nach dem Krieg« einteilen, sagt man in Schruns »vor der Lawine« und »nach der Lawine«. Bereits am 10. Januar hatte es begonnen, heftig zu schneien, »am Tag darauf reichte der Schnee schon bis zu unserem Stubenfenster im ersten Stock«, erzählt Helga. Sie lebte damals mit einer älteren und einer kleineren Schwester, Mutter und Vater in einem alten Montafoner Bergbauernhaus am Hang der Montjola.

An den Augenblick der Lawine kann sich Helga präzise erinnern: »Ich spielte in der Stube, die Mutter war in der Küche, der

Vater hatte sich auf die Couch gelegt, als plötzlich das Licht ausfiel.« Das passierte damals allerdings öfter in der Region, Helga blickte deshalb durch das Fenster hinunter nach Schruns, ob auch da die Lichter ausgegangen waren. »Als ich mich wieder umdrehte, kam mir schon der Schnee entgegen.« Der Vater wird ihr später erzählen, dass das ganze Haus nach vorne kippte und auseinandergerissen wurde. »Das Erste, woran ich mich danach erinnern kann, ist, dass ich im Schnee saß und überhaupt nicht wusste, wo ich war.« Die Lawine hatte sie 200 Meter weit mitgerissen, Helga hatte Glück, dass sie oben blieb und nicht vom Schnee begraben wurde. Der Vater konnte noch die ältere Schwester ausgraben, für die Mutter und die kleine Schwester kam jede Hilfe zu spät. Insgesamt 19 Menschen kamen in Schruns bei der Katastrophe ums Leben.

300 Jahre lang hatte das Haus der Vallasters an dem Berghang gestanden, nie war es gefährdet gewesen, weil ein dichter Waldgürtel weiter oben das Gelände geschützt hatte – jedenfalls bislang. Denn er war bereits einige Jahre zuvor von einer früheren Lawine angefressen worden. Die damals umgerissenen Bäume waren noch nicht nachgewachsen, die Lawine von 1954 durchbrach die Reste des immer noch lädierten Waldstreifens und bahnte sich so ihren zerstörerischen Weg nach unten.

Der Verlust von Mutter und jüngerer Schwester war für die kleine Helga nicht nur traumatisch, er war auch der Beginn einer Hölle auf Erden. »Da der Vater das Haus wieder aufbauen musste und sich nicht um meine ältere Schwester und mich kümmern konnte, wurden wir zu fremden Leuten gegeben.« Das große zusätzliche Problem dabei: Helga stotterte seit der Katastrophennacht, eine Folgeerscheinung, unter der viele Kinder litten, die eine Lawine überlebt hatten – »Lawinenkinder« nannte man sie. »Die Erwachsenen hatten nicht die Geduld zu warten, bis ich ein

Wort herausgebracht hatte«, erzählt sie. Als sie in die Schule kam, wurde sie als Stotterin von den Mitschülern gehänselt – sie begann, sich in sich selbst zurückzuziehen.

Erst als sie längst verheiratet und Mutter zweier erwachsener Kinder war, löste sich der Fluch der Lawine. »Mein Sohn sagte mir: Du musst darüber reden, was du erlebt hast, sonst wirst du das Stottern nie los.« Darüber reden? Als Stotterin? Doch Helga ging das Wagnis ein und begann, Vorträge zu halten. Der Anfang war mühselig, doch dann ging es stetig bergauf. Wer sich heute mit ihr unterhält, merkt nichts mehr von ihrer ehemaligen Redeflussstörung. Mittlerweile ist sie ein begehrter Gast für Vorträge und Talkshows, außerdem ist sie Autorin mehrerer Bücher.

Dass eine Lawine im wahrsten Sinne des Wortes wie aus heiterem Himmel kommen kann, sieht man auf einem Youtube-Video (https://www.youtube.com/watch?v=eVgRn0L_gBQ). Blauer Himmel, schönstes Wetter, ein Skifahrer steht oben an einem Hang, die Kamera auf seinem Helm folgt seinen Blicken. Er schaut nach unten, man sieht seine Ski und andere Skifahrer, die bereits in den steilen Hang eingefahren sind. Plötzlich scheint sich der Boden aufzulösen: Wie von Geisterhand bewegt, reißt die Schneedecke unter den Ski ab und beginnt, nach unten zu gleiten, immer schneller ... dann nur noch überall Schnee. Ob es Opfer gab, ist dem Video nicht zu entnehmen.

Aber wie ist das, wenn man selbst betroffen ist? Monika Leuthold Dreier hat darüber ein Buch geschrieben, »Die Lawine. Ich bin drunterdrindraussen«. Es ist Sonntag, der 19. März 2006. Die 55-Jährige ist mit ihrem Mann, ihrer Tochter und Kollegen auf einer Skitour am Oberalppass in Graubünden unterwegs, als sie das Donnern der Lawine hört. Den anderen gelingt es noch, sich in Sicherheit zu bringen – ihr nicht: »Es war ein Gefühl, als wenn ich von einer Lok überfahren werde. Ich dachte, ich werde auseinandergerissen. Ich verlor meine Luft, meine Kraft und es war mir klar, dass ich sterbe.«

Schwimmbewegungen machen, den Airbag auslösen, schauen, dass man in den Schneemassen nach oben schwimmt – all dies ist graue Theorie, die in den Sekunden des Entsetzens und des Schocks keine Chance hat, in die Praxis umgesetzt zu werden. Wer in eine Lawine gerät, weiß nicht, wo oben und unten ist ...

»Ich hörte es knacken, wahrscheinlich die Knochen. Plötzlich war ich weg, bewusstlos. Alles schmerzte, als ich zu mir kam. Ich versuchte mich zu befreien. Aber meine Arme konnte ich nicht bewegen. Und wo meine Beine waren, wusste ich nicht. Ich wollte meine Augen öffnen, konnte aber nur mein rechtes Lid heben. Um mich herum war alles schwarz.

Der Schnee hatte mich eingemauert. Er presste auf mein Gesicht und meinen Brustkorb. Ich konnte kaum atmen. Ich wurde panisch, hatte Angst zu ersticken. Ich schrie, aber hörte meine Stimme kaum. Ich war allein.«

Monika Leuthold Dreier hatte Glück – auch wenn sie es zunächst so nicht empfinden konnte: »Ich wachte auf, als ich den Helikopter hörte, und sah Menschen, die den Daumen nach oben reckten: Sie lebt! Die waren alle fröhlich. Aber ich nicht. Ich war geradezu enttäuscht, wieder da zu sein. Nicht einmal auf meine Familie freute ich mich«. Die halbe Stunde Hölle hatte sie bereits gezeichnet, ein ganzes Jahr lang kämpfte sie noch gegen die psychischen Folgen des Unglücks, das bei ihr eine schwere Depression auslöste – wie bei Helga Nesensohn-Vallaster hinterließ die Lawine tiefe seelische Narben. (Zitiert nach: https://www.zeit.de/2019/08/lawinenunglueck-schnee-abhang-verschuettet-ski tour)

30 Minuten einbetoniert in Schnee, 30 Minuten, in denen die Luft immer knapper wird – nicht nur in psychischer Hinsicht sind

solche Zeiträume ein unvorstellbarer Dauerstress. Was es physisch bedeutet, längere Zeit unter einer Lawine verschüttet zu sein, hat der Bergmediziner Walter Treibel aufgelistet:

- **Überlebensphase:** 15 Minuten nach Lawinenabgang leben nach einer Ganzverschüttung noch über 90 % der Opfer (ca. 10 % sterben sofort an tödlichen Verletzungen, weitere 15 % etwas später an Verletzungsfolgen)
- **Erstickungsphase:** nach 15–35 Minuten kommt es in der Statistik durch Ersticken zu einem tödlichen Knick mit Absinken der Überlebenswahrscheinlichkeit auf 30 %. Dabei sterben alle Verschütteten ohne Atemhöhle an raschem Ersticken (Verlegung der Atemwege durch Lawinenschnee oder Erbrochenem sowie Kompression des Brustkorbes)
- **Latenzphase:** zwischen 35 und 90 Minuten besteht zunächst eine relativ geringe Sterblichkeit. Es überleben ca. ein Viertel der Verschütteten, wenn sie eine geschlossene Atemhöhle haben
- **Spätphase:** nach 90 Minuten erneutes Absinken der Überlebenswahrscheinlichkeit durch Sauerstoffmangel und Unterkühlung (= die restlichen 5 % der Todesursachen).
- Mehr als zwei Stunden Verschüttungszeit überleben lediglich ca. 7 %, aber nur dann, falls eine offene Atemhöhle mit Verbindung nach außen besteht

(Quelle: http://85.25.34.248/bergmed/bergmed.php?section=15)

Deshalb wurde die Rettung eines Skitourengehers in der Oststeiermark von der österreichischen Presse auch unisono als »Weihnachtswunder« bezeichnet: Der Mann, der am frühen Nachmittag des ersten Weihnachtsfeiertags 2019 am Pleschnitzzinken, einem Gipfel der Schladminger Tauern, von einer Lawine erfasst und verschüttet wurde, hätte nach den gängigen Erfahrungswerten nicht mehr leben dürfen. Fünf Stunden dauerte es, bis man ihn fand. Dass man überhaupt auf ihn aufmerksam wurde, war an sich schon ein Riesenglück. Denn der 26-Jährige war allein unterwegs gewesen, als es passiert war. Ein Freund, mit dem er sich für nach der Tour verabredet hatte, wurde ungeduldig und rief ihn auf dem Mobiltelefon an. Der Verschüttete schaffte es zwar abzuheben, konnte aber offenbar nicht sprechen – der Freund hörte nur ein merkwürdiges Knistern, wurde misstrauisch und alarmierte die Bergwacht. Die fand einen frischen Lawinenkegel in dem Tourengebiet, konnte den Verschütteten dank der Signale seines Trackers schließlich orten und ihn aus einem Meter Tiefe ausgraben. Er hatte das Glück gehabt, dass sich im Inneren der Lawine eine Atemhöhle gebildet hatte, die groß genug war, ihn über so lange Zeit mit Sauerstoff zu versorgen.

Ein weiteres Problem für Lawinenopfer, die nicht schnell gefunden werden, ist der Faktor Kälte. Im Rahmen einer Koproduktion mit dem amerikanischen Sender Nova konnten wir in einer Wissenschaftsdoku sehr anschaulich zeigen, was passiert, wenn man in großer Kälte nicht dauernd in Bewegung ist. Ein Wissenschaftlerteam hatte mit dem amerikanischen Astronauten John Grunsfeld den Denali – früher Mount McKinley – bestiegen. Der Sechstausender gilt als kältester Berg der Welt, weil er so weit über sein Umfeld hinausragt wie kein anderer Gipfel der Erde und damit keinerlei Schutz gegen Winde und Wolken hat – Stürme bei minus 30 Grad sind keine Seltenheit. Um zu zeigen, welche Vorgänge bei solcher Kälte im Körper eines Menschen ablaufen, hatte Grunsfeld ein pillengroßes Thermometer geschluckt, das nun in seinem Magen-Darm-Bereich ständig die Kerntemperatur des

Körperinneren maß und nach draußen sendete, wo die Temperaturkurve auf einem Monitor sichtbar gemacht wurde. Das Erstaunliche: Jedes Mal, wenn Grunsfeld beim Aufstieg anhielt, und sei es nur kurz, um Luft zu holen, stürzte seine Innentemperatur richtiggehend ab. Und stieg rasch wieder an, wenn er seinen Weg fortsetzte.

Das heißt: Es ist nicht (nur) die Kleidung, die den Körper warm hält, sondern in erster Linie der Faktor Bewegung, der Muskelwärme generiert. Bleibt sie aus, beginnt das Gehirn, Blut aus den äußeren Extremitäten zurückzuziehen, um die lebenswichtigen Organe im Inneren wie Herz oder Lunge zu schützen. Erfrieren ist also ein Vorgang, der zum großen Teil von innen kommt: Wenn Füße und Hände nicht mehr ausreichend durchblutet werden, hilft kein noch so wärmender Schuh oder Handschuh.

Deshalb wird die Situation von Menschen, die in einer Lawine stecken, auch so schnell dramatisch, selbst wenn der Sauerstoff reichen sollte. Eine Zeit lang kompensiert der Körper diese erzwungene Bewegungslosigkeit in großer Kälte mit Zittern, aber irgendwann ist das Opfer zu erschöpft für diese intensive Muskelarbeit, dann sinkt die Körpertemperatur immer weiter, bis irgendwann das Hirn die Arbeit einstellt – dann ist der Kältetod nicht mehr fern.

Fünf Stunden in so einer Lage zu überleben kommt vor diesem Hintergrund wirklich einem Wunder gleich. Ein Tracker, wie ihn der Gerettete vom Pleschnitzinken bei sich trug, ist eines der Tools, die helfen können, eine solche Situation lebend zu überstehen. Das kleine Lawinensuchgerät sendet Signale aus, die Rettungstrupps schnell zu dem Verschütteten führen sollen. Das andere ist ein Airbag, der sich – ähnlich wie beim Auto – in der Lawine blitzschnell aufbläst und helfen soll, dass der Verunglückte durch den Auftrieb an die Oberfläche getragen wird.

Das wichtigste Hilfsmittel, um Lawinen zu vermeiden, ist allerdings, gefährdetes Gelände überhaupt nicht erst zu begehen oder zu befahren. So besserwisserisch das jetzt auch klingen mag: Die meisten Lawinenunfälle könnten vermieden werden, wenn mehr Menschen – so wie Fräulein Smilla in Peter Høegs Romanbestseller – ein Gespür für Schnee hätten. Es gibt nämlich klare Signale für drohende Lawinengefahr. Die Warnleuchten im Kopf sollten immer angehen

- bei Neuschnee: Da liegt oft die frische Schneedecke unverbunden auf einer Altschneedecke. Und das heißt: Je steiler der Hang, umso schneller kommt der Neuschnee ins Rutschen. Die Faustregel: 97 Prozent aller Lawinenunglücke ereignen sich ab einer Hangneigung von 30 Grad;
- bei Wind: Er ist der klassische Baumeister von Lawinen, zerkleinert die Schneekristalle und häuft sie zu lockeren Wechten oder Verwehungen auf. Die Faustregel: Bei Plusgraden ist es einen Tag nach starkem Wind gefährlich, bei Minusgraden bis zu drei Tage danach;
- bei Regen oder hohen Temperaturen: Unter der Oberfläche bildet sich dann oft eine feuchte Gleitschicht;
- bei Rissen in der Schneedecke: Hier braucht es oft nur noch einen kleinen Impuls, um den Abriss zu beschleunigen;
- bei »Wumm-Geräuschen«: Die Schneedecke setzt sich unter deutlich hörbarem Ächzen oder Knallen ab – dabei entstehen gefährliche Risse.

Obwohl Lawinen seit Menschengedenken eine Geißel der Alpen sind, ist ihre Erforschung ein vergleichsweise junger Wissenschaftszweig. In der Schweiz zum Beispiel waren bis in die 1930er-Jahre Förster die Experten, die die Gefahr einschätzten und gegebenenfalls ihre Mitmenschen warnten. Für die offizielle Warnung war dagegen das Schweizer Militär zuständig. Dahinter steckte auch ein strategischer Gedanke: Im Fall einer militärischen Bedrohung sollte sich die Armee in die Alpentäler zurückziehen und im Winter zur Bekämpfung des Angreifers Lawinen durch Minenwerferbeschuss auslösen – was am besten geklappt hätte, wenn der Aggressor gar nichts von der drohenden Naturgefahr mitbekommen hätte. Dieser Verteidigungsfall trat zwar nie ein, aber der Praxis, auf Schneehänge zu schießen, blieb man treu: Die Lawinensprengung war erfunden, bis heute löst man die Schneebretter auf diese Weise kontrolliert aus.

In den vergangenen Jahrzehnten wurde – auch vor dem Hintergrund des Klimawandels – viel Geld in die Verbauung von lawinengefährdeten Hängen gesteckt. Dort sieht man immer häufiger Schneebrücken oder -rechen, das sind aufgestellte Gitter, die den Schnee am Hang halten sollen. Straßen werden durch starke Drahtnetze oder Galerien vor Stein- und Schneelawinen geschützt, in Gemeinden wurden »Bremsbauwerke« wie im Innsbrucker Ortsteil Mühlau errichtet oder Wohnhäusern massive »Spaltkeile« aus Beton vorgebaut, die eine Lawine teilen und links und rechts am Gebäude vorbeileiten sollen.

Lawinengefährdete Gebiete werden mittlerweile mittels Radar überwacht. Das Prinzip: Eine Spezialkamera auf einem sicheren Gegenhang scannt laufend das gefährliche Gelände. Radarwellen haben dabei den Vorteil, dass sie Schnee, Nebel und Regen durchdringen und auch bei Nacht »sehen«. Stellt das System eine Bewegung am Hang fest, gibt es Alarm. Oft sind Ampeln oder Schranken an den Detektor gekoppelt, die bei Alarm angewählt werden: Straßen oder Bahnlinien können so in Sekundenschnelle gesperrt werden.

Wolfgang
Rolf Schlenker

In den Jahren 2003 und 2004 beteiligte sich der SWR an einer internationalen Koproduktion, die in Deutschland »Rätsel der Berge« hieß. Unser Beitrag war eine 45-Minuten-Doku über die klimatischen Besonderheiten des Mont Blanc. Ähnlich wie der des deutlich höheren Denali in Alaska ragt sein Gipfel weit über die umstehenden Berge hinaus und ist deshalb Wind und Wetter völlig schutzlos ausgeliefert. Und ganz oben ist es damit nicht nur um 25 Grad kälter als in Chamonix, sondern auch ungleich stürmischer.

6000 bis 8000 Menschenleben haben diese Bedingungen bisher gefordert, viele der Opfer wurden nie gefunden, weil sie in Gletscherspalten stürzten oder meterhoch von Schneelawinen verschüttet wurden. Der Mont Blanc gilt damit als einer der gefährlichsten Berge der Welt.

Bei der Recherche saßen wir auch im Stützpunkt der Pelotons de Gendarmerie de Haute Montagne (PGHM), der Hochgebirgseinheit der französischen Polizei. Zu ihren Aufgaben gehört die Helikopterrettung von Kletterern, die in Bergnot geraten sind, aber auch die Bergung von Leichen, die Jahre nach dem Absturz von einem der vielen Mont-Blanc-Gletscher freigegeben wurden, nachdem sie mit einer Fließgeschwindigkeit von rund 90 Metern pro Jahr zu Tal transportiert worden waren.

Bei jeder neuen Vermisstenmeldung fragen die PGHM-Beamten nach einem Foto des Betroffenen, möglichst in der Ausrüstung, die er am Unglückstag getragen hat. »Kleidungsreste sind oft ein wichtiger Anhaltspunkt bei der Erstidentifizierung«, meinte der leitende Polizeioffizier. Im Laufe der Jahre waren so mehrere dicke Alben voller Fotos von meist jungen Frauen und Männern zusammengekommen, die in die Kamera strahlten. Und jetzt lagen sie irgendwo da draußen im Inneren dieses gewaltigen Massivs. Für mich war es ein besonders berührender Moment, als ich diese Alben durchblätterte, weil sich unter den Vermissten des Mont Blanc auch mein Klassenkamerad Wolfgang befand.

Wolfgang war ein kleiner, zäher Bursche mit knallblonden Schnittlauchhaaren, hochsympathisch, immer gut gelaunt. Und ungeheuer clever. So clever, dass er einigen von uns in Physik und Mathe Nachhilfe gab. Was uns an diesen Lernnachmittagen etwas seltsam vorkam: Immer wenn wir eine Pause machten, ging Wolfgang nicht mit auf den Balkon, um eine Zigarette zu rauchen, sondern hängte sich mit den Fingerspitzen am Türrahmen ein. »Im Ernstfall kann dir das das Leben retten«, meinte er auf die Frage, warum er das mache. Gut, wir wussten, dass er seine Wochenenden mit einer Jugendgruppe des Deutschen Alpenvereins verbrachte, das war für uns zwar ziemlich uncool, aber er war halt nett. Erst als wir in der »Abendschau« des SDR ein Interview mit Wolfgang zu einer geplanten Expedition sahen, begriffen wir: Der Junge war einer der talentiertesten Nachwuchsbergsteiger Baden-Württembergs. Nach dem Abitur trennten sich unsere Wege, Wolfgang studierte Physik und kletterte weiter: Cima-Su-Alto-Nordwand, Crozzon di Brenta, Westgrat am Salbitschijen, Mont Blanc du Tacul, Bonattipfeiler, Marmolada-di-Rocca-Südwand – alles anspruchsvolle Profitouren.

Doch dann kam der 13. März 1977, ein Sonntag. Wolfgang stieg mit einem Freund in die Nordwand der Aiguille d'Argentière im Mont-Blanc-Massiv ein, unter Bergsteigern gilt die Tour als nicht übermäßig schwierig. Die beiden waren deshalb ohne Seil bis etwa 50 Meter unterhalb des Gipfelgrats gestiegen, als sich ein Schneebrett löste. Während sein Freund den Sturz nach 200 Metern abbremsen konnte, stürzte Wolfgang in die Tiefe auf den Saleina-Gletscher – seine Leiche wurde nie gefunden.

Die schlimmsten
Naturkatastrophen in den Alpen

In den vorherigen Kapiteln war viel die Rede von schlimmen Naturkatastrophen – aber wie bei allem gilt: Es geht immer noch schlimmer. Dass in diesem Kapitel die schlimmsten, die sich in den Alpen ereigneten, zusammengetragen sind, mag auf manche reißerisch wirken, auf der anderen Seite zeigen aber die Berichte, welche ungeheure Dynamiken diese schroffe Landschaft zu entfesseln vermag. Und was man aus ihnen lernen kann. Denn nicht jeder, der sich intensiv mit ihnen beschäftigt, ist Sensationsreporter.

Christian Rohr zum Beispiel ist ordentlich bestallter Professor für Umwelt- und Klimageschichte an der Universität Bern. Eines seiner Forschungsfelder ist der »Weiße Freitag«, der aber gar kein Freitag war, sondern ein Mittwoch. Aber so – jetzt kommen die Sensationsreporter doch noch kurz ins Spiel – klang es wohl dramatischer, weil es mehr an den »Schwarzen Freitag« erinnerte, den 29. Oktober 1929, den wohl dunkelsten Tag der Börsengeschichte.

Mit »Weißem Freitag« wird die schlimmste Lawinenkatastrophe der Alpen bezeichnet, sie ereignete sich am Mittwoch, dem 13. Dezember 1916, in den Dolomiten. Trotz der riesigen Opferzahlen von mindestens 5000 Toten und unzähligen Verletzten ist kaum etwas über diese Katastrophe bekannt. Zwei Tage danach griff zwar die ortsnah erscheinende Tageszeitung *Der Tiroler* das Thema auf, schrieb aber lediglich Nebensächliches: »Die ältesten Leute, wie man so sagt, können sich nicht erinnern, jemals ein solches Wetter wie jetzt erlebt zu haben. Täglich schneit oder regnet es bei Südwind, was in den Höhen riesiges Anwachsen der Schneemenge zur Folge hat. In den Talniederungen ist der Schnee allerdings inzwischen wieder weggewaschen worden. Durch den schweren, klebrigen Schnee sind vielerorts die Telegraphenleitungen abgedrückt worden.« (Quelle: *Der Tiroler,* zitiert nach: Brugnara Y., Brönnimann S., Zamuriano M., Schild J., Rohr C., Segesser D. M., »Dezember 1916: Weisser Tod im Ersten Weltkrieg«, Geographica Bernensia G91, Bern 2016, doi:10.4480/GB2016.G91.02)

Dass sich in dem Blatt lediglich der Hinweis auf zerstörte Telegrafenleitungen, nicht aber eine einzige Zeile über die mehrere Tausend Lawinentoten findet, hat mit einer kleinen Meldung auf der ersten Seite zu tun: »Am italienischen Kriegsschauplatz ist die Lage unverändert.« Was war passiert?

Seit dem 5. Dezember hat es fast ununterbrochen geschneit, auf den Dolomitengipfeln erreichen die Schneehöhen rund zwei Meter. Für die österreichischen und die italienischen Soldaten, die an dieser höchsten Front des Ersten Weltkriegs einen wahnwitzigen Kampf kämpfen müssen, ist das die Hölle. Sie liegen auf Befehl ihrer Vorgesetzten, die in ihren gut geheizten Kommandoständen im Tal sitzen, in eiskalten Schützengräben, die bis in die Gipfelregionen reichen, und sind nicht nur Wind und klirrender

Kälte ausgesetzt, sondern auch der ständig zunehmenden Lawinengefahr. Alle Bitten, sich für diese Schlechtwetterphase in gesicherte Stellungen zurückziehen zu dürfen, werden abgeschmettert – auf beiden Seiten. Und so nimmt die Katastrophe ihren Lauf: Am 13. Dezember löst sich im gesamten Dolomitenbereich eine Lawine nach der anderen und überrollt die Stellungen von Freund und Feind.

Dass der Historiker Rohr kaum Fakten zu der Katastrophe fand, hat seinen Grund darin, dass alle Informationen von den Kriegsschauplätzen unter das Militärgeheimnis fielen, man wollte dem Gegner keinerlei Möglichkeit bieten, Rückschlüsse zum Beispiel auf Truppenstärken zu ziehen. Doch ließ sich eine solche Katastrophe nicht völlig unter der Decke halten, Gerüchte machten bald die Runde, von 10 000 Toten war die Rede. Offizielle Zahlen gab es aber auch nach Beendigung des Krieges nicht. Durch Lageberichte, Gefallenenzahlen und viele Tagebücher und Briefe von Offizieren und Soldaten gelang es Christian Rohr jedoch, ein umfassenderes Bild der Ereignisse zu erhalten, er korrigierte die Opferzahlen auf rund 5000 herunter.

An der Uni Bern hat sich noch ein zweiter Zweig an die Forschung Rohrs angehängt: Stefan Brönnimann, Professor für Klimatologie am Geographischen Institut, nutzt die Daten für eine interessante Disziplin, die Reanalyse. Das ist eine Art »Wetter-Nachhersage« – Brönnimann versucht, extreme Wetterlagen im Nachhinein zu rekonstruieren, um Hinweise auf meteorologische Muster zu erhalten, die man nutzen kann, wenn sich heute ähnliche Wetterlagen zu bilden drohen. Im Dezember 1916 war es das »Ostatlantik/Westrussland-Muster«, das zur Katastrophe führte, eine Spielart der weiter vorne geschilderten Südlage. Damals lag ein Tief über Frankreich und ein Hoch über Westrussland, die beiden sich gegenläufig drehenden Walzen schaufelten riesige Mengen warmer, feuchter Luft aus dem Süden gegen die Alpen. Wie *Der Tiroler* es beschrieb, regnete es in tieferen Lagen ausgiebig, in höheren Lagen schneite es fast ununterbrochen. Und dann rissen die Lawinen gnadenlos Tausende Soldaten in die Tiefe.

Bis in die heutigen Tage werden die Opfer dieses grausamen und sinnlosen Sterbens gefunden. Schmelzende Gletscher geben immer wieder die mumifizierten Überreste von Weltkriegssoldaten frei, wie zum Beispiel am Presena-Gletscher, 65 Kilometer südwestlich von Bozen. Dort fand ein Archäologe im Juni 2014 die Überreste eines Österreichers, knapp neben der Piste des viel befahrenen Skigebiets Presena-Adamello.

Bei einer anderen Naturkatastrophe, dem prähistorischen Flimser Bergsturz im heutigen Schweizer Kanton Graubünden, kann man sich mit ein bisschen Fantasie gut vorstellen, wie Hollywoodregisseur Roland Emmerich das Ereignis inszenieren würde (und wahrscheinlich hieße der Film »The Day Before Yesterday« oder so ähnlich):

Auf einer idyllischen Bergalm weiden friedlich Steinböcke, Gämsen und Rehe. Sie bemerken nicht, wie sich von unten einige bärtige und langmähnige, mit Pfeil und Bogen bewaffnete Männer in Fellklamotten heranpirschen. Gerade gibt einer ein Zeichen, auf das hin alle anderen ihre Bogen anlegen ... als sich unter ihren Füßen ein Spalt auftut. Der Erste fällt schreiend hinein, dann der Nächste, immer breiter wird der Riss. Und er wird immer schneller länger, wie bei einem überdimensionalen Reißverschluss, der jetzt mit rasender Geschwindigkeit aufgezogen wird. Ein ohrenbetäubendes Ächzen liegt nun über der Landschaft: Auf einer Länge von über zehn Kilometern beginnt sich die ganze Bergflanke dem Tal zuzuneigen, immer weiter, bis sie bricht ... Plötzlich kommt der Lärm. Und Unmassen von Felsbrocken, Geröll. Dazu eine gigantische Staubwolke, die alles einhüllt. Aber das bekommen die Tiere und Menschen dort schon gar nicht mehr mit; die Energie, die der Bergsturz freisetzt, beträgt $1{,}9 \times 10^{17}$ Joule, ein Vielfaches der Explosionsenergie der Hiroshimabombe – dies werden Wissenschaftler rund 9500 Jahre später schätzen.

Der Flimser Bergsturz gilt als der schwerste der Alpen und einer der schwersten weltweit. Rund zehn Kubikkilometer Fels wurden vom Plateau des 2694 Meter hohen Flimsersteins abgesprengt und verschütteten das ganze Tal auf einer Fläche von 52 Quadratkilometern. Um eine Größenordnung von zehn Kubikkilometer Fels zu vermitteln, ein Vergleich: Beim im dritten Teil auf den Seiten 280 ff. geschilderten Bergsturz von Bondo im Jahr 2017 stürzten 0,003 Kubikkilometer zu Tal, und schon diese brachten unentrinnbaren Tod und große Zerstörung. Die riesigen Geröllmassen des Bergsturzes von Flims wirkten wie ein Staudamm auf den Vorderrhein, der vom Gotthardmassiv heranströmt; der Wasserspiegel stieg bis auf rund 240 Meter über dem heutigen Talboden, fast 30 Kilometer lang wurde dieser vorgeschichtliche aufgestaute Ilanzer See. Doch der ungeheure Wasserdruck bahnte einen Weg durch die Geröllmassen: Nach und nach entstand eine steile Schlucht, durch die das Wasser abfloss, die Ruinaulta, die heute als der Grand Canyon der Schweiz bezeichnet wird.

Auch ein anderer Typ Naturkatastrophe hat mit den geologischen Bedingungen des Gebirges zu tun. Mit der Kollision der Kontinentalplatten von Afrika und Europa vor etwa 100 Millionen Jahren begann ein Prozess, bei dem sich eine der Platten unter die andere schob, das darübergelegene Gebiet wurde nach oben gedrückt und faltete sich auf: Die Alpen entstanden. Dass dieser Prozess bis heute noch nicht abgeschlossen ist, sieht man schon daran, dass sich München und Venedig um einen halben Zentimeter pro Jahr näher kommen. Die wesentlich gravierendere Konsequenz ist aber, dass solche plattentektonischen Vorgänge immer wieder eine große Zerstörungskraft freisetzen, weil sich die Spannungen, die beim Untereinanderkriechen der Platten entstehen, ruckartig entladen: Der Untergrund rüttelt sich praktisch wieder zurecht, die Folge sind Erdbeben, die dann und wann auch sehr heftig ausfallen.

Durchschnittlich 48 solcher Beben pro Jahr verzeichnet die Zentralanstalt für Meteorologie und Geodynamik (ZAMG) in ganz Österreich, am häufigsten bebt die Erde in Tirol. »Die meisten Beben machen sich durch ein deutliches Rütteln bemerkbar, doch etwa alle zwei bis drei Jahre muss in Österreich auch mit leichten Gebäudeschäden durch ein stärkeres Erdbeben gerechnet werden. Schwere Schäden an Gebäuden … kommen bedeutend seltener vor, hier beträgt die durchschnittliche Wiederkehrperiode etwa 75 Jahre«, schreibt die ZAMG auf ihrer Webseite (https://www.zamg.ac.at/cms/de/geophysik/erdbeben/erdbeben-in-oesterreich/uebersicht_neu).

Deutlich unruhiger ist der Boden im südöstlichen, hauptsächlich italienischen Teil der Alpen. Dort haben sich die schlimmsten Beben des vergangenen Jahrtausends ereignet, einige weit in der Vergangenheit liegende waren dabei so stark, dass sie 10 000 oder mehr Opfer gefordert haben müssen, meinen die Wissenschaftler des Schweizer Erbebendiensts (SED), die aber mangels Aufzeichnungen auf Schätzungen angewiesen sind.

Das heftigste Beben, das wissenschaftlich erfasst werden konnte, ereignete sich am 6. Mai 1976 im Friaul. Es war 20:59 Uhr, als die Erde zu beben begann, eine endlose Minute lang – mit katastrophalen Folgen in über 70 Gemeinden: 989 Menschen kamen durch herabstürzende Trümmer ums Leben, 3000 wurden verletzt, rund 40 000 obdachlos. Vier Monate später zerstörte ein Nachbeben weitere Häuser und trieb die Zahl der Obdachlosen auf 70 000 hoch. Die betroffenen Gemeinden wurden zwar mit riesigem finanziellen Aufwand wieder aufgebaut, der Schock sitzt in der Region jedoch heute noch tief. Und: Ein so katastrophales Beben kann sich jederzeit wieder ereignen.

Dass die Alpen auch heute noch in die Höhe wachsen, hat einen zweiten Grund: das Klima. Denn nach dem Abtauen des bis zu zweieinhalb Kilometer dicken Eispanzers aus der Eiszeit federt der von der Eislast zusammengequetschte Untergrund des Gebirges noch immer langsam zurück und hebt das darüberliegende Terrain bis heute beständig an – um ein bis zwei Millimeter pro Jahr.

Wenn man den kältesten Winter in den Alpen sucht, muss man dagegen großräumiger denken, denn Jahrtausendwinter sind nicht die Folge von meteorologischen Besonderheiten der Alpen. Ausgesprochen interessant ist dabei der Winter 1784/85, sowohl hinsichtlich seiner Entstehungsgeschichte als auch seiner Folgeerscheinungen: Er bescherte Europa so umstrittene Persönlichkeiten wie Robespierre und Napoleon …

Aber von Anfang an: Als am Morgen des 8. Juni 1783 auf Island der Vulkan Laki ausbrach, hätte man noch denken können, dass dies – weil weit weg – völlig undramatisch sei. Doch dann verteilte der Westwind die Vulkanasche über ganz Mitteleuropa, wo sie durch den ständigen Nachschub dieser monatelang nicht mehr enden wollenden Eruption zäh hängen blieb. Der staubtrübe Himmel sorgte für eine Reihe von Jahren, in denen die Sonne kaum noch bis zum Erdboden durchdrang: Es wurde kühl in Mitteleuropa. Der erste Schnee fiel im Jahr 1784 bereits im Oktober und blieb bis Mitte März 1785 liegen.

Verstärkt wurde das Geschehen durch ein weiteres meteorologisches Ereignis, die »Kleine Eiszeit«. Durch eine geringere Aktivität der Sonne und ein Schwächeln von Meeresströmungen wie dem Golfstrom begannen die Temperaturen Anfang des 15. Jahrhunderts zu sinken. Und sie blieben bis in das 19. Jahrhundert hinein deutlich tiefer als in den Warmphasen davor und danach. Das ist der Grund, warum auf alten holländischen Meisterwerken des 16. und 17. Jahrhunderts wie Pieter Bruegels des Älteren »Jäger im Schnee« oder Hendrick Averkamps »Winterlandschaft mit Schlittschuhläufern« sich das heute eher regnerische Holland damals hollanduntypisch tief verschneit und zugefroren präsentierte. Auch das milde England oder die warme Mittelmeerküste litten unter harten Wintern.

Ein besonders deprimierendes Phänomen dieser superkalten Winter war für Zeitgenossen das laute Knallen, wenn bei Temperaturen von unter minus 30 Grad die Rinde von Bäumen aufplatzte. Obstbäume und Weinreben erfroren zu Hunderttausenden, und in den kühlen Sommern wurden viele Feldfrüchte nicht mehr reif – Hungersnöte waren die Folge dieser Katastrophe.

Als wäre das alles noch nicht genug, packte der Wettergott noch eins oben drauf. Als die gewaltigen Eis- und Schneemassen im Frühjahr 1785 schmolzen, rissen die immensen, mit Eisbrocken durchsetzten Fluten an praktisch allen mitteleuropäischen Wasserstraßen reihenweise Brücken, Häuser, ja ganze Dörfer mit sich. In Köln zum Beispiel sorgte dieses Frühjahrshochwasser für den höchsten jemals gemessenen Pegel: Statt der normalen dreieinhalb Meter erreichte der Rhein durch Eisstau über 13 Meter, die Wassermassen rissen fast die gesamte Uferbebauung und alle dort festgemachten Schiffe mit – das Chaos nicht nur in Köln muss unbeschreiblich gewesen sein.

Die Situation besserte sich auch in den kommenden Jahren nicht. Die vielen aufeinanderfolgenden kalten Sommer machten die Versorgung der Bevölkerung mit Lebensmitteln immer schwieriger, überall kam es zu Hungerrevolten, eine davon am 14. Juli 1789 in Paris. Eigentlich wollten die Leute, die an diesem Tag eine der Waffenkammern des Königs in der Bastille stürmten, nur Gewehre erbeuten, um die verhassten Zollstationen zu besetzen, die ihrer Meinung nach verantwortlich für die hohen Brotpreise waren – aber es wurde eben mehr daraus: Die Französische Revolution entwickelte sich dank so radikaler Fanatiker wie Maximilien de Robespierre zu einem Blutbad und Flächenbrand. Und auch der kleine Napoleon mit dem Größenwahn wäre ohne die Revolution kaum in der Armee so weit aufgestiegen, dass er sich 15 Jahre nach dem Sturm auf die Bastille selbst zum Kaiser hätte krönen und ganz Europa mit seinen Feldzügen hätte terrorisieren können.

In den Alpen sorgten die Kleine Eiszeit und die Aschewolke des Laki dafür, dass das Gletscherwachstum zunahm, das die Menschen im Verbund mit starken Schneefällen aus den höheren Lagen wieder hinunter in die Täler trieb. Und selbst dort wurden sie von den Folgen der Kälte eingeholt: Ab 1652 gab es zum Beispiel am Fuß des Aletschgletschers im Wallis jährlich stattfindende Bittprozessionen, mit denen sich die Bevölkerung göttlichen Schutz erflehen wollte, da die vordringenden Gletscherzungen Weideflächen und ganze Höfe verschlangen.

In den Alpen sorgte noch eine andere Spielart der Überschwemmung für Tod und Zerstörung. Immer wieder brachen die Dämme großer Seen, seien sie natürlichen oder künstlichen Ursprungs. Einer dieser natürlichen Katastrophenseen war der Lac de Saint-Laurent im Romanchetal in den französischen Alpen. Er war entstanden, als sich im Jahr 1191 nach einem riesigen Erdrutsch eine Barriere bildete, die das Wasser der Romanche aufstaute. Nach über 20 Jahren war es zu einem riesigen See von rund 20 Kilometer Länge angeschwollen, eine ähnliche Situation wie nach dem Flimser Bergsturz. Auch in unserer Zeit hat dieses Szenario (siehe den Gletschersee über Grindelwald im dritten Teil auf den Seiten 249 ff.) wieder an Aktualität gewonnen.

Zurück zur Romanche: Nach einem starken Sturm brach die Barriere am 14. September 1219, die Wassermassen rissen in den tiefer gelegenen Tälern alles mit, Häuser, Menschen, Vieh, Wälder. Obwohl in den alten Quellen keine Opferzahlen angegeben werden, weiß man, dass die reißende Flut die Hälfte der Bevölkerung des 52 Flusskilometer entfernten Grenoble tötete.

Bei den künstlich angelegten Stauseen in den Alpen gab es ebenfalls immer wieder solche Katastrophen. Als nach dem Bruch der Glenostaumauer in der italienischen Provinz Bergamo mehrere Hundert Menschen starben, war die Ursache schnell gefunden: Während des Baus hatte man ohne behördliche Erlaubnis begonnen, an den Kosten zu sparen, und die Staumauer im oberen Teil weniger stabil ausgelegt. Das rächte sich am 1. Dezember 1923 bitter: Nach starken Regenfällen hatte sich der See bis zum Überlauf angestaut, die Mauer hielt dem Druck der ungeplant hohen Wassermassen nicht stand und brach: Die Zahl der Toten schwankt zwischen 350 und 600.

Auch bei der »Katastrophe von Longarone« im Nordosten Italiens war menschliches Versagen die Ursache, die rund 2000 Menschen das Leben kostete. Diesmal war es nicht die Statik der Mauer, die kostensparend berechnet worden war, es war die kriminelle Ignoranz der Verantwortlichen, die an den Bauplänen festhielten, obwohl sich von Anfang an gezeigt hatte, dass die Bergflanken links und rechts des Stausees im engen Tal des Vajont instabil waren. Ein Gutachten der Universität Padua, von dem man bis heute nicht weiß, ob es aus politischer Gefälligkeit oder wissenschaftlicher Unfähigkeit heraus entstand, wischte alle Einwände der Bewohner der Dörfer unterhalb der Staumauer vom Tisch. Und so geschah eben das, was die Experten so entschieden ausgeschlossen hatten: Am Abend des 9. Oktober 1963 kam es zu einem gigantischen Bergsturz, bei dem auf zwei Kilometer Länge

270 Millionen Kubikmeter Fels in den See stürzten und ihn fast völlig auffüllten. In Sekundenschnelle bäumte sich eine gewaltige Flutwelle auf und schwappte über die Staumauer.

Was dann passierte, begreift man am besten, wenn man im Netz ein Foto anklickt, auf dem zu sehen ist, wie sich hinter den Häusern von Longarone zwei senkrechte Felswände auftun, zwischen denen hoch über dem Dorf die Staumauer eingezogen worden war: Ohne jegliche Vorwarnungszeit riss die Flutwelle nahezu das ganze Dorf mit und beschädigte noch einige Nachbarorte.

Quelle: https://commons.wikimedia.org/wiki/File:Longarone_ (BL)_Vista_della_diga_del_Vajont_23_Febbraio_2014_-_ panoramio.jpg
Credit: Lamberto Zannotti

Bezeichnend für das Behördenversagen ist auch, was nach der Katastrophe geschah. Zwar wurden die angeklagten Verantwortlichen 1969 wegen fahrlässiger Tötung in rund 2000 Fällen zu über 20 Jahren Gefängnis verurteilt, jedoch hob ein Berufungsgericht die meisten Urteile wieder auf und sprach einige Beteiligte nachträglich sogar frei. Gar bis 1997 sollte es dauern, bis der verantwortliche Energiekonzern zu Schadenersatzzahlungen an die betroffenen Gemeinden verurteilt wurde – 34 Jahre nach der Katastrophe. Eine Journalistin, die ein Buch darüber schrieb, musste zwei Jahrzehnte lang einen Verlag suchen, der bereit war, das brisante Material zu veröffentlichen.

Die zerstörerischen Folgen des Alpenwetters reichten weit über das unmittelbare Gebiet des Gebirges hinaus, einschneidende Konsequenzen hatten dabei die gewaltigen Wassermassen, die in Richtung Vorland abflossen. Besonders gravierend war das Zusammenspiel eines vorausgegangenen schneereichen Winters, eines starken Wärmeeinbruchs mit schneller Schneeschmelze und einer regenreichen Schlechtwetterphase. Was solche Wetterkonstellationen im Alpenvorland anrichten können, lässt sich gut am Beispiel des Bodensees beschreiben: Die Liste verheerender Hochwasserkatastrophen im Tal des Alpenrheins zwischen Lustenau und Bregenz ist endlos, im Katastrophenjahr 1868 stand dieser Teil des Rheintals gleich monatelang unter Wasser. Immer wieder wurden so im Umfeld des Bodensees großflächig Ernten vernichtet und die Trinkwasserversorgung unterbrochen.

Richtige Zeitbomben waren dabei die Fäkaliengruben in den Dörfern. Die mit Keimen belasteten Hausabwässer wurden bei Hochwasser großflächig in Vorratskeller, Heuschober oder auf Felder geschwemmt, verheerende Seuchenepidemien waren somit die verlässlichen Begleiter solcher Überschwemmungen. Und auf dem See verdichteten sich Tausende von mitgerissenen Alpenbaumstämmen zu unüberwindlichen Treibholzteppichen, die Häfen und Buchten verstopften und jeglichen Schiffsverkehr unmöglich machten.

Besser wurde es erst, als der wild mäandernde Alpenrhein ab 1863 nach und nach begradigt und in ein festes Bett gelegt wurde, der einstweilig letzte Schritt war die in den 1970er-Jahren begonnene »Rheinvorstreckung«. Dabei wurden die Seitendämme bis weit in den Bodensee hineingebaut, um das »Geschiebe«, die rund 2,5 Millionen Kubikmeter Feinsedimente, die der Rhein Jahr für Jahr aus den Alpen mitbringt, über den flachen Uferbereich hinaus zu leiten, wo sie in größere Tiefen absinken können. Freilich gab es auch danach am Bodensee noch Hochwasser, zum Beispiel an Pfingsten 1999.

Was den Bodensee seit jeher zu einem besonders tückischen Gewässer macht, sind die ohne Vorwarnung losbrechenden Föhnstürme. Wer es nicht einmal selbst erlebt hat, kann sich nicht vorstellen, wie sich die Postkartenidylle des Sees in eine tobende

Hölle verwandelt. Eine alte Dame erzählte uns einmal, wie sie als Kind in den 1930er-Jahren auf einer Bodenseefähre einen Sturm miterleben musste: »An Bord waren mehrere Schweizer Bäuerinnen, die alle auf die Knie fielen und lauthals beteten.« Viele Jahrhunderte lang galt der Bodensee als lebensgefährliches Gewässer, für etliche Hundert Fischer, Matrosen oder Schiffspassagiere wurde er zum Grab.

Das änderte sich erst nach und nach. 1824 lösten Dampfschiffe die kippeligen Segelschiffe ab, bis 1937 dauerte es, dass am See eine einheitliche Sturmwarnung organisiert wurde. Und dazu bedurfte es – wie so oft – erst einmal eines Unglücks. »In einer warmen Juninacht 1936 hatten sich Hunderte Schaulustige in Falt- und Ruderbooten vor der Kulisse des Meersburger Schlosses eingefunden, um das dortige Seefeuerwerk und die nächtliche Illumination zu bestaunen. Dazu kam es nicht mehr. Plötzlich brach ein Föhnsturm los, der Dutzende Boote umwarf. Sieben Menschen verloren in dieser Nacht ihr Leben, etliche Schiffbrüchige wurden vom Sturm abgetrieben und 30 Kilometer entfernt ans Ufer gespült.« (Quelle: Tobias Engelsing, »Der gefährliche See«, Konstanz 2019, S. 152)

Seit 1963 stehen verteilt auf das gesamte Bodenseeufer 43 Drehscheinwerfer, die in zwei Stufen vor heranziehenden Unwettern warnen.

Wer es genauer wissen will

Föhnig ist nicht gleich Föhn

Begrifflich gibt es viel Durcheinander: Wenn von Föhn die Rede ist, meinen manche Leute einfach »nur« schönes und warmes Wetter in der Nähe der Berge bei sehr guter Fernsicht und einem manchmal etwas ungewöhnlichen Wolkenbild, bei dem die Wolken oft aussehen wie Ufos. Andere sagen, es muss dabei auch wild stürmen. Letzteres ist richtig: Der Wind selbst ist der Föhn. Sprich, erst wenn es stark weht, kann man wirklich von Föhn sprechen. Und wenn das Wetter so anmutet, als herrschte Föhn, aber der Wind trotzdem eher schwach mit allenfalls ein paar wenigen frischen Böen ist, dann spricht man von »föhnig«. In diesem Fall gibt es zwar auch kräftige Windböen, aber weit über unseren Köpfen in größeren Höhen. Sie erreichen den Boden schlicht nicht. Städte wie München haben oft föhnige Bedingungen, häufig im Spätherbst, dann sind in den Nachrichten viele leicht bekleidete Menschen in vollen Biergärten zu sehen – völlig ohne vom Wind zerzauste Frisuren. Föhnig, aber kein Föhn.

Trotzdem, in beiden Fällen passiert das Gleiche: Strömende Luft wird von einer quer stehenden Bergkette gestört. Ein einzelner Berg kann umströmt werden, aber wenn ein Gebirge so breit ist wie die Alpen, dann muss die Luft auf der einen Seite rauf und auf der anderen wieder runter. Und genau da landen wir bei dem Prozess, den Rolf und ich scherzhafterweise gern als »Thermodramatik« beschreiben, oder ernsthaft: Wir landen wieder bei der Thermodynamik und geradewegs unseren adiabatischen Prozessen. Die auf der Luv-, der windzugewandten Seite aufsteigende Luft kühlt sich zunächst trockenadiabatisch ab. Ab der Höhe, wo der in der Luftmasse enthaltene Wasserdampf kondensiert, also Wolken vorhanden sind, geht es feuchtadiabatisch weiter bis zum Gipfel der Gebirgskette. Weil nun viel Feuchtigkeit durch die Stauniederschläge im Luv verloren gegangen ist, wird es auf der Lee-, der windabgewandten Seite, spannend. Sobald die Luft dort absinkt, lösen sich die Wolken auf, und auf ihrem ganzen Weg nach unten erwärmt sich die Luftmasse trockenadiabatisch. Sie erinnern sich: Es wird alle 100 Meter um 1 Grad wärmer.

Der Föhn produziert seine Wärme quasi selbst aus der Differenz zwischen Trocken- und Feuchtadiabate. Nehmen wir folgendes Beispiel: Eine Luftmasse muss von 500 auf 3000 Meter Höhe aufsteigen, und die Wolkenbasis im Luv befindet sich auf 1000 Metern: Dann geht es zunächst 500 Meter trockenadiabatisch bergauf, danach aber weitere 2000 Meter feuchtadiabatisch. Nehmen wir nun Verhältnisse an, bei denen die Feuchtadiabate 0,5 Grad Temperaturänderung pro 100 Meter mit sich bringt, dann wird es auf dem Weg nach oben erst 5 x 1 Grad und danach noch 20 x 0,5 Grad kühler. Das sind in Summe 15 Grad Temperaturabnahme auf dem Weg zum Gipfel. Auf der windabgewandten Seite geht es nun aber beim Weg nach unten 25 x 1 Grad rauf mit den Temperaturen! Also erst im Luv 15 Grad Abkühlung und dann im Lee 25 Grad Erwärmung – dieser Prozess hat eine Temperaturzunahme von 10 Grad ganz ohne Zufuhr von wärmerer Luft oder durch Sonnenschein produziert. Energie wurde dabei natürlich nicht aus dem Nichts gewonnen, das geht nach der Energieerhaltung nicht, aber latente Energie, die im Wasserdampf steckte, wurde freigesetzt und in sensible, das heißt fühlbare Wärme umgewandelt.

Kommt also etwa im Winter Kaltluft direkt von Norden zu den Alpen, dann kann sie nicht »einfach so« die Gebiete südlich der Alpen erreichen, sondern sie wird zwingend erwärmt. Die Temperaturunterschiede zur Mittelmeerregion, wo die Luft am Ende ankommt, werden geringer – extreme Blizzards unmöglich.

Dies war die klassische Erklärung des Föhns, bei der der Regen im Luv (auf der Südseite) der Alpen die entscheidende Rolle spielt. Durch ihn wird ja Feuchtigkeit aus der Atmosphäre entfernt. Nun gibt es beim Föhn aber noch allerlei Spezialfälle, und einer davon ist besonders wichtig: der Föhn, bei dem es auf der Luvseite keinen Regen gibt. Doch wie soll die Erwärmung der Luft nun funktionieren, wenn mangels Regen quasi keine Feuchtigkeit aus der Luft entfernt wurde? Indem vorher praktisch keine drin ist. In diesem Föhn-Fall wird Luft aus höheren Schichten »angezapft« und im Lee hinuntergedrückt. Die Höhenluft ist sehr kalt und kann deshalb nur wenig Wasserdampf aufnehmen, sie ist also auch besonders trocken. Wenn sie dann den weiten Weg aus der Höhe nach unten nun trockenadiabatisch zurücklegt, herrscht im Tal am Ende ebenfalls die Föhnwärme. Oft gibt es auch die Mischform dieser beiden Varianten – sprich ein bisschen Regen und ein bisschen Luft »von oben«.

Wir kennen den Föhn hauptsächlich aus den Alpen, aber alle Gebirgszüge verhalten sich bei entsprechender Luftströmung ähnlich. So gibt es auch Föhn in unseren Mittelgebirgen, und selbst in Mecklenburg-Vorpommern kennt man eine Föhnart. »Wo sind denn da Berge?«, werden Sie nun zu Recht fragen, und wer auf die Suche geht, wird auch keine finden (die Helpter Berge auf der Mecklenburgischen Seenplatte mit ihren 179 Metern zählen in diesem Zusammenhang leider nicht). Aber in Skandinavien erheben sich welche bis zu fast 2500 Meter hoch, und wenn die Luft von dort kommt, gibt es bis in den Norden und Nordosten Deutschlands oft eine ausgedehnte wolkenfreie Zone – der »Skandiföhn« wirkt.

Das Wort Föhn ist übrigens vom Namen des altrömischen Windgottes Favonius abgeleitet, in dem wiederum das lateinische Wort *fovere* (wärmen) steckt. Im Althochdeutschen entstand daraus später das Wort *phonno*, und von dort war der Weg zu Föhn nicht mehr weit. Mit Föhn ist in den Alpen immer der Südföhn gemeint. Die Luft erreicht das Gebirge dabei von Süden, und nördlich des Hauptkamms herrscht dann das typische Föhnwetter. Werden die Alpen von Norden angeströmt, so spricht man vom Nordföhn.

Aber warum ist es bei Föhn eigentlich überhaupt so stürmisch? Dafür ist der Düseneffekt verantwortlich! Je mehr Luft durch eine Engstelle gedrückt wird, desto schneller muss sie strömen. Und diese Engstelle findet sich im Gebirge in Gipfelhöhe. Dort saust einerseits die Luft entlang, die in der freien Atmosphäre oberhalb der Berge unterwegs ist, und dann kommt die von unten eintreffende Luft hinzu und möchte auch den Gipfel überqueren. Also ist dort mehr Luft unterwegs – der Düseneffekt wirkt. So ähnlich, wie es Segler kennen, wenn hinter einer Landzunge der Wind in bestimmten Bereichen stark zunimmt. Dort nennt man es Kapeffekt.

Zurück zum Föhn, denn jetzt folgt noch ein wichtiger Punkt. Die von unten kommende Luft »stupst« die darüberziehende an, und so gibt es neben der Beschleunigung auch noch eine Kraft nach oben. Natürlich verschwindet deswegen nun nicht alle Luft einfach in die Höhe, so was lässt die Physik Gott sei Dank nicht zu. Sonst wären wir jenseits einer Bergkette auch sehr unglücklich, so ganz ohne Luft. Es zerren also verschiedenste Kräfte an der Luft. Sie folgt zwar kurz dem Stups nach oben, aber dann wirkt die Schwerkraft diesem Prozess entgegen, und das Bedürfnis der Natur, einen Unterdruck stets auszugleichen, kommt ebenfalls zum Tragen, sodass die Luft der Geländeform folgt. Herrschen nun, vor allem vom Spätherbst bis zum Vorfrühling, stabile Bedingungen ohne viel vertikale Luftbewegung vor, dann schwingt die nach oben gestupste Luft wieder zurück nach unten – und überschießt wegen ihrer eigenen Trägheit. So, wie es auch bei einer Feder passiert, die ein paarmal fleißig um ihren Mittelpunkt schwingt, wenn man sie ausgelenkt hat. Dieses Hin und Her führt zu einer Wellenbewegung der strömenden Luft – die Leewelle ist entstanden.

Das untrüglichste Kennzeichen von Leewellen sind die Föhnwolken oder Föhnfische, die aussehen wie fliegende Untertassen und auf »Meteorologisch« *Altocumulus lenticularis* heißen – wir Flieger kürzen das gern ab und sprechen von Lentis. Wenn Piloteure dieses Wort in den Mund nehmen, schauen sie meist sehr fröhlich, denn sie wissen, dass es unter solchen Bedingungen im aufsteigenden Ast der Welle, also im Bereich des Aufwinds, extrem hoch hinaufgehen kann. Unglaubliche Flughöhen von 3000 bis 7000 Metern sind dann mit dem Segelflugzeug gut und gern möglich, ab 4000 Metern muss Sauerstoff mitgenommen werden. Und aus eigener Erfahrung: Es ist kalt da oben! Der bisher höchste Segelflug der Welt ging in den Anden, wo es durch die Höhe der Bergkette und die starke Westdrift zu den stärksten Leewellen auf der Welt kommt, bis hinauf auf unglaubliche 15 900 Meter. Hierfür wurde ein Spezialsegelflugzeug genutzt, das mit einer Druckkabine ausgestattet war.

Die Naturkräfte sind schon unglaublich: Ohne Motor kann man rund 5000 Meter höher steigen als die Airliner im Reiseflug. Und die Lentis sind die Informanten für Piloten, denn durch ihre Position wissen sie, wo sich der Aufwindbereich der Welle befindet. Die Wolke scheint dabei fix an einem Ort zu stehen, obwohl die Luft teilweise mit über 150 Kilometern pro Stunde unterwegs ist. Wie geht das? Ganz einfach: Die Lenti wird im Aufwindbereich immer neu produziert und löst sich im Abwindbereich wieder auf. So scheint sie zu stehen und markiert dabei die Kuppe des Wellenbergs der Leewellen. Nun variieren solche Wellen aber bei Veränderungen der äußeren Bedingungen auch mal in ihrer Lage, und so kann beispielsweise ein Windband, das zunächst in der freien Atmosphäre stürmte, plötzlich auf den Boden aufschlagen. Das ist ein besonders gefährlicher Moment, denn auf diese Weise kommt es zuweilen aus einer scheinbar ruhig anmutenden Wetterlage in Nullkommanichts zu heftigsten Orkanböen. Könnte man stürmende Luft sehen, wäre man stets vorbereitet, so muss man sein Wetterwissen nutzen: Herrscht wegen der Trockenheit der Luft im Lee sehr gute Fernsicht und sind Föhnfische am Himmel zu sehen, dann kann der Föhn jederzeit losbrechen.

Doch selbst weit hinter dem Bodensee verlangten die Alpen dem Menschen nahezu übermenschliche Anstrengungen ab, um ihre Wassermassen zu bändigen und sie für menschliche Bedürfnisse nutzbar zu machen. Die gigantische Rheinbegradigung zwischen 1817 und 1876, die aus dem amazonasgleichen Chaos unzähliger verästelter Flussarme ein berechenbar dahinfließendes Gewässer machte, war die Voraussetzung dafür, dass Schiffe von Bingen bis hinauf ins schweizerische Basel fahren konnten.

Wer sich einmal näher mit diesem Megavorhaben beschäftigt, wird feststellen, dass sich die Baugeschichte wie ein Krimi liest. Da musste zum einen im Voraus berechnet werden, in welchem Umfang Fließgeschwindigkeit, Wassermenge und Sedimenttransport zunehmen würden, wenn man die Flussschlingen einfach durchstach und durch einen breiten Kanal ersetzte. Preußen bekämpfte das Vorhaben, weil es befürchtete, dass die verheerenden Hochwasser des Oberrheins bei Basel mit dem Abfluss nach Norden preußisches Staatsgebiet heimsuchen könnten.

Nächstes Problem: Der Rhein war die Grenze zu Frankreich. Wenn also so eine Rheinschlinge begradigt wurde, dann konnte dies bedeuten, dass die in den Schlingen gelegenen deutschen Dörfer plötzlich auf französischem und französische Dörfer plötzlich auf deutschem Boden lagen. Dazu kamen noch Proteste und Aufstände von unzufriedenen Arbeitern, Fischern, die ihre Fanggründe in den Auen verloren, oder Dorfbewohnern, deren Häuser dem Umbau weichen mussten. Unglaublich, mit welchen Schwierigkeiten die Bauherren fertigwerden mussten. Dagegen nimmt sich der Bau des Berliner Flughafens aus wie die Errichtung einer Mehrzweckhalle.

Grausige Gletscherfunde
Rolf Schlenker

»Good topic – but where is the story?« Gutes Thema, aber wo ist die Geschichte? Das war immer der gefürchtete Satz, sobald man in einer internationalen Fernsehkoproduktion mit Briten oder Amerikanern ein interessantes Thema vorschlug. »Storytelling« heißt das in der Branche, wenn man einen relevanten Sachverhalt nicht nur schildert, sondern zuschauerfreundlich in eine spannende Geschichte packt.

Ein gutes Thema war somit stets von der Suche nach einer guten, passenden Geschichte begleitet. So war es auch bei unserem Film über den Mont Blanc im Rahmen der schon erwähnten internationalen Koproduktion »Rätsel der Berge«: Ich stand vor der Aufgabe, eine Story zu finden, die die Fließgeschwindigkeit von Gletschern transportierte – und wurde in Chamonix fündig. Dort stieß ich auf die pensionierte Bergführerlegende Christian Mollier, einen Mann, der sein ganzes Leben lang das Mont-Blanc-Massiv durchstreift hat und jeden Gipfel und jedes Tal wie seine Westentasche kennt.

Der für unser Thema interessante Teil seiner Geschichte begann im Jahr 1986. Mollier war damals gerade Hüttenwirt im »Chalet du Glacier« am Fuß des Bossons-Gletschers, der aus 4807 Metern über dem Meer, also direkt aus dem Gipfelbereich, herunterfließt und sich auf 1300 Metern, auf der Höhe der Hütte, auflöst. Eines Tages sah Mollier einen großen Gegenstand aus dem abtauenden Ende der Gletscherzunge ragen: Es war das Bugrad eines Flugzeugs, so groß, dass es nur von einer Verkehrsmaschine stammen konnte. Doch wie war der Teil eines Fahrwerks in einen Mont-Blanc-Gletscher gekommen?

Durch Air-India-Flug 245 vom 3. November 1950. Die Lockheed L-749 Constellation war mit 40 Passagieren und 8 Besatzungsmitgliedern an Bord auf dem Flug von Bombay, dem heutigen Mumbai, über Kairo nach Genf. Um 10:43 Uhr, wenige Minuten vor der Landung auf dem Flughafen Cointrin, setzte der Pilot eine Meldung mit Höhe und Position ab, die Wetterbedingungen waren denkbar schlecht: Sturm und kaum Sicht. Kurz nach dem Funkspruch verschwand die Maschine plötzlich vom Radar. Erst zwei Tage später, nachdem das Wetter besser geworden war, konnte ein Suchflugzeug den Grund feststellen: Die Maschine war gegen den 4677 Meter hohen Rocher de la Tournette, einen Nebengipfel des Mont Blanc, geprallt und auf den Bossons-Gletscher gestürzt. Die Tragik daran: Wäre die Constellation nur 30 Meter weiter westlich geflogen, hätte sie es an dem massigen Gipfel vorbeigeschafft.

48 Tote an einem stürmischen Novembermorgen 1950 – und 36 Jahre später spuckte der Gletscher an seinem Fuß das Bugrad der Unglücksmaschine aus: So grausam die Geschichte auch war, sie illustrierte anschaulich die Fließgeschwindigkeit eines Gletschers, der in seinem Inneren alles in die Tiefe transportiert, was oben in ihn eingetragen wird. In den Wochen und Monaten darauf kamen immer mehr traurige Relikte aus dem Gletscherbauch ans Tageslicht: Essbesteck der ersten Klasse, indisches Geld, Briefe …

Im Jahr 2008 fand ein Wanderer dann einen Packen indischer Zeitungen, die mit der Wahl von Indira Gandhi zur Premierministerin titelten. Nur: Diese Wahl hatte nicht 1950 stattgefunden, sondern 16 Jahre nach dem Crash von Flug 245 am 19. Januar 1966 – wie war das möglich?

Durch Air-India-Flug 101 vom 24. Januar 1966. Die Boeing 707 war mit 117 Menschen an Bord auf dem Flug von Bombay nach New York, mit Zwischenlandung in Genf. Die Sicht war wiederum schlecht, als der Kapitän um 7:02 Uhr meldete, er habe gerade den Mont Blanc überflogen und gehe jetzt in den Landeanflug über. Doch der Genfer Lotse sah auf seinem Radarschirm, dass sich die Maschine noch fünf Meilen vor dem Berg befand, und teilte das dem Piloten mit. Der antwortete nur kurz mit »Roger« – und leitete den Sinkflug ein. Sekunden später war Flug 101 vom Radarschirm verschwunden.

Wie Flug 245 war die Maschine im Gipfelbereich gegen eine Bergwand geprallt und total zerstört worden. Wieder regneten Trümmer und andere Teile auf den Bossons-Gletscher. Und wieder wurden Jahre später am Fuße des Gletschers Überreste dieses fürchterlichen Crashs gefunden: ebenjene Zeitungspacken, ein Sack mit Diplomatenpost, ein Ärmelstück der Uniform des Co-Piloten, eine Box mit Edelsteinen im aktuellen Wert von mehreren Hunderttausend Euro (vom ehrlichen Finder abgegeben) und im Juli 2017 – als grausiger Höhepunkt – eine mumifizierte Hand.

Ein großer Teil dieser Funde geht auf Christian Mollier und seine täglichen Spaziergänge zum Gletscherfuß zurück, die Funde anderer hat er fotografiert und in mehreren Alben gesammelt – jeder Gegenstand und jedes Foto ordentlich mit Funddatum versehen.

Zweimal Air India, zweimal Mont Blanc. Was für eine tragische Geschichte. Aber es war eben auch die Geschichte, die ich »brauchte«.

Teil 2
ALPENKLIMA

Nackt in Eis und Schnee: Wie Alpenpflanzen und -tiere mit dem rauen Gebirgsklima umgehen

Der beste Schutz gegen Wind und Kälte im Hochgebirge? Zum Beispiel »Leichenteile!«, meint Christian Körner. Nun ist der Mann aber kein Grabräuber, sondern emeritierter Botanikprofessor an der Universität Basel und weltweit anerkannter Spezialist für die Pflanzenwelt der Alpen. Wer ihn einmal in Aktion erlebt hat, vergisst das nicht so schnell: Er brennt für seinen Beruf, und das zeigt sich auch in der Leidenschaft und der Freude an bildhaften Vergleichen, mit denen er seinen Zuhörern die Lebenswelt von Alpenpflanzen nahebringt.

Etwa die Welt der Krumm-Segge. Das ist das Gras der klassischen Alpenrasen in Höhen oberhalb von 2000 Metern. Die krautige Pflanze wirkt, als wäre sie am Vertrocknen, so bräunlich-gelb sind ihre Deckblätter. Ist sie kurz vorm Exitus? Im Gegenteil, erklärt Christian Körner, »die Krumm-Segge ist ein Meister im Manipulieren ihres Kleinklimas – was diese Pflanze macht, könnte man als ›Airconditioning‹ bezeichnen«. Sie schiebt nämlich die aus dem Vorjahr stammenden, inzwischen abgestorbenen Teile ihrer mehrjährigen Blätter, eben die »Leichenteile«, nach oben. Was aussieht wie Dürreschäden, sind – so würde man neudeutsch sagen – »Windbreaker«, die den oft eisigen Gebirgswind brechen und ablenken. Unter dieser Schutzschicht, da, wo die Stängel der Krumm-Segge grün sind, kann es bis zu 20 Grad haben, während es wenige Zentimeter darüber saukalt ist. »Mit dieser raffinierten Überlebensstrategie verschafft sich die Pflanze in dieser Höhenlage Lebensbedingungen wie auf einer Wiese im Tal«, sagt Christian Körner. Ihre Fähigkeit ließ sie ein rekordverdächtiges Alter erreichen, die Forscher um Körner haben festgestellt, dass es Krumm-Seggen gibt, die bis zu 5000 Jahre alt wurden. Um den Rekord einzuordnen: Als diese floralen Seniorinnen keimten, streiften noch Ötzi und seine Zeitgenossen durch die Alpen.

Nach solch plastischen Erläuterungen beginnt man, Alpenpflanzen mit ganz anderen Augen zu sehen: Das sind beinharte Überlebenskünstler, so zart manche von ihnen auch daherkommen mögen. Wie etwa das Alpenglöckchen, das seinem Namen alle Ehre macht. Es ist ein etwa zehn Zentimeter hohes, zerbrechlich wirkendes Blümchen, das auf seinem dünnen Stängel ein blauviolettes, glockenförmiges Köpfchen trägt, kurz: voll süüüß! In seinem grazilen Inneren schlummert jedoch die Durchschlagskraft eines Torpedos! Auf den Bergwiesen ab 2000 Meter Höhe und darüber passiert im Juli nämlich Folgendes: Obwohl die Sonne erst einen Teil der Schneedecke abgeschmolzen hat, hält es das Alpenglöckchen nicht mehr in seinem Winterschlaf. Noch völlig von Schnee bedeckt, fängt es an zu blühen. Die spektakulär clevere Strategie dahinter: Während der weiße Schnee drum herum das Sonnenlicht zurückstrahlt, speichert die dunkle Blüte die Energie, die die immer dünner werdende Schneedecke über ihr durchlässt. »Albedo« nennt man den Effekt, dass helle Flächen mehr Energie zurückstrahlen – was übrigens die Ursache dafür ist, dass ein schwarzes Auto in der Sonne heißer wird als ein weißes. Diese gespeicherte Wärme nutzt das Alpenglöckchen nun, um sich rigoros einen Kanal nach oben freizuschmelzen, so lange, bis die Blüte aus der Schneedecke schaut. Wow, was für eine Lebensenergie!

Andere Pflanzen warten dagegen geduldig, bis der Schnee über ihnen weggeschmolzen ist – aber auch das ist Megastress, wie Christian Körner auf einer Wiese am Schweizer Furkapass demonstriert. Es ist Mitte Juli, doch die Almen an der 2429 Meter hoch gelegenen Passhöhe sind immer noch von zahlreichen Schneeinseln durchsetzt. Körner kniet am Rand eines solchen weißen Flecks und steckt einen Temperaturfühler in den Schneerest: »Null Grad«, zeigt das Display, eben die Temperatur, die relativ konstant am Boden einer jeden Schneedecke herrscht. Interessanter wird es, als Körner den Messfühler nur eine Handbreit daneben in das Gras steckt: 28 Grad warm ist die Stelle, die vor knapp einer halben Stunde noch schneebedeckt war. Für alles, was in diesem Bodenstück wächst, heißt das, so Körner: »Diese Pflanzen kommen aus einer Welt, in der es acht Monate lang null Grad hat, und werden innerhalb von wenigen Minuten in eine 28 Grad warme Welt katapultiert.«

Von der Arktis in die Tropen in gerade mal 30 Minuten – als Alpenpflanze muss man solche Temperaturschocks wegstecken können. Und zwar nicht nur dieses eine Mal im Frühsommer, sondern – wenn es hart auf hart kommt – fast jeden Tag. Um dies zu demonstrieren, hat Christian Körner eine Wärmebildkamera auf ein Stativ gestellt und auf einen Berghang gegenüber gerichtet: Einen ganzen Tag lang wird das Gerät den Temperaturverlauf dort messen und bildlich darstellen, jeder Temperaturbereich wird von der Kamera in einen bestimmten Farbton umgerechnet. Im Schnelldurchlauf der Aufnahme sieht man dann, wie der Hang zu Anfang in Blau (Frost bis −6 °C) getaucht ist, dann wechselt die Farbe über Grün (7–9 °C), Gelb (10–13 °C) und Rot (14–16 °C) zu Violett (17 °C und darüber), und zwar allein in den sechs Stunden zwischen Sonnenaufgang und Mittag. Danach geht es wieder in die andere Richtung.

Wie groß im Gebirge die Temperaturunterschiede in kürzesten Zeitabständen sein können, ist die eine Beobachtung, die man mittels dieser Wärmebildkameras macht. Die andere: Hinter jedem Felsen kann ein völlig anderes Mikroklima herrschen als auf dem Wiesenstück unmittelbar davor; der Boden einer Senke kann fast dauerhaft im Schatten liegen, während ihre Ränder permanent von der Sonne beschienen werden. »Auf einer Fläche nicht größer als ein Blatt Papier erleben Pflanzen je nach ihrem Wuchs riesige Klimaunterschiede«, sagt Körner zu diesem Mosaik aus Klein- und Kleinstlebensräumen. Und sie richten sich darauf ein: »Die Pflanzen wissen sehr genau, wo sie leben und wann das Wetter ihnen etwas vorgaukelt. Es kann im Gebirge im April sehr warm sein, aber die Pflanzen rühren sich nicht. Weil sie in ihrem evolutiven Gedächtnis gelernt haben: Vor Ende Mai geht nichts.«

Gewaltige Temperaturunterschiede, kurze Vegetationszeiten, oft Trockenheit im Sommer, dazu Wind, Kälte und dann ein Dreivierteljahr lang die Last des Schneedrucks – keine Frage, das Paradies für Pflanzen stellt man sich anders vor. Aber: »Die Lebensbedingungen sind nur für uns Menschen und einige Tiergruppen lebensfeindlich«, schreiben Christian Körner und seine Biologenkollegin Erika Hiltbrunner, »offenbar haben wir ein stark menschengeprägtes Bild der Gebirgswelt im Kopf. Für die Mehrheit der alpinen Organismen ist das Leben im Tal etwas Schreckliches. Der Gletscherhahnenfuß findet sich in keinem Botanischen Garten, weil er nach wenigen Wochen ›Hitze‹ zugrunde geht. Er atmet sich quasi zu Tode. Es gibt also eine physiologische Anpassung an das Leben im Hochgebirge, welche die vermeintliche Widrigkeit der Lebensbedingungen in ein Bedürfnis verwandelt.« (Quelle: Erika Hiltbrunner und Christian Körner, »HOTSPOT FURKA. Biologische Vielfalt im Gebirge«, Basel 2018)

13 000 Pflanzenarten sehen das so. Das heißt, 40 Prozent aller europäischen Pflanzenarten leben hier, obwohl die Alpen nur zwei Prozent der Fläche von Europa bedecken. Dazu kommen noch 30 000 Tierarten – das Gebirge ist ein einmaliger Hotspot der Biodiversität.

Wie ihre pflanzlichen Nachbarn sind auch die Alpentiere faszinierende Überlebenskünstler. So kann eine Gämse noch Stunden, nachdem ein Schneefall bereits aufgehört hat, eine dicke Schneeschicht auf ihrem Rücken tragen – vorausgesetzt, sie bewegt sich nicht zu wild. Gut, sie scheint halt nicht zu frieren, aber darum geht es nicht. Das viel Spannendere daran ist der Umstand, dass der Rücken dieses Warmblüters offenbar so kalt ist, dass der Schnee auf ihm nicht zu schmelzen beginnt.

Zunächst zum Kälteschutz: Die Gämse hat ein Fell aus langen, struppigen Haaren mit einer dicken, filzigen Wollschicht darunter, in der sich ein Luftpolster bildet. Wie bei einem modernen Doppelfenster wirkt diese eingesperrte Luft isolierend und hält die Kälte draußen.

Was die Vermeidung von Wärmeverlust nach außen angeht: Die Arterien der Tiere sind von einem Netz an Venen umschlungen, ein Geflecht, das dafür sorgt, dass dem Blut, das Richtung Fell fließt, auch noch der letzte Rest an Körperwärme entzogen wird, der dann dazu verwendet wird, das in Richtung Herz fließende Blut vorzuwärmen. Ein Prinzip, das mittlerweile Standard jeder energieeffizienten Heizung ist: Wärmerückgewinnung.

Dieser Doppelschutz aus cleverer Nutzung von Isolierglas- bzw. Wärmetauschertechnologie lässt die Tiere wochenlang Temperaturen im zweistelligen Minusbereich überstehen, Voraussetzung ist lediglich, dass sie sich im Sommer ein ausreichendes Fettpolster angefressen haben.

Die Strategien der Alpentiere gegen Kälte sind ebenso vielfältig wie kreativ. Das Schneehuhn hat ein so stark isolierendes Gefieder entwickelt, dass es sich bei Schneesturm einfach einschneien lässt – im Schnee ist es deutlich wärmer als darüber. Dieser effektive Kälteschutz hat aber auch einen Nachteil: An milden Wintertagen wird dem Vogel so warm, dass er sich in den Schatten flüchten muss.

Ein anderes, existenzielles Thema ist die Ernährung, wenn überall der Schnee meterhoch liegt und man keinen Winterschlaf hält. Der Schneehase hat ein Recyclingsystem entwickelt, das jetzt nicht gerade nach Dreisterneküche klingt, aber hocheffizient ist: Um aus der wenig energiereichen Nahrung, die vertrocknetes Gras, Flechten oder Rindenstücke bieten, auch noch die letzte Kalorie herauszupressen, frisst er einfach seinen Kot.

Auch große Tiere haben eine ganz eigene Strategie entwickelt, wie sie sich gegen Minustemperaturen im zweistelligen Bereich schützen. Der Rothirsch hält eine Art »Winterschlaf light«, er verfällt einige Nachtstunden lang in einen Zustand, in dem er regungslos in einem Versteck liegt. Dabei sinkt seine Körpertemperatur auf 15 Grad, so reduziert das Tier seinen Energiebedarf um 15 bis 20 Prozent – eine Einsparung, die in kalten Wintern den Ausschlag geben kann.

Gegen Kälte gewappnet sein, das ist die eine Fähigkeit, die man in den Alpen zum Überleben braucht. Die andere: mit den teilweise atemberaubenden landschaftlichen Gegebenheiten der Berge fertigzuwerden. Die Huberbuam unter den Alpentieren sind die Steinböcke, ein über 200 Millionen Mal geklicktes Video der BBC machte ihre Kletterkünste weltberühmt: Man sieht die fast senkrechte, schwindelerregend hohe Staumauer des Lago di Cingino im Piemont. Und mitten in der Wand steht eine Gruppe Steinböcke und leckt seelenruhig Mineralien aus den Natursteinen – darunter eine Mutter mit ihrem wenige Tage alten Kitz. Wie um alles in der Welt schafft es das Kleine nur, nicht 50 Meter in die Tiefe zu stürzen? (https://www.youtube.com/watch?v=RG9TMn1FJzc)

Der Grund dafür ist eine geniale Konstruktion seiner Hufe. Sie haben harte Klauenränder, die sich selbst in winzigste Felszacken oder -spalten einhaken, dazwischen sitzen weiche Ballenpolster, die sich am Fels festsaugen. Diese Doppelsicherung bewirkt zweierlei: Die Tiere gelangen selbst an den ausgesetztesten Stellen an Futter und entkommen so auch Raubtieren am besten. Aber auch der flinkste Kletterkünstler wird mal alt, krank oder verletzt sich ...

Das ist dann die Stunde von Zeitgenossen wie JJ1. Obwohl diese Zeichenkombination »erster Nachwuchs von Joze und Jurka« bedeutet, wurde sie gern amerikanisiert ausgesprochen: »Tscheitschei-wan«. Der eine oder andere dürfte ihn eher unter seinem bürgerlichen Namen kennen: Bruno, noch besser bekannt wurde er durch den Namenszusatz »Problembär«. Im Mai 2006 begab sich der zweijährige Braunbär auf Wanderung. Er kam aus dem Naturpark Adamello-Brenta westlich von Trient und fraß sich, wie man aus DNA-Spuren in Kot, Speichel oder Fellresten herauslesen konnte, in nordöstlicher Richtung durch die Alpen – mit beachtlichem Appetit. In den 37 Tagen zwischen dem 20. Mai und dem 26. Juni tötete er allein 31 Schafe, dazu kamen noch einige Ziegen. Darüber hinaus plünderte er drei Bienenstöcke, zwei Hühnerställe und einen Kaninchenstall, wobei er auf seinen Streifzügen zwischen Tirol und Bayern hin- und herwechselte. Weil er dabei die angeborene Scheu vor Menschen immer mehr verlor und sich immer wieder Siedlungen näherte, wurde er von der damaligen Bayerischen Staatsregierung als besagter »Problembär« eingestuft und zum Abschuss freigegeben.

Doch mit zweierlei hatte der Freistaat nicht gerechnet: der Empörung der Tierschützer und der Schlauheit Brunos. Um den Protesten entgegenzukommen, wurde sein Abschuss ausgesetzt und stattdessen für teures Geld ein Team finnischer Bärenjäger samt ihrer speziell ausgebildeten Hunde eingeflogen – sie sollten Bruno aufspüren und betäuben. Doch er hatte einen siebten Sinn: Er kehrte nie an die Stelle zurück, an der er einen Stall geknackt oder ein Tier gerissen hatte – die Bärenjäger standen sich die Beine in den Bauch. Dafür badete Bruno in völliger Gelassenheit in einem Tümpel nahe einer viel befahrenen Mountainbikestrecke – er konnte offenbar zwischen Menschen unterscheiden, die Handyfotos von ihm machen wollten, und solchen, die ein Betäubungsgewehr in Händen hielten.

Nachdem Bruno zwei Wochen lang die Bärenjäger und ihre Hunde an der Nase herumgeführt hatte, gaben die Finnen erschöpft auf und flogen nach Hause. Und Bruno war plötzlich zum Star geworden, sogar die *New York Times* widmete ihm eine Story. Doch parallel zu diesem Medienhype zogen aus Richtung des bayerischen Umweltministeriums dunkle Wolken über ihm auf. Am 24. Juni 2006 wurde das Todesurteil über Bruno gefällt, zwei Tage später war es so weit: Um 4:50 Uhr trafen ihn in der Nähe der Rotwand im Spitzingseegebiet zwei Kugeln. Die Wut unter Brunos Followern war so groß, dass der bayerische Umweltminister Schnappauf seinen Landtagskollegen nicht nur die Identität des Todesschützen verschwieg, sondern selbst unverdächtigste Details zur geheimen Verschlusssache erklärte: »Aussagen zum Gewehrtyp, zu Kaliber und Munition können nicht gemacht werden, um die Anonymität der Beteiligten zu wahren.«

Der »Fall Bruno« verweist auf einen weiteren Klimaaspekt, dem man in den Alpen häufiger begegnet und der durchaus extreme Formen annehmen kann – die Rede ist vom gesellschaftlichen Klima, vor allem dann, wenn sich Tradition und Moderne auf neuem Terrain begegnen. So war der letzte Braunbär in Bayern 1835 bei Ruhpolding erlegt worden; 171 Jahre lang war Unbill durch Bären im Freistaat kein Thema mehr. Doch dann kam Bruno und stieß auf eine Gesellschaft, die inzwischen nicht mehr mehrheitlich aus Landwirten bestand, sondern eben auch aus Umwelt- und Naturschützern, die in allen möglichen Parlamenten, Gremien und Organisationen vertreten waren. Abschießen oder die Natur gewähren lassen? Diese Debatte – das zeigt die Geschichte um Bruno – kann ganz schnell ganz schön giftig werden.

Noch gravierender verhält es sich beim Thema »Wolf« – vor allem in der Schweiz. »Für die einen ist der Wolf Teil eines Masterplans zur Entvölkerung der Berge. Andere haben dem Tier Jahrzehnte ihres Lebens gewidmet«, schrieb die *Neue Zürcher Zeitung* im Vorfeld einer Schweizer Volksabstimmung über ein neues Jagdgesetz im September 2020. Der Abschuss von Großraubtieren sollte erleichtert werden, bislang war dieser sehr stark reglementiert: Ein Wolf zum Beispiel durfte nur geschossen werden, wenn er in einem Monat 25 oder in vier Monaten 35 Schafe gerissen hatte. Und dann musste man erst einmal beweisen, dass es ein und derselbe Wolf bzw. ein und dasselbe Rudel gewesen war.

Ein kurzer Blick zurück: 5. Februar 1996. Eine Fotofalle im französischsprachigen Dorf Liddes an der Großen-St.-Bernhard-Straße schießt das erste Bild eines Wolfs in der Schweiz. 25 Jahre später leben in den Bergen der Eidgenossenschaft 86 Wölfe, entweder in einem der elf Rudel oder als umherziehende Einzelgänger. Wie auch Bären und Luchse sind die Raubtiere Spätheimkehrer in den Alpen. Das Gebirge bietet gute Bedingungen: Ein raues Klima und eine zerklüftete, für den Menschen teilweise nicht nutzbare Landschaft sorgen für große, unbesiedelte Flächen mit hohem Wildbestand. Waren die Räuber jahrhundertelang als Nahrungskonkurrenten der Menschen gnadenlos gejagt worden, bot sich ihnen Ende des 20. Jahrhunderts eine völlig veränderte Situation. In vielen Gebieten hatte mittlerweile der Tourismus die Landwirtschaft und Jagd als Haupterwerbsquelle abgelöst, das Wissen um Wölfe und Bären in den Bergen war für viele urlaubende Städter auch eher das Sahnehäubchen auf dem Ökotrip als eine Bedrohung für Leib und Leben. Darüber hinaus war der Wolf vielen Naturschützern durchaus willkommen, weil die Tiere eine wichtige Rolle bei der Stabilisierung des pflanzenfressenden Wildtierbestandes spielten. Da Wölfe ihrem Jagdrevier treu bleiben und jeden eindringenden Artgenossen vertreiben, eine rigorose Geburtenkontrolle haben (nur ein einziges Weibchen im Rudel darf den Nachwuchs austragen) und scheu sind, sich also vom Menschen fernhalten, hätten sie eigentlich unbemerkt und ungestört in den unwirtlichen Höhenlagen ihr Leben fristen können. Hätten. Wenn sie eben nur den Unterschied zwischen Wild- und Nutztier kennen würden ...

Aber Wölfen ist es nun mal egal, ob sie eine Gämse erlegen oder ein Schaf oder Kalb. Wäre eine Gämse das Opfer, würde irgendjemand irgendwann irgendwo auf die abgefressenen Reste des Tieres stoßen. Eines einzigen Tieres. So ist das halt in der Natur: fressen und gefressen werden. Bei den Nutztieren ist die Situation aber eine andere. Oft werden sie über Nacht in Pferche getrieben. Wenn hier ein Wolf oder Wolfsrudel eindringt, gibt es, sofern keine speziell gezüchteten Schutzhunde die Herde bewachen, häufig ein grauenvolles Gemetzel. Während die Räuber etwa ein

Lamm gerissen haben, wollen die anderen Schafe flüchten – was sie aber nicht können, da sie ja eingepfercht sind. Die Folge: Die panischen Tiere rennen immer im Kreis – und wecken damit den Beuteinstinkt der Räuber stets aufs Neue. So wird ein Tier nach dem anderen gerissen. Viele Hirten erlebten einen Schock, wenn sie am nächsten Morgen auf die Weide kamen: Schafe oder Kälber, denen die Kehlen durchgebissen oder die Euter abgerissen worden waren, denen gar die Eingeweide heraushingen. Wer so etwas einmal erlebt hat, spricht anders vom Wolf als ein Naturschützer! Und da nützt es auch wenig, dass den Eigentümern der Schaden ersetzt wird – diese grauenvollen Bilder lassen sich nicht mit Entschädigungsgeldern aus dem Kopf vertreiben.

Das war die Stimmungslage in der Schweiz, als es am 27. September 2020 zur Volksabstimmung kam. Das Ergebnis war denkbar knapp: Die Schweizer lehnten die Erleichterungen beim Abschuss von Raubtieren mit 51,9 zu 48,1 Prozent ab. So richtig interessant wird es aber erst, wenn man sich die einzelnen Regionen und Kantone anschaut. So ist der gesamte Schweizer Teil des Alpenbogens auf der Wahlgrafik tiefgrün (für Erleichterungen beim Abschuss) eingefärbt, mit Resultaten, die an vergangene Sowjetzeiten erinnern: Das 295-Seelen-Dorf Embd im deutschsprachigen Wallis stimmte zum Beispiel mit 97,1 Prozent für die Erleichterungen, während relativ alpenferne Städte wie Bern das Gesetz zu über 70 Prozent ablehnten. »Die Unterländer haben über ein Problem abstimmen dürfen, das sie überhaupt nicht betrifft, und haben uns etwas aufgezwungen, was wir nicht wollen«, resümierte ein frustrierter Bergbauer. »Der Wolf gehört zu unserer Natur!« contra »Der Wolf gehört nicht in eine Kulturlandschaft!«, Städter gegen Bergbewohner – die Schweiz war zweigeteilt.

Und der Mensch?
Was die Berge mit uns machen

Wer, zum Beispiel von Frankfurt am Main kommend, am Daocheng Yading Airport in der chinesischen Provinz Sichuan aus der Maschine steigt, wundert sich vielleicht kurz über den Umstand, dass überall Sauerstoffgeräte herumstehen – aber eben nur kurz. Denn der Flughafen ist mit 4411 Metern der höchstgelegene der Welt, und was dies für den Körper bedeutet, spürt man sehr schnell. Kopfschmerzen, Kurzatmigkeit, beschleunigter Puls gehören noch zu den harmloseren Symptomen. Denn verglichen mit Meereshöhe ist Luft in dieser Höhe dünner, weshalb dem Organismus deutlich weniger Sauerstoff zur Verfügung steht. Man gerät in eine quälende Unterversorgung, die zur lebensbedrohenden Höhenkrankheit führen kann.

Die 27 000 Einwohner zählende Kreisgemeinde Daocheng spielt damit in derselben Höhenliga wie die Gipfel von Matterhorn (Schweiz, 4478 m), Mont Maudit (Frankreich, 4465 m) oder Punta Parrot (Italien, 4432 m), um nur drei aus der 82 Namen umfassenden Liste der Viertausender in den Alpen zu nennen. Und die Schwierigkeiten mit dem Sauerstoff beginnen für viele schon viel weiter unten, ab einer Höhenlinie, die man noch bequem per Auto erreichen kann.

Für manche Bergurlauber geht das Problem schon bei 1000 Metern über dem Meer los. Das Symptom: Sie schlafen schlecht. Der Grund: Mit steigender Höhe nehmen der Luftdruck und der Sauerstoff ab, das ist vor allem für sensiblere Naturen spürbar, wenn sich ihre Körper – etwa nach einer anstrengenden Autofahrt vom 112 Meter hoch gelegenen Frankfurt ins 1138 Meter hoch gelegene Cumbel in Graubünden – sehr schnell auf die Höhenbedingungen ihres Urlaubsorts einstellen müssen. Nach zwei, drei Tagen Akklimatisierung dürften die Symptome jedoch weg sein.

Die Höhe des Orts, an dem man übernachtet, ist übrigens einer der zentralen Planungseckpunkte für Bergsteiger, die eine mehrtägige Klettertour unternehmen. »Hoch steigen, tief schlafen«, heißt die Faustregel; sie besagt, dass man zwar am Tag große Höhenunterschiede überwinden und wegstecken kann, nachts aber darauf achten sollte, dass die »Schlafhöhendistanz« zwischen dem aktuellen und dem letzten Übernachtungsplatz nicht mehr als 300 Höhenmeter beträgt.

Damit sind eigentlich schon alle Risikofaktoren genannt, die zu den drei typischen Höhenkrankheiten führen können:

- absolute Meereshöhe
- Geschwindigkeit des Aufstiegs
- Dauer der Akklimatisierung
- individuelle körperliche Verfassung

Höhenkrankheit Nummer eins ist die AMS (Acute Mountain Sickness), die akute Bergkrankheit. Sie beginnt ab 2000 Metern über dem Meer, einer Höhenlinie, die man in den Alpen auf über 60 Pässen mit dem Auto, Motorrad oder Fahrrad überqueren kann. Hält man sich vier bis sechs Stunden lang oberhalb von 2000 bis 2500 Metern auf, können Symptome wie Kopfschmerz, Schwindel, Übelkeit, Appetitlosigkeit oder eben Schlaflosigkeit auftreten. Die Bergkrankheit ist jedoch harmlos, wenn man die Zeichen des Körpers versteht und sich wieder in tiefere Lagen begibt.

Kritischer wird es, wenn man die Zähne zusammenbeißt und weiter nach oben steigt. Ab etwa 3500 Metern über dem Meer wächst bei längerem Aufenthalt das Risiko für Höhenkrankheit

Nummer zwei, HAPE (High Altitude Pulmonary Edema), das Höhenlungenödem. Hauptsymptom ist der rasselnde Atem, den man aus Filmen über Himalajaexpeditionen kennt und der zustande kommt, weil sich Wasser in der Lunge sammelt, Folge einer andauernden Unterversorgung mit Sauerstoff.

Höhenkrankheit Nummer drei, HACE (High Altitude Celebral Edema), das Höhenhirnödem, tritt meistens in Höhen weit jenseits der Viertausenderlinie auf, das sind Bereiche, in denen man sich in den Alpen kaum länger aufhält. HACE befällt in der Regel Anden- oder Himalajakletterer. Die dauernde Sauerstoffunterversorgung beginnt jetzt, das Hirn zu schädigen, die Leitsymptome sind eine zunehmende Unfähigkeit, seine Bewegungen zu koordinieren, dazu kommen möglicherweise Bewusstseinsstörungen, die schnell zum Koma führen können.

Bei allen Höhenkrankheiten gilt als oberstes Behandlungsprinzip: zügig runter in tiefere Lagen, was zugegebenermaßen auf dem Everest schwieriger ist als bei einer Autofahrt über den Grimselpass. Und bei der Vorbeugung gilt die Regel: Je länger die Anpassungsphase an die Höhe dauert, umso besser.

Eroberung und Nutzung der Alpen

Kennen Sie die UHU-Suppe? Klingt ein bisschen nach Loriots Gürteltier-Kaltschale: »Man passiere ein Gürteltier durch ein Sieb ...« Aber keine Sorge: Für eine UHU-Suppe muss man keine dieser streng geschützten Eulen pürieren, die Buchstaben stehen für das schwyzerdütsche »<u>u</u>ms <u>H</u>uus <u>u</u>mme« (um das Haus herum) und bezeichnen ein Paradebeispiel dafür, wie die alpine Küche funktioniert: Man verwandelt das wenige, was die klimatisch raue Bergwelt hergibt, zu fantasievollen Spezialitäten wie Bündner Gerstensuppe, Tiroler Speckknödel, Polenta mit Bergkäse oder Engadiner Maronenauflauf. Im Fall der UHU-Suppe sammelt man die wilden Kräuter, die eben ums Haus herum in den Wiesen, und die widerstandsfähigen Gemüse, die im Garten wachsen.

Die Rezepte der Klassiker alpiner Küche orientieren sich rigoros am kargen Angebot und sind ebenso kreativ wie die Techniken der ersten Siedler, sich die Bergwelt nutzbar zu machen. Stellen Sie sich dazu kurz die Alpen – sagen wir mal in Vorarlberg – in ihrem Urzustand vor: zugewachsene Täler, von Bergbächen durchzogen, die in der Zeit der Schneeschmelze zu reißenden Strömen anwachsen, darüber ein dichter Waldgürtel und ganz oben eine baumfreie Fläche, in der von September bis Juni Schnee liegt – und Ihre Familie kommt jetzt mit Sack und Pack hier an, um sich eine Selbstversorgerexistenz aufzubauen. Wie um alles in der Welt soll das gehen? Wie kann man in so einer chaotischen Landschaft mit einem so chaotischen Klima vernünftig Landwirtschaft betreiben? An den Anbau von Kartoffeln, Getreide, Gemüse, Salat oder Obst ist nicht zu denken – was also werden Sie nun tun?

Vor diesem Hintergrund begreift man die Herausforderungen, vor denen die ersten Siedler standen, und die Genialität und Willenskraft, mit der sie sie bewältigten. Sie erfanden die Zauberformel dafür, wie man hier überlebt: Gras in Fleisch, Milch, Butter und Käse verwandeln! Und sie entwickelten die passende Business-Strategie dazu: die Dreistufenwirtschaft. Basis von allem war die Haltung von Vieh, das – wie es schon seit Jahrhunderten in den Alpen üblich war – dem Futter hinterhergetrieben wurde.

Für den Aufbau einer funktionierenden Dreistufenwirtschaft mussten zunächst einmal die Täler gerodet werden, das Holz wurde zum Bau von Wohnhäusern, Ställen und als Heizmaterial gebraucht. Diese erste Stufe war für Mensch und Tier das Quartier für die Zeit von Herbst bis Frühjahr. Der gebräuchliche Name für Stufe zwei – auf einem Höhenlevel von etwa 1500 Metern gelegen – sagt schon alles über seine jahreszeitliche Nutzung: das »Maiensäß«, der Sitz im Mai, wenn der Schnee so weit abgeschmolzen war, dass das Vieh dort schon weiden konnte. Dort oben standen auch kleinere Hütten und Ställe. Nach drei bis vier Wochen wurde das Vieh dann noch weiter nach oben getrieben.

Stufe drei ist die »Sömmerung« auf der in etwa 2000 Meter Höhe gelegenen »Hochalpe«, wo das Vieh den Sommer über blieb. Dort wurden die Tiere von Hütekindern bewacht und von Sennen und Sennerinnen gemolken – ganz nebenbei wurde dabei der Hartkäse erfunden, die damals einzig bekannte Form, um Milch haltbar zu machen. Währenddessen mähte der Rest der Hofbelegschaft die Wiesen im Tal und am Maiensäß, um Heu für den Winter zu machen. Anfang September wurden die Tiere wieder nach unten getrieben: Erst noch mal satt fressen auf dem Maiensäß, dann zogen die oft liebevoll geschmückten Tiere Mitte Oktober wieder in ihre Ställe unten im Tal ein.

Alle diese gewaltigen Anstrengungen waren von Einzelgängern nicht zu stemmen, Leben und Überleben in den Alpen erforderten Teamwork. So gibt es heute noch ein soziales Konstrukt, von dem viele sagen, dass es überhaupt nicht funktionieren kann, sie sprechen von der »Tragik der Allmende«. Allmende heißt zunächst nichts anderes als »Gemeingut«, also Flächen oder Gebäude, die nicht in Privatbesitz sind. Dazu gehörte zum Beispiel die Hochalpe. Mehrere Bauern aus dem Tal ließen da oben ihre Kühe weiden und bezahlten gemeinsam Senner oder Sennerinnen, die die Käseproduktion managten. Je näher Menschen allerdings an der Politik sind, umso mehr scheinen sie solchen Organisationsformen zu misstrauen. Sie sind der Überzeugung, dass alle Versuche, ein Gemeingut gemeinschaftlich zu bewirtschaften, zum Scheitern verurteilt seien, weil jedes Individuum die Tendenz habe, sich irgendwann benachteiligt zu fühlen, und dann beginne, überzogene Ansprüche zu stellen. Nur: In den Alpen funktioniert das System wie gesagt bis heute.

Allerdings erfordert dieses Konstrukt von allen Beteiligten eine große Selbstdisziplin und ein profundes Wissen darüber, wie viele Kühe eine Sommeralp ökologisch verkraftet. Sind zu wenige auf einer zu großen Fläche, fressen die Tiere nur die wohlschmeckenden Kräuter ab und lassen die bittern stehen, was dazu führt, dass diese die Alm zu überwuchern beginnen. Sind es dagegen zu viele Tiere, wird der Boden so stark zertreten und die Weide so großflächig mit Kuhfladen bedeckt, dass irgendwann kaum mehr Gräser wachsen. So oder so verlieren solche Almen an Wert. Um sie dauerhaft erhalten zu können, braucht es ein fein abgestimmtes Management, das auch nicht ein Tier mehr als einmal errechnet und beschlossen auf der Weide duldet.

Eine weitere Herausforderung für die Allmende-Mitglieder war früher, den auf der Alp gemeinschaftlich produzierten Käse gerecht zu verteilen. In Graubünden zum Beispiel wurden Käselaibe nach einem cleveren Prozedere vergeben: Ein Senn musste vor die Almhütte gehen, drinnen zeigte der Hütebub auf einen Laib und rief: »Wer soll den bekommen?« Wenn der Senn draußen dann »der Beat Derungs!« rief, konnte der sich nicht beschweren, dass ihm mutwillig gerade dieser und nicht ein anderer, vielleicht schönerer Käse zugesprochen wurde.

Solche pragmatischen Regelungen sind typisch für die Alpen, je einfacher und klarer, desto besser. Ein weiteres Beispiel, wie so eine smarte Abmachung aussehen kann, schilderte uns Reinhold Messner. Weil die klimatischen Bedingungen passten, hatte er Yaks aus Tibet nach Südtirol gebracht und suchte jemanden, der sich um die Herde kümmerte. Für die Bewerber war nur eine Lösung interessant, bei der sie Teilhaber wurden – und dementsprechend wurden sich Messner und der Auserwählte dann auch einig. Der Verteilschlüssel war dabei ebenso simpel wie genial: »Alle männlichen Tiere gehören mir, alle weiblichen ihm«, lautete die Formel. Damit war bis in alle Zukunft geregelt, wer der Besitzer auch aller neugeborenen Tiere sein würde – ein Vertrag, der per Handschlag besiegelt wurde, ganz ohne Notare und AGBs.

Dieses Leben mit einer wilden, oft schwer berechenbaren Natur schuf nicht nur ganz eigene Alltagsregeln, sondern auch für

Flachländer exotisch wirkende Bräuche, die sich an den Eckpunkten des Jahreslaufs orientierten. Die meisten spielen sich in den kalten, dunklen und durch Lawinen hochgefährlichen Wintermonaten ab, vor allem da galt es, die bösen Geister zu vertreiben, die für all dies verantwortlich waren. Und gegen mächtige Feinde helfen bekanntlich nur drastische Mittel: ohrenbetäubender Lärm durch Kuhglocken und Trommeln, begleitet von schrillen Pfeifen und Klarinetten, furchterregenden Masken und Kostümen, und das alles garniert mit einer starken Prise Grobheit. Wer zum Beispiel den verwegenen Gestalten der »Wilden Jagd vom Untersberg« bei Salzburg begegnet, muss mit Rutenhieben rechnen. Es sollen auch nicht wenige am nächsten Tag bei ihren HNO-Ärzten vorgesprochen haben, weil sie den Lärmpegel unterschätzt hatten: Bei diesen rauen Bräuchen sind Dezibelstärken wie bei einem Heavy-Metal-Konzert angesagt.

Aber da gibt es auch noch die besinnliche Seite, wie die »Johannifeuer«, mittlerweile ein Event, das die Touristen in Massen anzieht. Ursprünglich zu Ehren von Johannes dem Täufer gefeiert, der – woher man das auch immer zu wissen glaubte – an einem 24. Juni geboren worden sein soll, ist es heute ein Mittsommer-Spektakel. Nach wie vor schleppen Burschen riesige Reisigbündel auf die Berge und entzünden sie nach Einbruch der Dunkelheit. Wer einen Platz mit einem Rundumpanorama ergattert hat, sieht ein atemberaubendes Bild: Bis zum Horizont flammt rundum ein Feuer nach dem anderen auf – eine archaische Szenerie, die man nicht wieder vergisst.

Auf diese Weise hat das Leben in den Alpen eine ganz eigene Kultur hervorgebracht. So mühsam die Plackerei für Männer, Frauen und Kinder noch bis in die 1970er-Jahre auch war: Die Dreistufenwirtschaft war der Schlüssel zu dieser Entwicklung, ein hochkreatives Konzept, um in dieser schwierigen Landschaft und gegen die Herausforderungen des rauen Klimas bestehen zu können. Aber es gibt in den Alpen auch Gegenden, in denen es nicht so gut klappte. Zu Beginn vielleicht schon, aber dann ...

Warum Narbona im Piemont verlassen wurde, Taxenbach bei Salzburg aber heute noch blüht

November 1960, Narbona, ein kleines Bergdorf im italienischen Piemont, 80 Kilometer Luftlinie nördlich von Nizza: Toni d'Fantera wirft einen letzten Blick auf das kleine Steinhaus, in dem schon seine Vorfahren zur Welt kamen. Lange hat er diesen Augenblick hinausgezögert, jetzt gibt auch er auf, als letzter von ehemals 150 Einwohnern. Es hat einfach keinen Wert mehr, hier auszuharren. Man könnte sagen: Toni ist ein Klimaflüchtling, indirekt zwar, aber die Generationen vor ihm hatten auf das falsche Pferd gesetzt. Lange war es gut gegangen – bis jetzt.

330 Jahre früher. Wahrscheinlich sind es Menschen, die um 1630 vor der Pest in die Berge fliehen. Unter einer Felsnase, auf 1500 Meter Höhe gelegen, bauen sie einfache Hütten, irgendwann beschließen sie zu bleiben. Denn das hügelige Gelände eignet sich gut, um bis unter die Berggipfel Terrassenfelder anzulegen. Die Sommer im Piemont sind mild und trocken genug, um Kartoffeln, Getreide und Gemüse anzubauen, später werden noch Kühe, Schafe, Ziegen, Hühner und Kaninchen gekauft. Und die Menschen bauen Häuser, eine Kirche – das Dorf Narbona di Castelmagno entsteht. Dass der Flecken nur über einen steilen, schmalen Saumpfad zu erreichen ist, der im Winter immer wieder von Lawinen verschüttet wird, ist in Seuchenzeiten zunächst von Vorteil: Fremde verirren sich nicht nach hier oben, der Pesterreger bleibt im Tal.

»In Narbona war man zu 100 Prozent Selbstversorger«, erläutert der Lokalhistoriker Renato Lombardo, »alles wurde hier vor Ort produziert, selbst Kleider oder Schuhe.« Und ab und zu wanderte man hinunter ins Tal nach Castelmagno, um auf dem Markt Feldfrüchte zum Beispiel gegen Salz zu tauschen. Auch wenn man in den Wintern völlig von der Zivilisation abgeschnitten war: Die Sommer in den Südwestalpen lieferten genug, um zu überleben.

Von solchen klimatischen Bedingungen konnten die Einwohner von Taxenbach im Salzburger Land nur träumen. Hier war es für Ackerbau schon immer zu feucht und kühl gewesen, gerade in den Erntemonaten Juli und August waren die Niederschlagsmengen am höchsten. Während in den Südwestalpen die warme Sommersonne das Getreide reifen ließ, verfaulte es hier in den Nordalpen oft an den Halmen – wie gesagt: Klima ist nicht fair. Aber die Taxenbacher hatten sich eben auf die Milchwirtschaft konzentriert und machten so aus dem vermeintlichen klimatischen Nachteil nicht nur langfristig einen ökonomischen Vorteil. Taxenbach überlebte auch die Dynamik der Revolutionierung der Landwirtschaft.

Zurück nach Italien: Wie in ganz Europa waren auch in der Po-Ebene nach dem Zweiten Weltkrieg Hunderte riesige Agrarfabriken entstanden, die gewaltige Mengen Getreide, Gemüse oder Fleisch auf den Markt warfen, zu einem Preis, mit dem die Bauern in den Alpen nicht mehr konkurrieren konnten. Das wenige, das sie mühevoll den Bergen abrangen, mussten sie so billig verkaufen, dass es sich einfach nicht mehr lohnte. Je entlegener ein Bergdorf lag, umso eher wurde es aufgegeben – im November 1960 war Narbona an der Reihe.

Auch die Milchwirtschaft im Norden war auf diese Weise revolutioniert worden. In den Riesenställen im Flachland wurde tonnenweise Silage verfüttert, eine Praxis, die man in Milch, Butter und Käse deutlich herausschmeckte – nicht zu deren Vorteil. Das war die große Chance für die Bergmilch, zum Beispiel aus Taxenbach. Denn die schmeckte um Klassen besser. Der Vorteil der Bergbauern: Je höher ihre Weide lag, umso gehaltvoller war die Milch. Die Sonneneinstrahlung ist auf den Hochalmen intensiver, das Weidegras reicher an Vitaminen und Proteinen, die Milch besitzt damit einen besonders hohen Gehalt an Omega-3-Fettsäuren. Die Milchwirtschaft in den Nordalpen florierte noch lange, als in den Südwestalpen der Ackerbau bereits zugrunde gegangen war. Mittlerweile ist das Bauernsterben aber leider auch ein großes Problem der Nordalpen geworden.

Wer es genauer wissen will

Bauernregeln:
»Wenn der Hahn kräht auf dem Mist ...«

Die »Muotathaler Wetterschmöcker«, von denen Sie bereits im Kapitel »Das Wetter« auf den Seiten 38 f. gelesen haben, sind zweifellos ein gesellschaftliches Highlight in der Innerschweiz und weit darüber hinaus, aber die Überprüfung ihrer oft für den gleichen Zeitraum sehr unterschiedlichen Vorhersagen lässt schnell erkennen: Eine verlässliche Prognose sieht anders aus. Auch ich werde in fast jedem Zeitungs- oder Radiointerview an irgendeiner Stelle zu den Bauernregeln befragt und muss dann immer wieder staunen, wie sehr sie uns offensichtlich alle in ihren Bann ziehen. In meinem Prognosealltag spielen sie eigentlich keine Rolle, aber die Frage bleibt natürlich, ob sie bei der täglichen Wettervorhersage vielleicht doch einen Nutzen bringen könnten.

Gerade in der Zeit, als meine Kollegen und ich aus der Schweiz heraus »wetterten«, gab es einen wirklich engen Kontakt mit den Appenzeller Landwirten, denn sie haben extrem viel Erfahrung mit der lokalen Wetterentwicklung an ihrem jeweiligen Wohnort. Klar, sie sind ja auch ständig draußen unterwegs und hängen mehr als jeder andere Berufszweig vom Wettergeschehen ab. Der gewählte Zeitpunkt zu heuen kann über Erfolg oder Misserfolg eines ganzen Jahres entscheiden. Wir hatten damals ein Wetterberatungstelefon, und wenn die Zeit des Mähens nahte, klingelte es permanent. Die Bauern wollten wissen, wann sie loslegen sollten, verrieten aber auch allzu gern ihre eigene Einschätzung der Lage. Da entstanden durchaus Fachgespräche und schon mal die eine oder andere Wette, Ausgang unsicher. Für mich waren immer zwei Dinge klar: Hör den Burschen zu, von denen kannst du viel über Regionalwetter lernen! Aber auch: Wenn man den Landwirt in ein anderes Tal setzt, ist er zumeist vollkommen hilflos bei der Einschätzung der Lage. Sprich, das eine kann das andere ergänzen, aber keinesfalls ersetzen. Modernes Equipment, um die großräumige Wetterlage einzuschätzen und eine gute Übersicht zu haben, sowie das theoretische Verständnis für die physikalischen Vorgänge in der Atmosphäre sind das A und O für eine gute Vorhersage. Diese dann aber mit Lokalkenntnissen zu garnieren ist das i-Tüpfelchen!

Um die Bedeutung von Bauernregeln zu verstehen, muss man weit in die Vergangenheit schauen. In eine Zeit, als Wetter vor allem qualitativ beobachtet wurde. Es waren noch keine Messgeräte erfunden, und man wusste noch nichts über den Luftdruck und somit auch nichts über den Grund, weshalb sich Luft überhaupt von A nach B bewegt. Erklärungen von Wetterabläufen ergaben sich aus der Beobachtung, Regeln wurden empirisch gefunden und Unwetter fast immer religiös gedeutet.

Das zentrale Ziel war stets, die Wetterbeobachtung zu nutzen, um der Atmosphäre Infos über die weitere Wetterentwicklung abzutrotzen, sprich in die Zukunft zu schauen und somit eine »Wettervorhersage« zu machen. Es gab ja auch kaum eine wichtigere Frage, die die Menschen umtrieb, denn damals waren oft ganze Regionen von der »glücklichen Hand« des Bauern und seinem Wetterwissen abhängig. Fehlentscheidungen oder einfach nur Pech konnten Hunger und im Zweifel den Tod bedeuten, anders als heute, wo durch den (Welt-)Handel Mängel vor Ort – zumindest in den Industrieländern – fast mühelos ausgeglichen werden können.

Weil sich bestimmte Wetterabläufe über das Jahr zu bestimmten Zeitpunkten häufig wiederholen – man nennt sie Singularitäten, wie etwa die Eisheiligen, die Schafskälte, die Hundstage oder das Weihnachtstauwetter –, drehen sich die Bauernregeln sehr häufig um bestimmte Lostage wie den Siebenschläfer, die eine Aussage über die mittelfristige Zukunft ermöglichen sollen. Die Suche nach solchen Regelmäßigkeiten ist vernünftig, denn die Sonnenenergie wird im Zyklus der Jahreszeiten wiederkehrend gleich verteilt. Diese Abläufe werden zwar von lokalen Luftströmungen überlagert, die im einen Jahr mal warme, im anderen aber vielleicht kalte Luft heranführen, doch das Grundprinzip eines Jahresablaufs bleibt natürlich bestehen.

Neben der Betrachtung der Lostage gibt es außerdem noch Wetterregeln, durch die relativ kurzfristig im Bereich von Stunden und Tagen versucht wird, aus Himmelserscheinungen auf den weiteren Wetterverlauf zu schließen. Oder Tier- und Pflanzenregeln – wie bei den »Muotathaler Wetterschmöckern« – sowie Ernteregeln, mit denen aus dem Witterungsablauf Folgerungen für den bevorstehenden Ernteertrag gezogen werden. Dieses Wissen und dazu eine sehr genaue Natur- und Wolkenbeobachtung, gepaart mit sehr viel Erfahrung, hat durchaus etwas zu bieten. Wenn man so will, wurde schon im Mittelalter ein gewisser Grundstein für die spätere Wissenschaft der Meteorologie gelegt.

Die Vorgänge in der Atmosphäre dann aber quantitativ zu durchdringen gelang eigentlich erst ab dem 17. Jahrhundert. So konnte Evangelista Torricelli im Jahr 1643 erstmals den Luftdruck messen und stellte verblüfft fest, dass dieser von Tag zu Tag schwankte – der Grund, warum Luft strömt, also Wind weht und sich das Wetter ständig ändert. Eigentlich wollte der italienische Mathematiker und Physiker Untersuchungen zum Vakuum durchführen, da man schon seit der Antike nicht daran glaubte, dass es irgendwo einen luftleeren Raum gebe. Doch mit seinem dafür entwickelten Versuchsaufbau erfand er quasi »versehentlich« das Barometer. Deswegen nutzte man früher auch die Einheit Torr (von Torricelli) für den Luftdruck, einige von Ihnen werden das von den damaligen Wohnzimmerbarometern her noch kennen. Der mittlere Luftdruck von 1013,25 Hektopascal entspricht übrigens 760 Torr – umrechnen kann man es also mit dem Faktor 3/4 oder 4/3, je nachdem, von wo nach wo man rechnen möchte.

Im Jahr 1654 ließ dann der toskanische Großherzog Ferdinando II. de' Medici das erste Thermometer herstellen, das die Ausdehnung einer Flüssigkeit in einem geschlossenen Glasrohr nutzte; der deutsche Physiker Daniel Gabriel Fahrenheit verwendete dafür im 18. Jahrhundert erstmals Quecksilber. Uns allen geläufig ist zweifellos Anders Celsius, der schwedische Namensgeber der bei uns vornehmlich genutzten Temperatureinheit. Übrigens setzte er zunächst den Siedepunkt bei null Grad und den Gefrierpunkt bei 100 Grad fest, sein Freund Carl von Linné drehte diese Skala jedoch um, und so wird sie heute ausschließlich verwendet.

Kehren wir aber zurück zu unseren Bauernregeln. Will man sie auf ihre Qualität hin prüfen und die Trefferwahrscheinlichkeit ermitteln, so ist das nicht ganz leicht. Oft gibt es nur allgemeine Aussagen, wie etwa für den 17. März: »Sieht Sankt Gertraud Eis, wird's das ganze Jahr nicht heiß.« Damit ist kein konkreter Wetterverlauf ausgedrückt, und so ist nun schwer zu überprüfen, ob das stimmt oder nicht. Dafür müsste man ja klären, wie viele heiße Tage in welchem Zeitraum zusammenhängend oder auseinanderliegend stattfinden dürfen und wie viel Grad mit »heiß« gemeint ist. Erst mit so einem Schema könnte man Jahr für Jahr durchgehen und dann eine Wahrscheinlichkeit ermitteln.

Für einige Regeln wurden solche Überprüfungen vorgenommen, und die meisten Regeln treffen mit einer Wahrscheinlichkeit von 60 bis 70 Prozent zu. Ein ziemlich ernüchterndes Ergebnis. Stellen Sie sich vor, Sie wollen eine Flugreise antreten, und man teilt Ihnen mit, dass Sie mit einer Wahrscheinlichkeit von 60 bis 70 Prozent heil ankommen, im anderen Fall aber abstürzen werden. Genau niemand würde ein Ticket buchen. Wenn man übrigens immer nur behauptet, das Wetter werde morgen so sein wie heute, dann erreicht man bereits 60 Prozent Wahrscheinlichkeit, denn es besitzt eine gewisse Erhaltungsneigung, weil die Drucksysteme wandern und nicht wild hin und her springen. Wäre das der Fall, wären Vorhersagen ohne Kenntnis von irgendetwas zu 50 Prozent richtig – sprich, man hätte eben recht oder nicht.

Nach dieser Analyse wird klar, dass Bauernregeln geschichtlich hochinteressant sind, aber zur Wettervorhersage nahezu nichts beitragen können. Ganz abgesehen davon sind viele Lostage verschoben. Das gilt für alle Bauernregeln, die aus der Zeit vor 1582 stammen. Denn in diesem Jahr führte Papst Gregor XIII. mit der Bulle »Inter gravissimas« (sinngemäß »Zu den wichtigsten Aufgaben«) den Gregorianischen Kalender ein, der heute auf der ganzen Welt überwiegend genutzt wird. Beim Wechsel weg vom Julianischen Kalender, der über die Jahrhunderte ein bisschen »aus dem Ruder gelaufen« war, wurden die Tage vom 4. bis 14. Oktober 1582 einfach gestrichen. Das führte zum Beispiel dazu, dass der Siebenschläfertag eigentlich gar nicht der 27. Juni, sondern der 7. Juli ist.

Ein weiterer Grund für die mangelhafte Trefferquote der Bauernregeln ist zudem der Klimawandel, der viele der früher »üblichen« Abläufe verändert, was die Qualität der Regeln weiter reduziert.

Zum Schluss noch ein Wort zum »Hundertjährigen Kalender«, der auf der Wetterbeobachtung des Abtes Mauritius Knauer zwischen 1652 und 1658 in Langheim in Oberfranken basiert. Alle sieben Jahre wiederhole sich das Wetter, so die damalige Meinung. Denn man kannte neben der Sonne und dem Mond noch weitere fünf Planeten. In Summe ergibt das sieben! Keine sonderlich physikalische Argumentation und bekanntermaßen auch völliger Unsinn. Ein findiger Arzt machte daraus den »Hundertjährigen Kalender«, der nun schon seit über 300 Jahren erfolgreich verkauft wird, obwohl man darin eigentlich immer nur wiederkehrend das Wetter in Langheim von 1652 bis 1658 findet. Das nenne ich mal echte Geschäftstüchtigkeit ...

Die Strahlkraft der Milchwirtschaft ist allerdings noch immer ungebrochen. Vor allem die hoch gelegenen Almen sind für viele stressgeplagte oder sinnsuchende Städter zu einem neuen Traumziel geworden. Auf der Litzlhofalm, einer herrlich gelegenen Hütte im wunderschönen Seidlwinkeltal bei Taxenbach, arbeiten Sommer für Sommer zwei Sennerinnen. Als wir 2019 dort oben drehten, waren es zwei Abiturientinnen, die vor Beginn des Studiums etwas anderes machen wollten als Work & Travel in Australien und sich für die Kärrnerarbeit auf der Alm entschieden hatten. Und das bedeutete: fünf Uhr aufstehen und melken, dann Käse machen, irgendwann die ersten Wanderer bewirten, dann die nächsten, abends noch mal melken, Käse pflegen, früh ins Bett.

Vier Monate lang wird auf einer Alm durchgearbeitet, freie Tage sind kein Thema, schließlich geben Kühe auch sonntags Milch. Und reich wird man auch nicht dabei. Dennoch gibt es viele Menschen wie Martina Fischer, eine verheiratete Krankenschwester, die seit 2011 jedes Jahr eine Auszeit nimmt und auf eine bayerische Alm geht: »Dieses In-Sich-Ruhen, diese Zufriedenheit, die Einfachheit [des] Lebens, dieses ›Einfach-Sein‹, fesselte und begeisterte mich«, schreibt sie auf ihrer Webseite, auf der sie auch Tipps gibt, wie man am besten an einen solchen Job kommt (https://www.martina-fischer-alm.de).

Wenn man die Regionen der nördlichen mit denen der südwestlichen Alpen vergleicht, stellt man als Erstes fest: Die Dörfer sehen anders aus – nicht allein von der Architektur her. Während in den Südwestalpen zahlreiche Dörfer verlassen wurden und verfallen, findet man im Norden dieses Phänomen kaum. Viele leer stehende Häuser wurden von wohlhabenden Städtern gekauft und werden als Feriendomizile genutzt. Im Südwesten funktionierte dieses Recycling leider kaum, Grund war das Erbrecht.

In den Nordalpen ist das »Anerbenrecht« weitverbreitet, das heißt: Der älteste Sohn kriegt den Hof, er muss die Geschwister zwar auszahlen, aber der Grundbesitz wird so von Generation zu Generation weitergegeben und bleibt als Ganzes erhalten. Und das wiederum bedeutet: Das Grundstück oder Haus ist ziemlich einfach zu verkaufen, wenn ein Bauer aufgeben sollte. Im Südwesten sieht das meist anders aus, hier herrscht die »Realteilung« vor. Danach wird ein Haus oder Grundstück zu gleichen Teilen unter den Erbberechtigten aufgeteilt. Das klingt zunächst einmal fair, bedeutet aber, dass selbst der größte Grundbesitz von Generation zu Generation immer weiter zerstückelt wird. Wer also in einem piemontesischen Bergdorf ein Haus kaufen möchte, hat es – selbst wenn es noch so klein sein sollte – meist mit einer Vielzahl von Besitzern zu tun, die im besten Fall im Tal leben oder im schlechtesten Fall nach Amerika ausgewandert sind. Die alle an einen Tisch zu bekommen artet fast immer in eine Sisyphusarbeit aus. Die Folge: Ein verlassenes Haus bleibt oft unverkauft und rottet vor sich hin.

So waren es in der Vergangenheit also vor allem zwei Entscheidungen, die Jahrhunderte später zum Zerfall führten: zum einen der Entschluss, unter diesen schwierigen landschaftlichen Bedingungen, die allein durch ein mildes Klima begünstigt waren, auf Ackerbau zu setzen, zum anderen der Entschluss, das Erbe gerecht unter den Kindern aufzuteilen.

Als die Bewohner Narbona aufgaben, ließen sie das meiste zurück, weil sie den sperrigen Hausrat einfach nicht über den schmalen Zubringerpfad transportieren konnten. Es ist sehr anrührend, wenn man durch dieses verfallende Dorf streift und in die Häuser blickt: Dort stehen heute noch die Betten, Tische und Stühle, in einem mit Zeitungen aus den späten 1950er-Jahren ausgeschlagenen Schrank finden sich noch Gläser und leere Weinfla-

Alpenwetter

Blizzard in New York: Der Stadt am Hudson fehlt ein Sperrriegel wie die Alpen, um kalte Strömungen aus dem Norden abzuhalten.

Saharastaubhimmel über den Alpen: Südlagen transportieren die braungelbe Last aus den Wüsten Nordafrikas über Tausende Kilometer nordwärts.

Dreharbeiten (1): mitten in der berüchtigten Eiger-Nordwand

Dreharbeiten (2): in der »Schneekatastrophe«, Januar 2019

Das Foto zeigt die zerstörerische Wucht der Schneemassen der Lawinenkatastrophe vom 23. Februar 1999 in Galtür, bei der 31 Menschen starben.

...elga Nesensohn-Vallaster überlebte als ...infjährige eine Lawine.

Helga mit ihrer großen Schwester vor dem Elternhaus in Schruns

...hutzzäune über dem Graubündner Dorf Vals: Im Januar 1951 waren hier 18 Menschen durch eine ...wine ums Leben gekommen.

Der Flimser Bergsturz vor rund 9500 Jahren gilt als der größte im Alpenraum. Die Grafik verdeutlicht die ungeheuren Steinmengen, die damals ein ganzes Tal verschütteten.

Grausige Fundstücke aus dem Gletscher: ein Pilotenärmel und ein First-Class-Besteck, die von zwei Flugzeugabstürzen am Mont Blanc stammen

Bergführerlegende Christian Mollier (rechts) in Chamonix sammelt seit Jahren die Dinge, die der Bossons-Gletscher vom Mont-Blanc-Gipfel ins Tal transportiert.

Alpenklima

Der Basler Botaniker Christian Körner in seinem Element: Biologiestudenten aus der ganzen Welt besuchen seine Exkursionen über die Alpenflora.

Körner gilt als einer der renommiertesten Alpenbotaniker.

Sieht zart aus, steckt aber selbst härteste Temperaturen weg: das Alpenglöckchen.

Wo bleibt der Schnee noch liegen? Jeder Berg hat sein ureigenes »Ausaperungsmuster«, für Einheimische ein Erkennungsmerkmal wie die Flecken einer Kuh.

Terrassenfelder im milden Hinterland des Mittelmeers. Früher erntete man hier Getreide oder Kartoffeln.

In den Nordalpen floriert immer noch die Milchwirtschaft.

Das Dorf Valliera wurde wieder zum Leben erweckt.

Trümmerlandschaft durch Entsiedelung: Wie Narbona sehen viele Dörfer im Piemont aus.

Die Ortschaft Narbona wurde 1960 aufgegeben.

Geröllwüste in Gipfellage: Wenn immer weniger Schnee fällt, werden immer mehr Skipisten einen solchen Anblick bieten.

Im Mai sind das Kamerateam und der Fotograf die einzigen Menschen in Hochgurgl. Der Skiort ist nur zur Saison bewohnt.

Die Panzerglasscheibe ist mittlerweile die größte Bedrohung für Ötzi: Der Atem der Museumsbesucher heizt das Glas auf und sorgt in der Kühlkammer für trockenen Wind.

Alpenklimawandel

Jahr für Jahr derselbe Horror für Autourlauber, Berufsfahrer und Einheimische: Megastaus in den Nadelöhren der Transitautobahnen

Biologen der Uni Innsbruck beim Zählen von Pflanzenarten in der Sellagruppe

Solche Messrahmen werden in regelmäßigen Abständen ausgelegt.

Der Bodenkundler Jörg Prietzel erforscht seit Jahren den dramatischen Humusverlust in den Böden der alpinen Wälder.

Unser Kamerateam auf dem beschwerlichen Weg zum Drehort. Die Innsbrucker Biologen arbeiten vorwiegend an Stellen weitab der Wanderwege.

Sven am Mer de Glace bei Chamonix. Wie hoch der Gletscherstrom früher einmal war, sieht man an den blank gescheuerten Felswänden im Hintergrund.

Rolf vor einer »Eis-Stupa« des Engadiner Gletscherforschers Felix Keller. Mit einer ausgeklügelten Beschneiungsstrategie will Keller den Morteratschgletscher retten.

Trostlose Landschaft über Grindelwald: Wo ehemals ein Gletscher war, sind heute Schutthalden. Das Schmelzwasser hat einen neuen See entstehen lassen.

Dreharbeiten auf dem Tête-Rousse-Gletscher. Hier explodierte 1892 eine »Wassertasche«, die zur »Katastrophe von Saint-Gervais« mit rund 200 Toten führte.

Im Januar 2019 fiel zwar tagelang Schnee (wie hier in München), doch insgesamt war der Winter um 1,5 Grad zu warm.

Rekordverdächtige 1,5 Meter Schneehöhe vor und auf einer Telefonzelle

»Winterwahnsinn« oder »Schneekatastrophe«: Viel Schnee ist mittlerweile Ausnahmezustand

eim »Snowfarming« in Sölden wird am Saisonende der »Schnee von gestern« zusammengeschoben und mit einer Plane für das nächste Jahr konserviert.

e Stieregghütte hoch über Grindelwald, kurz vor ihrem Abriss: In nur 18 Monaten machte der imawandel aus einer großen Alm eine Geröllhalde.

Sven mit Michael Krautblatter (links), der in der Forschungsstation Schneefernerhaus auf der Zugspitze Naturgefahren, Hangbewegungen und Permafrostsysteme erforscht

Ein Felsbrocken am Eibsee – bis vor fast 3800 Jahren Teil des Zugspitzmassivs

Dieser haushohe Brocken liegt neben dem Grainauer Rathaus.

Im Permafrost-Forschungsstollen auf der Zugspitze wird gemessen, wie weit von der Bergaußenwand entfernt die Temperatur über den Gefrierpunkt steigt.

Grönland (1): Die katastrophale Seite des Klimawandels: Gletscher wie dieser verlieren Jahr für Jahr enorme Mengen an Eismasse.

Grönland (2): Für die Grönländer bringt der Klimawandel zumindest einen Vorteil: Hier wachsen jetzt Salat und Erdbeeren im Freien, bis vor wenigen Jahrzehnten noch undenkbar.

Klimawandel Marokko (1): Wo wir beide stehen, floss früher der Draa.

Marokko (2): Der Hohe Atlas im Mai, vor 20 Jahren lag auf den Bergen noch Schnee.

Auf knapp 5000 Höhenmetern zwischen Mittelmeer und Mont Blanc liegen fünf Klimazonen, die sich im Flachland über 5000 Kilometer hinziehen.

Berge als Regenfänger: Egal, aus welcher Himmelsrichtung sie heranziehen, wenn Wolken über die Alpen wollen, müssen sie erst einmal abregnen.

Tückisches Augustwetter auf der Marmolata: Wanderer, die auf einer Mehrtagestour vom Schnee überrascht werden, finden oft keinen Weg mehr.

schen. Und über allem liegt der Schutt einer heruntergebrochenen Decke – ein trostloses Bild.

Narbona ist nur einer von vielen Orten in den vier piemontesischen Tälern Grana, Maira, Stura di Demonte und Varaita, die zu den Hauptentsiedelungsgebieten der Alpen gehören. Doch auch in den anderen Bergregionen ist dieser Braindrain, der dramatische Verlust an menschlicher Arbeitskraft und menschlichem Talent, deutlich: »In der Zeit zwischen 1871 und 2011 geht die Einwohnerzahl von knapp 2200 Alpengemeinden – das sind 41 % aller Alpengemeinden – zurück, und mehr als 1000 Gemeinden verlieren sogar mehr als die Hälfte ihrer Bewohner«, schreibt Alpenforscher Werner Bätzing. (Quelle: Werner Bätzing, »Die Alpen. Geschichte und Kultur einer europäischen Kulturlandschaft«, München 2015)

Aber es gibt auch Mut machende Beispiele – eines davon nur ein paar Kilometer von Narbona entfernt. Als 2007 eine Gruppe von zehn jungen Leuten auf einer Wanderung durch das halb verfallene Valliera kam, waren alle sofort von dem Ort, der Umgebung und der atemberaubenden Aussicht begeistert. Und sie fällten einen heroischen Entschluss: Sie wollten zusammen das Dorf wieder zum Leben erwecken.

Man braucht nicht viel Fantasie, um sich vorzustellen, wie alle Älteren im Umfeld der zehn die Hände über dem Kopf zusammenschlugen ob so viel jugendlichem Idealismus. Aber die Youngsters legten los. Und ließen sich vom Umstand, dass die Besitzer von einigen Häusern auf der ganzen Welt verstreut lebten, nicht abschrecken.

Sie schafften es zusammen mit den Eigentümern, Förderanträge bei der EU zu stellen, und bekamen Zusagen und Geld, weil sie ein cleveres Konzept vorlegten: Sie gründeten den »Agriturismo Des Martin«; Valliera wurde ein Mix aus Häusern für feste

Bewohner, Ferienhäusern, Ferienappartements, einem Restaurant und einer Berghütte für Wanderer. Das Herz des Dorfes schlägt aber in einer Käserei, die das begehrte Label des Castelmagno-Käses bekam und die zentrale Einnahmequelle des restaurierten Dorfes wurde.

Unser Dorf –
die Story der Alpen im Kleinen
Rolf Schlenker

Vor über 20 Jahren hat sich meine Familie in ein Tal verliebt, das Val Lumnezia in der Surselva, einer Region im schweizerischen Graubünden. Unten, tief in Respekt einflößende Felswände eingeschnitten, verläuft der Glenner, der nach einigen Kilometern in den Vorderrhein mündet. Etwa 300 Höhenmeter weiter oben haben sich in grauer Vorzeit Terrassen gebildet, breite Wiesenstreifen, auf denen kleine, sehr ursprüngliche Dörfer entstanden, die durch ihre offene Lage viel Sonne abbekommen – daher der Name Val Lumnezia, »Tal des Lichts«.

Dazu kommt noch ein mildes Klima: Die mächtigen Gebirgsketten des Gotthardmassivs und der Bündner und Glarner Alpen halten die feuchten West- und Nordwestwinde weitgehend zurück, in der Surselva regnet es deshalb weniger, die Sonne scheint öfter als an den Rändern.

Auf das Val Lumnezia waren wir gekommen, weil wir damals nach einer preisgünstigen Alternative für einen Skiurlaub suchten. Obersaxen Mundaun, das Skigebiet dieses Tals, erschien in keinem der gängigen Skiatlanten – das machte es für uns schon mal interessant. Und als wir ankamen, überwältigten uns die hübschen Dörfer mit ihrer archaischen Bündner Bauernhausarchitektur. Es gab kaum Neubauten, ein Dorf war attraktiver als das andere, und jedes hatte – sei es auch noch so klein – eine wunderschöne Kirche oder eine mit kunstvollen Fresken ausgemalte Kapelle, Relikte aus einer Zeit, in der die katholische Kirche viel Geld in die Gotteshäuser investierte, um die Einwohner vom Übertritt zum Protestantismus abzuhalten.

Und all dieser bauliche Zauber ist auch noch eingebettet in eine faszinierende Bergwelt.

Über mehrere Jahre wohnten wir in den Skiferien in unserem Lieblingsdorf in kleinen, einfachen Häusern, die zu Ferienwohnungen umgebaut worden waren. Doch irgendwann kauften wir uns die Hälfte eines alten Bauernhauses, das – wie in Graubünden üblich – der Länge nach geteilt ist und von zwei Parteien bewohnt wird.

Wir begannen, uns mit der Geschichte unseres Dorfes zu beschäftigen, und stellten schnell fest: Sie steht exemplarisch für die unzähliger Gemeinden im gesamten Alpenraum. 1717, so sagen die Kirchenbücher, gab es in unserem Dorf 116 Einwohner, 1835 waren es 118, 1950 117. Das heißt, über Jahrhunderte hinweg blieb die Einwohnerzahl so gut wie konstant. Doch dann begann der schleichende Exodus: 1963 lebten immerhin noch 98 Menschen im Dorf, es gab 26 Bauernhöfe, die meisten kleine Betriebe mit sechs bis acht Stück Vieh – in einer Fernsehdokumentation aus den 1970ern wurde das Dorf noch als eines der ärmsten der Schweiz bezeichnet.

Heute jedoch ist die Einwohnerzahl bei 30 angekommen, die Jüngeren sind schon vor Jahren dahin gezogen, wo sie Arbeit fanden, und bauten sich dort ihre Existenzen und Familien auf. Auch von den einst über zwei Dutzend Höfen hat nur einer überlebt: Der Besitzer benötigt die Flächen der anderen, die aufgegeben haben, dringend, weil in der Schweiz Bauern vom Staat auf Grundlage der

Fläche, die sie bewirtschaften, eine Art Grundeinkommen erhalten. Als kleinen Nebenverdienst verkauft er an die Nachbarn Butter und Bergkäse.

Bei unserem ersten Besuch hatten wir noch in einem winzigen Ferienhaus gewohnt, in dessen Erdgeschoss bis in die 1960er der kleine Dorfladen gewesen war: ein Raum, der gerade Platz genug bot, um die wichtigsten Dinge des täglichen Bedarfs zu lagern und über den Verkaufstresen zu schieben. Zweimal in der Woche kam der Händler mit seinem Jeep ins Dorf und machte den Laden auf, die einzige Chance für die Menschen ohne Auto, an Seife, Nähgarn oder Streichhölzer zu gelangen. Doch dann hatte irgendwann jeder im Dorf ein Fahrzeug, immer weniger kauften im Dorfladen ein, weil die Supermärkte im nahen Illanz unten im Rheintal billiger und besser sortiert waren – der kleine Laden musste schließen.

Ähnlich erging es der Poststation, der eine Wirtschaft angeschlossen war. Angesichts der rapide sinkenden Einwohnerzahl, des rapide sinkenden Postaufkommens und der rapide sinkenden Zahl von Wirtshausgästen lohnte sich das Geschäft sehr schnell nicht mehr, Post und »Beizli« machten zu – leider.

Am Ende des Dorfes steht ein schönes Holzgebäude, die ehemalige Schule. Ein Klassenfoto aus den frühen 60ern zeigt den Lehrer mit einem Dutzend Kinder – alle wurden zusammen in einem Klassenzimmer unterrichtet. Übrigens ein didaktisches Erfolgskonzept: Die 1000 Meter hoch gelegene Stohrenschule im Südschwarzwald ist bis heute überaus erfolgreich mit einer solchen Ein-Klassen-Strategie in der Grundschule, die Kleinen lernen von den Größeren, und die Größeren vertiefen den Lernstoff, wenn sie den Kleinen helfen. Doch als in unserem Dorf – wie in der gesamten Gegend – die immer weniger werdenden Einwohner immer weniger Kinder zur Welt brachten, wurden viele Dorfschulen zu einem Schulzentrum im Tal zusammengelegt. Seitdem holt und bringt ein Schulbus die Kinder.

Schule, Wirtshaus, Dorfladen, Postamt: alle in den 60ern und 70ern geschlossen. Auch das Pfarramt neben der Schule wurde aufgelöst, ein Pfarrer im Tal hat jetzt mehrere Dörfer zu betreuen. Nur noch ab und zu findet in der Dorfkirche ein Gottesdienst statt, alle paar Jahre ist das Dorf mit der Christmesse an Heiligabend an der Reihe.

Und trotz all dieser Wandlungen und Schließungen ist unser Dorf nicht etwa tot oder im Absterben begriffen – im Gegenteil: Die Armut hat einem unprätentiösen Wohlstand Platz gemacht. Es gibt kein einziges Haus, das ungenutzt ist oder gar verfällt. Fast jedes Gebäude wurde in den vergangenen Jahren umgebaut, zwar meist zu einem Ferienhaus, aber nahezu alle Besitzer haben einen persönlichen Bezug zu dem Anwesen, oft ist es das elterliche oder großelterliche Haus, das weiterhin von der Familie genutzt, aber zwischendurch auch mal an Fremde vermietet wird. Im Nachbarweiler gab es vor einigen Jahren sogar wirtschaftlichen Zuwachs: Ein Schreiner siedelte sich an, der von den Umbauten im Dorf und in der näheren Umgebung lebt.

Heute hat das Dorf einen anderen Rhythmus als früher, es leert und füllt sich mit den Feiertagen und Ferienzeiten. An Ostern oder Weihnachten ist fast jedes Haus belegt, man trifft sich auf einen »Apéro« am Dorfbrunnen, plaudert mit diesem und jenem, lädt sich gegenseitig mal ein. Unser Dorf hat ein neues Leben bekommen, aber nur deshalb, weil es sich seinen Zauber, seine Schlichtheit und Ursprünglichkeit bewahrt hat, weil es nie in die Spirale des Geschäfts mit dem Massentourismus eingestiegen ist. Hätte man, so wie in vielen anderen Alpengemeinden, damit begonnen, in Liftanlagen, Appartementblocks, Hotels, Pizzerien oder Bars zu investieren, hätte es seinen Charme längst verloren.

So aber hat es die Chance, auch noch in einer durch den Klimawandel veränderten Alpenwelt weiterhin Menschen anzuziehen – auch wenn die Zahl der Schneetage ab- und die der Regentage zunehmen wird: Die Schönheit des Dorfes und der Landschaft bleibt.

Wenn es viele andere Dörfer schaffen, ihren eigenen Weg abseits des Massentourismus zu finden und sowohl Bauern und Handwerkern als auch Ferienhausbesitzern eine attraktive Heimat und »sanften« Urlaubern ein attraktives Ziel zu sein, ist es mir um die wirtschaftliche und soziale Entwicklung der Alpen nicht bange. Wenn man aber weiterhin gewachsene Strukturen rücksichtslos zerstört, dann schon.

Tourismus, Übernutzung und Entsiedelung

Über allen Gipfeln ist Ruh? Von wegen. Auf der 2300 Meter hoch gelegenen Idalp steppt der Bär: »Atemlos durch die Nacht, bis ein neuer Tag erwacht«, dröhnt es aus meterhohen Verstärkertürmen, und 26 000 ausgelassene Besucher singen lautstark mit: »Atemlos einfach raus, deine Augen zieh'n mich aus ...« Es ist der 30. April 2018, früher Nachmittag. Mitten in der Skiarena von Ischgl in Westtirol findet das Konzert »Top of the Mountain« statt, das legendäre Saisonfinale. In diesem Jahr steht Helene Fischer auf der riesigen Bühne, im Jahr darauf Lenny Kravitz, 2020 sollte es Eros Ramazzotti sein – doch dazu kam es nicht mehr: Besucher der durchgeknallten »Kitzloch«-Bar hatten sich gleich scharenweise mit SARS-CoV-2 infiziert und das Virus nach der Rückkehr in ihre Heimatländer europaweit verbreitet.

Der Name Ischgl steht bei Umwelt- und Naturschützern für all das, was in den vergangenen Jahrzehnten in den Alpen schiefgelaufen ist: eine rücksichtslose Planierung der Natur für Lifte und Pisten, eine fortschreitende Zersiedelung des Talbodens durch

Ladenzeilen, Einkaufszentren, Parkhäuser, Hotels und Appartementblocks, eine galoppierende kulturelle Entfremdung der 1600 Einwohner, auf die die Touristen in den 12 000 Übernachtungsbetten plus Tagesbesucher plus ortsfremde Saisonarbeiter kommen, das dadurch ausgelöste Verkehrschaos, ein überdrehter Spaßtourismus voller Partylocations und Megaevents vor einer spektakulären Bergkulisse. »Relax. If you can« lautet der passgenaue Slogan von Ischgl, nicht umsonst spricht man vom »Ibiza der Alpen«.

Ischgl ist das Gegenextrem zu Narbona: Touristische Übernutzung contra Entsiedelung – das sind zwei der härtesten Probleme, die die Alpenregionen zu lösen haben. Die Entsiedelungsproblematik begann schon vor vielen Jahrzehnten, und nicht nur weil sich der Ackerbau im Gebirge als nicht mehr konkurrenzfähig erwiesen hatte. Die gesellschaftlichen und wirtschaftlichen Rahmenbedingungen in ganz Europa hatten sich vor allem nach dem Krieg rasant und einschneidend geändert, in vielen Gemeinden setzte ein ähnlicher Aderlass ein. Wie radikal sich viele Dörfer in diesem Zeitraum veränderten, wurde im vorigen Kapitel »Unser Dorf« an einem Einzelbeispiel aus Graubünden erläutert.

Auch für die Vegetation zieht diese rapide Entsiedelung gravierende Veränderungen nach sich. Die Alpen sind heute zu einem großen Teil eben keine Natur-, sondern eine Kulturlandschaft, die in jahrhundertelanger Arbeit vom Menschen verändert wurde: Freie Talflächen oder lichte Waldgürtel entstanden nicht von selbst. Wenn in ehemaligen Bauerndörfern nur noch Ferienhäuser stehen, wird sich die nicht mehr landwirtschaftlich genutzte Fläche stark verändern. Nur ist es leider nicht so, dass dann der Bergwald zurückkehrt: Die nächste Generation wird es erst einmal mit einer unattraktiven »Baggersee-Vegetation« zu tun haben, die Landschaft verbuscht. Bis sich der natürliche Bergwald wieder durchgesetzt hat, können gut und gern 80 bis 100 Jahre ins Land gehen. Was vielen Alpenbesuchern und Naturliebhabern nicht klar ist: Wenn das Erscheinungsbild der Alpen so bleiben soll, wie es ist, geht das nur, wenn der Mensch sie dauerhaft bewirtschaftet.

Ebenso tiefgreifend war auch der Wandel in den Alpentälern, die immer besser für den Verkehr erschlossen worden waren. Den Prozess, der hier einsetzte, nennt der renommierte Alpenforscher Werner Bätzing »Vervorstädterung«. Der Hintergrund: Der Alpenbogen ist umgeben von einem Gürtel an Großstädten. Um ein Gefühl für die Masse zu bekommen, hier eine kurze Aufzählung der Alpenrand-Metropolen im Uhrzeigersinn: München, Salzburg, Linz, Wien, Graz, Maribor, Ljubljana, Udine, Venedig, Verona, Brescia, Mailand, Turin, Nizza, Marseille, Lyon, Grenoble, Genf, Bern, Zürich. Am Fuß der Alpen leben nicht nur zigmillionen Menschen, für die die attraktive Bergwelt in Ausflugsnähe liegt, dort ballen sich auch Industrie und Wirtschaft, die den Alpenbewohnern Arbeit bieten – ein reges Hin und Her bestimmt seit vielen Jahrzehnten das Leben in diesen verkehrstechnisch gut erschlossenen Randgebieten. »Im Rahmen des neoliberalen Denkens spielen die Alpen nur noch eine randliche Rolle als Ergänzungsraum der Metropolen, in den hinein all diejenigen Funktionen verlagert werden (Wohnen, Freizeit, Sport, Umweltschutz), für die in den Zentren der Metropolen kein Platz mehr ist. Damit verlieren die Alpen ihren Stellenwert als eigenständiger Lebens- und Wirtschaftsraum«, so bilanziert Werner Bätzing diese Entwicklung. (Quelle: W. B., »Die Alpen«, München 2015)

Entsiedelung in den abgelegeneren Bergdörfern, Vervorstädterung in den gut erreichbaren Tälern, beides gekoppelt mit dem Wegfall ortsnaher Arbeitsmöglichkeiten – das sind zwei der größten Probleme der Alpen. Interessanterweise gibt es Orte, an denen sich beide Extreme – Entsiedelung und Übernutzung – berühren und ein ähnliches Bild bieten. Bei Dreharbeiten in Sölden im Tiroler Ötztal fuhren wir in das 2150 Meter hoch gelegene, von mehreren Dreitausendern umrahmte Hochgurgl. Die Eigenwerbung beschreibt die Location so: »Breite Pisten bis in den Ortsbereich und Hotels, auf deren Skiterrasse man bequem abschnallen kann, verwöhnen Gäste mit allerkürzesten Wegen. In der Heimat vieler Visionäre und Pioniere wird heute von Mitte November bis Ende April ein besonderer alpiner Lifestyle zelebriert. Fröhlich, niveauvoll, genussbetont.«

Klingt gut – nur: Wir waren Mitte Mai dort oben. Und fuhren durch einen Geisterort. Wir sahen verrammelte Hotels, geschlossene Restaurants, Appartementhäuser mit heruntergelassenen Rollläden. Was wir nicht sahen, waren Menschen. Keinen einzigen. In der Zwischensaison unterscheidet sich Hochgurgl von Narbona kaum – sieht man mal vom Zustand der Gebäude ab.

Der Tourismus – Retter der Alpen?

Die Geschichte ist möglicherweise erfunden, da sie aber so schön ist, kann man das ja mal für einen Moment ignorieren. Johann Baldrutt war ein renditeorientierter Geschäftsmann und litt darunter, dass seine kleine »Hotel-Pension Engadiner Kulm« in dem netten Örtchen St. Moritz zwar im Sommer ordentlich besucht, im Winter aber nicht ansatzweise ausgelastet war. Als er im Frühherbst 1864 mit sechs englischen Gästen zusammensaß, gingen ihm die Gäule durch. Er schwärmte den Briten nicht nur von den sonnigen Engadiner Wintertagen vor, sondern behauptete auch noch, dass man, wenn die Sonne scheine, selbst im Januar hemdsärmelig auf der Hotelterrasse sitzen könne.

Hemdsärmelig? Mitten im Winter? »Of course!« Die sechs glaubten ihrem Gastgeber natürlich kein Wort, sodass Baldrutt es anders versuchte: Er schlug den Engländern – offenbar alles Angehörige der Upperclass – eine Wette vor. Sie sollten im Winter wiederkommen und es einfach ausprobieren, Kost und Logis »for free«. Sollte er unrecht haben, würde er darüber hinaus die Reisekosten London – St. Moritz – London übernehmen.

Die sechs schlugen ein, kamen im Winter wieder – und blieben bis Ostern. Nachdem sie braun gebrannt ins regnerische London zurückgekehrt waren, ging die Story – wie man heute sagen würde – viral. In jedem Club, bei jedem Pferderennen und jedem Five o'Clock Tea debattierten blasse Briten nicht mehr über das beklagenswerte Wetter im Vereinigten Königreich, sondern über den Engadiner Winter: »Gute Güte, und es ist wirklich sonnig?« – »Oh ja, meine Liebe, es ist!«

Dann strömten sie los – und andere Nationen machten es den Trendsettern von der Insel nach. Das war, glaubt man der Legende, der Beginn des Wintertourismus in den Alpen. Sommertourismus gab es schon länger; spätestens mit der Erstbesteigung des Mont Blanc im August 1786 hatte ein wahrer Alpenhype eingesetzt. Es war das Zeitalter von politischen, wissenschaftlichen und industriellen Revolutionen, da passte das Thema »Eroberung von letzten weißen Flecken auf der Landkarte« hervorragend.

Heute muss man, um Touristen ins Land zu holen, zu härteren Mitteln als einer ehrenwerten Wette greifen. So haben zum Beispiel die asiatischen Metropolen Peking, Chongqing, Tokio, Seoul, Taipeh, Bangkok und Mumbai eine Gemeinsamkeit, die sie verbindet: Alle sieben Städte sind Sitz eines Außenbüros der Schweizer Jungfraubahn AG. Schon seit vielen Jahren sorgen diese Außenposten erfolgreich dafür, dass Sie, die Leserinnen und Leser, und wir, die Autoren, zunehmend zu tourismuswirtschaftlichen Auslaufmodellen werden. Zumindest in Grindelwald. Denn unter den eine Million Menschen, die 2019 das 3454 Meter hoch gelegene Jungfraujoch besuchten, waren allein 700 000 aus Asien. Dank der jahrelangen, intensiven Werbearbeit ist der Abstecher auf das »Top of Europe« mittlerweile bei Touristen aus Fernost neben Canal Grande, Big Ben und Eiffelturm eines *der* Reiseziele auf ihren meist nicht mal zwei Wochen langen Europatrips.

In Grindelwald hat man für diese Klientel auch richtig Geld in die Hand genommen und investiert.

»Herzlich willkommen in der Jungfrau Region! Mit der modernsten 3 S-Bahn der Welt ›Eiger Express‹ sind Sie 47 Minuten schneller auf dem Jungfraujoch«, verheißt die Webseite. Bislang rumpelte man mit der Wengernalpbahn, einem gemütlichen Zahnradzug, in 33 Minuten von Grindelwald auf die Kleine Scheidegg, stieg dort ohne große Hast in die Jungfraubahn um, die einen in weiteren 36 Minuten auf das Jungfraujoch brachte. Seit Dezember 2020 fährt man in 15 Minuten per Expressgondel vom Terminal Grindelwald zu der Station Eigergletscher, wo man – ohne den Umweg über die tiefer gelegene Kleine Scheidegg machen zu müssen – direkt in die bereits wartende Jungfraubahn einsteigt und losfährt. Kostenpunkt der dreiviertelstündigen Zeitersparnis: rund 500 Millionen Franken.

Gute Luft und schöne Berge reichen schon lange nicht mehr. Auch im österreichischen Zell am See/Kaprun zielt man längst auf eine andere Klientel, dort setzt man auf eine hohe Eventdichte. So erklärt die Tourismuschefin in schönstem Eventmarketing-Sprech: »Neue Veranstaltungen werden in erster Linie danach bewertet, inwiefern sie zu unserem Markenkern bzw. unserer Kernkompetenz passen.« Will heißen: Am Fuße des Kitzsteinhorns soll ständig etwas Trendiges stattfinden, Veranstaltungen wie der

»Ironman 70.3«, die »eMobility-Messe IONICA«, das »Line Dance AlpFestival«, der »Women's Trail«, das »Austropop Festival« oder das Freeski-Event »World Rookie Tour«. Mama und Papa gehen mit den Kindern bergwandern – das war vorgestern. In Zell am See setzt man jetzt auf Aktionen wie »Cool Families«, wo Kids zwischen 6 und 14 Jahren zum Beispiel mit Elektrobikes durch »Österreichs höchsten E-Motocross-Parcours« brettern dürfen.

Um solche Events entsprechend zu bewerben, setzt man nicht mehr auf biedere Faltprospekte oder bunte Zeitungsannoncen, sondern auf wesentlich zeitgeistigere Aktionen wie »MyInstaWeekend«. Die Tourismusmacher haben die zehn »talentiertesten« Influencer und Influencerinnen nach Kaprun eingeladen. Als Gegenleistung sollen sie ihre »einzigartigen« Fotos mit ihren insgesamt fünf Millionen Usern teilen. »InfluencerInnen sind Spezialisten im Word-of-Mouth-Marketing. Sie haben sich eine Community aufgebaut, die ihnen vertraut und sich von Tipps und Erlebnissen der InfluencerInnen inspirieren lässt«, erklärt die Marketingfrau – wobei Nutzerinnen und Nutzern altsteinzeitlicher Medien wie Büchern gesagt sei: »Word-of-Mouth« bedeutet »Empfehlung«.

Die Schwierigkeit hinter solchen Strategien: Seit den 1970er-Jahren geht der Sommertourismus in den Alpen zurück, die Eventmanager in den Tourismusbüros versuchen, diesen Trend umzukehren, zumindest aber zu stoppen, »durch technische Aufrüstung der Berggipfel mit spektakulären Aussichtsplattformen und Hängebrücken, mit zahlreichen Megaevents und mit städtischen Freizeitparks … Das Problem ist dabei, dass sich die neuen Effekte schnell abnutzen und durch noch spektakulärere Angebote ersetzt werden müssen – dies führt zu einer Spirale, die nur in einem riesigen Erlebnis-Burnout enden kann«, urteilt Alpenforscher Werner Bätzing. (Quelle: W. B., »Die Alpen«, München 2015)

Auch im Wintertourismus ist das Geschäft der Manager nicht einfacher geworden. Der Klimawandel setzt vor allem tieferen Lagen heftig zu: Schneemangel macht lange Abfahrten bis in die Täler immer schwieriger. Deshalb kennen Skiresorts eigentlich nur eine Richtung: die Flucht nach oben, in immer höhere Lagen, die auch noch in Zukunft schneesicher sind. Ein Megatrend ist dabei die Zusammenlegung von Skigebieten. Portes du Soleil zum Beispiel ist momentan das größte Skigebiet der Alpen, es verbindet zwölf Skiorte in Frankreich und der Schweiz, bis auf 3257 Meter steigen die 196 Bergbahnen, 100 Restaurants befinden sich an den 650 Pistenkilometern. Doch in französischen Schubladen liegen bereits Pläne für noch Größeres: die Zusammenlegung der Skigebiete Les Deux Alpes, Alpe d'Huez und Les Sybelles, ein Resort, das Höhenlagen bis 3600 Meter erschließen soll. Mit dann 800 Kilometer Piste wäre es wohl das größte zusammenhängende Skigebiet der Welt.

Der deutsche Ex-Slalomstar Felix Neureuther beklagte in einem Bericht, dass es immer weniger Nachwuchstalente im Skisport gebe, weil sich einfach immer weniger Familien einen Skiurlaub leisten könnten. Dieses ständige »immer höher«, »immer größer« und »immer moderner« bringt eben auch ein »immer teurer« mit sich. Aber für wen werden dann all diese Investitionen getätigt, wenn der Nachwuchs immer weniger Ski- oder Snowboardfahren lernt?

Hier schielen die Tourismusmanager auf eine Gruppe, die bislang noch nicht durch allzu große Wintersportaffinität auffiel: die Chinesen. Chinesen? Skifahren? Snowboarden? Ja! Im Vorfeld der Olympischen Winterspiele 2022 in Peking gab die chinesische Regierung das Ziel vor, dass 300 Millionen Chinesen eine Wintersportart erlernen bzw. ausüben sollen; Experten schätzen, dass 40 Millionen davon Skifahrer sein werden. Das ist eine Größenordnung, die in vielen chinesischen Städten für einen gewaltigen Boom sorgen wird. Seine Vorboten kann man schon seit Längerem in Shoppingmalls wie dem »MixC« in Schanghai bestaunen, wo es neben den einkaufscentertypischen Läden auch noch »Snow 51« gibt, ein »Ski-Experience-Hub«, in dem man für 100 Yuan, rund 13 Euro, zwei Stunden lang Skifahren üben kann. Damit das Ganze in eine Ladenzeile passt, besteht die Piste aus einem etwa 10 Meter breiten und 20 Meter langen, nach vorne geneigten Laufband, das rückwärts nach oben läuft. Gewicht und Schwerkraft sorgen dafür, dass man genauso schnell hinuntergleitet, wie man hochgezogen wird.

Und irgendwann – damit rechnen Tourismusmanager fest – wollen diese 40 Millionen Skiläufer aus dem Reich der Mitte auch einmal in die Wiege des Skisports fahren, die Alpen. Wobei die Älpler, was Wintersport angeht, überhaupt nicht die Nase vorn hatten. Ski und Skifahren? Nicht in den Alpen erfunden, sondern im norwegischen Telemark. Der erste Skilift der Welt? Nicht im Gebirge entwickelt, sondern in Schollach im Schwarzwald. Und der erste Skifilm? »Das Wunder des Schneeschuhs« wurde nicht auf der Streif oder am Lauberhorn gedreht, sondern ist made in Freiburg im Breisgau. Obwohl die Alpenbewohner sicher mit den meisten Schnee in Europa hatten, verstanden sie ihn erst mit deutlicher Verzögerung sportlich zu nutzen. Schnee, das war eben das Medium, auf dem man die im Sommer gefällten Baumstämme per Hornschlitten ins Tal transportieren konnte – mit hohem Risiko, eine dieser rasenden Fahrten mit der Vieltonnenlast im Rücken nicht zu überleben. Aber Winter-»Sport«? Das war bis in die 1950er-Jahre etwas für verwöhnte Städter, nicht für einen waschechten Bergbauern. Danach allerdings begann der Radikalumbau vieler Bauerndörfer zu schicken Skidestinationen im Eiltempo.

100 Millionen Urlauber und Ausflügler pro Jahr, über 270 Millionen touristische Übernachtungen – damit sind die Alpen eines der größten Tourismusziele der Welt. Nur, so bemängelt Alpenforscher Werner Bätzing: »Der Tourismus ist nicht die wirtschaftliche Schlüsselbranche, er stellt nur 15–18 % der Arbeitsplätze, und er ist in den Alpen auch nicht flächenhaft ausgeprägt, sondern er konzentriert sich immer stärker auf nur 300 Tourismuszentren ... während gleichzeitig immer mehr kleine Tourismusorte/-anbieter vom Markt verschwinden.« (Quelle: W. B., »Die Alpen«, München 2015)

Man muss also kein Pessimist sein, um anzunehmen, dass die große Mehrheit der 6200 Alpengemeinden an den Erlösen nicht teilhat. Und: Viele Betreiber – Bergbahn-, Kettenrestaurant- oder Hotelgesellschaften – sitzen gar nicht in den Alpen, sondern in den Metropolen, die am Berg erzielten Gewinne fließen deshalb oft ins Flachland ab.

Nochmals zurück nach Ischgl: Auf der Internetseite der Wirtschaftszeitschrift *brand eins* findet sich die schöne Geschichte, wie der Ischgler Hotelier Günther Aloys, um seine Erfindung des Dosen-Prosecco zu promoten, Paris Hilton für eine Million Dollar Honorar nach Österreich einfliegen ließ. Dort sollte die Millionenerbin der Menge zuwinken und sagen, dass sie Österreich liebe. Als sie gefragt wurde, warum sie Österreich denn liebe, antwortete sie: »Weil die mir eine Million Dollar zahlen, dass ich Ihnen zuwinke.« (Quelle: »Die Ich-AG«, in: *brand eins*, Heft 11/2010)

Nun ist Günther Aloys nicht irgendein Hotelier, sondern einer, der mit flotten Sprüchen und kruden Geschäftsideen ständig die Schlagzeilen befeuert. Ischgl ist für ihn »der perfekteste Ort der Welt«, der Klimawandel kein Problem, weil man ja Kühlschlangen im Boden verlegen könne, um die Pisten von unten her zu kühlen, oder die Pisten gleich überbauen und runtertemperieren könne, so wäre die Skisaison sogar noch verlängerbar. Ach ja, er wollte auch mal einen Snowboard-Park in der Körperform von »Baywatch«-Star Pamela Anderson bauen. Der Mann mit der silbergrauen Halblangfrisur ist für die einen ein Eventguru und für die anderen der Prototyp des gewissenlosen Tourismusmanagers, der noch das letzte Restchen gewachsener Alpenkultur vernichtet.

Selbst wenn die Story mit Paris Hilton so nicht stattgefunden hätte, wäre sie auf jeden Fall toll erfunden. Denn dieses Aufeinandertreffen von einem, der sich für besonders schlau hält, mit einer, die von vielen für nicht besonders schlau gehalten wird, zeigt, mit welchen Bandagen und welchem Personal im Eventtourismusgeschäft mittlerweile gekämpft wird.

In diesem Sinne nutzte der österreichische Schauspieler Tobias Moretti, der 2014 als Festredner für das 125-Jahr-Jubiläum der Tourismuswerbung in Tirol eingekauft worden war, die Gelegenheit und redete den versammelten Tourismusmanagern mit ungeschminkten Worten ins Gewissen: »Ich kann und will die Flüchtigkeit, die Kurzlebigkeit und die Geschwindigkeit der neoliberalisierten Welt weder ignorieren noch sonst was, aber eines muss einem klar sein: Wenn man sich ihr immer unterordnet, ihr keinen Standpunkt entgegensetzt, ihr immer hinterherhinkt (immer noch was mitnehmend), dann wird unsere Identität, die gewachsene Lebenswelt aussterben. Und dann wird's schwierig, den Friedhof zu vermarkten.« (Quelle: https://www.alpenverein.at/tirol/home/topnews/Moretti.php)

Den Friedhof vermarkten – eine wachsende Schar von Experten und Expertinnen, die auf einen sanften Tourismus setzen, raten Alpengemeinden dringend, rechtzeitig aus der Massentourismusspirale auszusteigen, solange noch nicht der gesamte Ortskern verbaut und die Landschaft verschandelt ist. Denn: Wenn das Wintergeschäft einmal weggebrochen ist, wer will dann noch im Sommer auf den platt planierten Geröllhalden wandern, die früher einmal Skipisten waren? Wer will dann in den Betonscheußlichkeiten in verfußgängerzonten Dorfzentren übernachten?

Überall entstehen Initiativen, die in diese Richtung gehen, zum Beispiel die »Bergsteigerdörfer«, eine Gruppe von 29 Gemeinden, in denen hauptsächlich Wandern angesagt ist; die »Alpine Pearls«, ein Verbund von Gemeinden, die einen autofreien Urlaub anbieten; Fernwanderwege wie die »Grande Traversata delle Alpi« im Piemont, auf der in kleinen Dorfhotels oder »posti tappa«, Matratzenlagern in ehemaligen Dorfschulen und Pfarrhäusern, übernachtet wird; oder Biobauern, die den guten alten »Urlaub auf dem Bauernhof« reaktivieren.

Und die ganzen Ischgls in den Alpen? »Wir werden Ischgl nicht mehr in ein stilles Bergdorf verwandeln können«, sagte uns ein Bergbauer, »aber wir können verhindern, dass noch weitere stille Bergdörfer in Ischgls verwandelt werden.«

Warum wir dem Klima Gotthard, Grimsel und andere Alpenpässe verdanken – und Ötzi

Wenn Sie an die frühesten Alpenbewohner denken, wer fällt Ihnen da zuallererst ein? Ötzi? Nun, der gehört nicht dazu. Denn Ötzi, der vor etwa 5300 Jahren lebte, ist zeitlich um ein Vielfaches näher an uns dran als an seinen ersten alpinen Vorfahren. Bereits vor 70 000 bis 40 000 Jahren tauchte der Mensch in den Alpen auf, das belegen Funde von Steinwerkzeugen. Nun könnte man sich ja fragen: Was um Gottes willen trieb ihn Jahrzehntausende vor der Erfindung von Funktionswäsche, Goretex®-Jacken und Trekkingboots aus den milden, fruchtbaren Ebenen in die unwirtlichen, kargen Berge? Das Klima, sagen die Archäologen.

Stellen Sie sich dazu Folgendes vor: Wir gehen in der Zeit um 8000 Jahre zurück, es ist Mitte Mai im Jahr 6000 v. Chr. Sie sind ein Steinzeitjäger und beobachten aus Ihrem Versteck gerade Ihren Speiseplan der kommenden Tage und Wochen, ein Rudel Hirsche, das auf den grünen Uferwiesen des Po unweit des heutigen

Turin grast. Ein friedliches Bild – scheinbar. Denn das wird sich leider sehr bald ändern. Je näher der Sommer rückt, umso dürrer wird die Idylle: Die Tage werden immer heißer, die zunehmende Trockenheit macht für die Tiere die Suche nach frischem Futter immer schwieriger. Das könnte ganz schnell zu einem existenziellen Problem für das Rudel werden, doch die Tiere tragen ein Überlebensprogramm in sich: Sie folgen den Wolken, die sich ein paar Tagesmärsche entfernt am Horizont an den Bergflanken stauen. Dort regnet es oft, während hier das Gras gelb zu werden beginnt.

Ihnen als Jäger ist dieses Überlebensprogramm vertraut, Ihr ganzes Leben ist schließlich danach ausgerichtet, dieser Frischfleischreserve ständig hinterherzuziehen – mit Ihrem gesamten Clan. Das hat natürlich Konsequenzen für Ihren Lifestyle: Statt eine feste Behausung mit allem Komfort wie Feuerstelle oder einem Dach über dem Kopf zu besitzen, müssen Sie Ihren gesamten Hausstand samt Familie bis hin zu den Neugeborenen ständig mit sich führen, immer dort Ihr Lager aufschlagen, wo die Tiere gerade hingewandert sind, und zügig alles wieder zusammenpacken, wenn es irgendwann weitergeht. Derart megamobil zu sein ist die einzige Chance für Sie und Ihre Familie, um in der Mittelsteinzeit zu überleben.

Zwei Wochen sind inzwischen vergangen, es ist jetzt Anfang Juni. Die Tiere haben die in ihren Lebensbedingungen immer heikler werdende ausgetrocknete Po-Ebene verlassen und fressen sich gerade tiefer und tiefer in die regenreichen, verwilderten Alpentäler hinein. Und die steilen Waldhänge hinauf. Denn sie wissen, dass es da oben eine Baumgrenze gibt, hinter der Almen mit viel freien Flächen zum bequemen Grasen winken. Für das eine oder andere Tier wird es allerdings die letzte Station in seinem Leben sein, denn Sie sind dem Rudel ja mit Ihrem Jägerclan gefolgt. So haben es schon Ihre Vorfahren gemacht. Und deren auch.

Auf diese Weise wurde der Mensch schon vor zigtausend Jahren in die Bergwelt hineingeführt. Möglicherweise empfand er diese raue Welt zwischen hoch aufragenden Steinriesen überhaupt nicht als lebensfeindlich – im Gegenteil. Schließlich waren es die Lieferanten fetter Steaks, warmer Felle und bester Hornwerkzeuge, die da auf den saftigen Almen grasten. Doch mit dem Spätsommer war dort oben wieder Schluss mit lustig: Die ersten Schneestürme fegten über die baumfreien Matten. Zunächst reichte es, wenn die Tiere ein paar Höhenmeter nach unten auswichen. Doch nach und nach kam der Schnee auch hierhin. So begann der Winter, unser Hirschrudel vor sich herzutreiben, zuerst in immer tiefere Lagen, schließlich raus aus den Bergen und zurück in die milde, jetzt aber wieder sehr regenreiche Po-Ebene hinein – wie immer mit Ihnen und Ihrem Clan im Schlepptau.

Waren es um 6000 v. Chr. noch solche hochmobilen Jägertrupps, die die Alpen durchstreiften, bietet sich 3000 Jahre später ein grundlegend anderes Bild. Denn inzwischen hat eine der größten Umwälzungen der Menschheitsgeschichte stattgefunden: die neolithische Revolution. Wir sind jetzt in der Jungsteinzeit, der Zeit von Ötzi. Der Mensch hat gelernt, dass es viel effizienter ist, wenn man dem Wild nicht ständig hinterherzieht, sondern ein paar Exemplare einfängt, sie in ein Gehege sperrt und sich dort fortpflanzen lässt. Analog streifen die Menschen nicht mehr tagelang durch die Natur, um mühsam Wurzeln, Früchte oder Körner zu sammeln, vielmehr nimmt man ein paar Handvoll Samen mit, pflanzt sie ein, gießt und düngt regelmäßig und wartet auf die Ernte.

Dass das Sammeln und Jagen nun durch Ackerbau und Viehzucht ersetzt worden war, hatte weitreichende Konsequenzen: Zum ersten Mal in seiner Geschichte musste der Mensch nicht mehr ständig auf Achse sein, sondern konnte sesshaft werden, er baute Häuser, Ställe und legte Äcker an – bis weit in die Täler der Alpen hinein. Und da stellte er fest, dass es, je weiter er ins Innere kam, deutlich trockener war als an den Rändern. Bis die Wolken – egal, ob sie von Norden oder Süden heranzogen – das heutige Vinschgau, Wallis oder Inntal erreichten, hatten sie sich abgeregnet und teilweise aufgelöst. Diese »inneralpinen Trockenzonen« eigneten sich damit sehr gut zum Anbau von Getreide, das eine hohe Sonnenscheindauer, geringe Niederschläge und eine relativ lange Vegetationszeit benötigt. Man kann also davon ausgehen, dass die Alpen auf diese Art von beiden Seiten von den Rändern her besiedelt wurden, irgendwann traf dann wie bei einem Tunneldurchbruch Nord auf Süd, und ein lukrativer Tauschhandel entwickelte sich: Salz, Felle, Beile und Messer aus Feuerstein, Schmuck aus Korallen oder Muscheln und vieles andere wurden über die Berge hin- und hergetauscht – eine regelrechte »Steinzeit-EU« entstand.

Doch ein Problem blieb bestehen, vor allem bei der Schafzucht in den südlichen Alpenrandgebieten: Für die Tiere gab es in den heißen Sommern einfach zu wenig Frischfutter und Wasser. Was also tun? Bei der Problemlösung nutzten die Neubauern wieder die Wildbeuter-Software ihrer Vorväter: Sie trieben ihre Tiere im Rhythmus des Wildes hin und her, im Frühsommer rein in die feuchten Berge, im Herbst wieder raus in die schneearmen, dafür aber regenreichen Ebenen – Transhumanz nennt man diese Bewirtschaftungsform; es gibt sie noch heute.

Kürzen wir etwas ab, was danach geschah: So wie die Jäger den Wildpfaden, die Hirten den Jägerpfaden, die Tauschhändler den Hirtenpfaden folgten, so wurden irgendwann Römerstraßen auf den viel genutzten Trampelpfaden gebaut, zum Beispiel die »VCA«, wie die Via Claudia Augusta in mundfaulen Expertenkreisen genannt wird. Die ab 15 v. Chr. von Legionären erbaute Straße führte vom Golf von Venedig über den Reschen- und Fernpass bis ins 600 Kilometer entfernte Augsburg. Die gepflasterte Straße war fünf bis sieben Meter breit, damit Fuhrwerke aneinander vorbeikamen, ausgesetzte Stellen wurden mit Steinbrücken überquert, Spurrillen in scharfen Kurven sollten ein Abrutschen der Karren verhindern. Weitere Hauptwege der Römer führten über Septimer-, Julier- und Brennerpass. Richtung Norden wurden Wein, Südfrüchte, Stoffe und Gewürze transportiert, in den Süden Vieh, Getreide, Honig, Alpkäse und Wollmäntel – die Alpen wurden zur Transitstrecke.

Auch die Nachfolger der römischen Cäsaren, die Kaiser des Heiligen Römischen Reiches, mussten angesichts der geografischen Ausdehnung ihres Herrschaftsgebiets ständig von Nord nach Süd wechseln können, zum Beispiel zur Krönung durch den Papst in Rom oder wie Heinrich IV. 1077 zum Bußgang nach Canossa im Apennin. 144 solcher Alpenüberquerungen fränkischer oder deutscher Könige sind überliefert – sicher ist nur eines: Italienreisen waren damals kein Zuckerschlecken.

Der Totengräber des Heiligen Römischen Reiches, Napoleon, musste auf seinen Feldzügen ebenfalls über die Alpen. Berühmt wurde sein Zug über den Großen St. Bernhard im Mai 1800, als er es schaffte, unbemerkt in den Rücken der österreichischen Armee zu kommen, die er in der Schlacht von Marengo dann auch besiegte.

Man sieht: Wer in Europa etwas zu sagen haben wollte, musste auch die Alpen beherrschen. Und alles hatte damit begonnen, dass steinzeitliche Wildtiere die klimatischen Gegebenheiten ihrer damaligen Umwelt clever zu nutzen verstanden.

Ötzi – ein Geschenk in mehrfacher Hinsicht

Zuerst das Positive: Ötzi war aufrichtig und ehrlich, offene Kommunikation war ihm wichtig. Allerdings wurde er durch seine extrovertierte Ader auch als großspurig und eigensinnig empfunden. Woher man das weiß? Im Sternzeichen Schütze Geborene sind so – behauptet zumindest die *Gala* in ihrem Horoskop. Aber wieso Schütze?

Nun, die Wissenschaft hat nach dem Fund versucht, Ötzis Alter zum Zeitpunkt seines Todes festzustellen, und kam zu dem Schluss, dass der Mittelwert aus neun Berechnungen plus/minus fünf Jahre Toleranz bei 45,7 Jahren liegt. Schwieriger festzustellen war das Todesjahr, es lag zwischen 3350 und 3120 v. Chr. Dafür tat man sich mit Ötzis Todestag leichter: Aus den Pflanzenresten an seiner Ausrüstung bzw. in seinem Magen zog man den Schluss, dass er Ende Juni/Anfang Juli gestorben sein musste. Zieht man nun vom Todesmonat das gemittelte Alter ab, landet man bei einem Geburtstermin zwischen Ende November und Ende Dezember – Sternzeichen Schütze also.

Der Zweck dieses kleinen Zahlenspiels: Man bekommt eine Ahnung davon, welche Vielzahl an Daten der Eismann lieferte und welch unermesslicher Schatz er für die Wissenschaft auch heute noch ist. Das liegt an dem Umstand, dass eben nur eine einzige menschliche Leiche aus dieser Epoche, der Jungsteinzeit, erhalten ist. Doch was ist mit all den anderen Millionen Zeitgenossen, Vor- und Nachfahren passiert? Sie sind entweder komplett verwest, oder ihre Leichname wurden von wilden Tieren aufgefressen. Und warum blieb ausgerechnet Ötzi dieses Schicksal erspart? Jetzt sind wir wieder beim Thema: Das lag am Klima! Genauer: am Klimawandel. Noch genauer: an zwei Klimawandeln.

Zunächst zum zweiten, dem aktuellen: Dass Ötzi am Nachmittag des 19. September 1991 auf der italienischen Seite der Ötztaler Alpen in einer Schmelzwasserpfütze auf dem Tisenjoch in 3208 Meter Meereshöhe gefunden wurde und seitdem in einer Kühlkammer des Südtiroler Archäologiemuseums in Bozen erhalten wird, ist direkte Folge der Aufheizung unserer Atmosphäre. Früher lag an der Fundstelle das ganze Jahr über Schnee, seit den 1960ern aber ist die Durchschnittstemperatur ständig gestiegen, um mittlerweile 1,5 Grad, die Sommer in Bozen wurden sogar um drei Grad wärmer. Der Niederjochferner an dem der Fundstelle gegenüberliegenden Berghang begann sich dramatisch zurückzuziehen, und auch die Schneedecke auf dem Tisenjoch bekam immer größere Löcher. Und aus einem ragte Ötzi.

Zurück zu seiner Todesstunde an einem Hochsommertag im vierten Jahrtausend vor Christus. Bis dahin war das Klima schön mild gewesen, Forscher schätzen, dass es circa zwei Grad wärmer als heute und großräumig auch feuchter war: Die Wüsten hatten ihre kleinste Ausdehnung, die Hochgebirge ihre geringste Vergletscherung, die Waldgrenze in den Alpen lag rund 300 Meter höher als heute. Doch dann änderte sich alles. Auf einen Schlag wurde es kühler, immer mehr Schnee fiel und blieb selbst im Sommer liegen. Und der Beginn dieses schnellen Klimawandels hat ein ziemlich präzise einzugrenzendes Zeitfenster: Es ist Ötzis Todestag plus ein bis zwei Tage.

Der Paläoklimatologe Wolf Dieter Blümel von der Universität Stuttgart hat die klimatischen Umstände im Umfeld von Ötzis Ableben untersucht. »Sein Tod vor 5300 Jahren bestätigt einen sprunghaften Klimawechsel, der das postglaziale Wärmemaximum schlagartig beendete«, so sein Fazit. »»Ötzi‹ wurde in einer wachsenden Schnee- und Firndecke konserviert, sein Körper durch Sublimationsprozesse dehydriert und damit mumifiziert.

Ohne zwischenzeitlich länger wieder aufgedeckt zu werden – dann wäre die Leiche zerfallen –, überdauerte der ›Eismann‹ mehr als fünf Jahrtausende, bis durch die aktuelle klimatische Erwärmung die abtauende Firnkappe am Hauslabjoch die Mumie wieder freigab.« (Quelle: Wolf Dieter Blümel, »20 000 Jahre Klimawandel und Kulturgeschichte – von der Eiszeit in die Gegenwart«, S. 11)

Ein richtiger Klimakrimi! Man fühlt sich wie in einem »Tatort«, in dem sich ein Gerichtsmediziner endlich einmal festlegt: Da an Ötzis Leiche keinerlei Verwesungs- oder Fraßspuren zu finden sind, muss es unmittelbar nach seinem Tod – also Stunden, höchstens ein bis zwei Tage später – zu schneien begonnen haben. Solche schnellen Klimawandel – in Forscherkreisen »rapid climate change« genannt – sind in der Klimageschichte durchaus bekannt (Näheres dazu in der nachfolgenden Wissensbox). Diese schützende Schneedecke über Ötzi hielt rund 5300 Jahre, bis zu jenem Tag, als die ständig steigenden Temperaturen dafür gesorgt hatten, dass ein Ehepaar den ledrigen Oberkörper in einer Pfütze stecken sah … Wahnsinn! Was für ein meteorologischer Zufall!

Wer es genauer wissen will

Abrupte Klimawechsel

Das Klima dieses Planeten war noch nie konstant, das ist allenthalben bekannt. Schaut man sich Zeiträume von Milliarden Jahren an, so spielt die Sonnenintensität die entscheidende Rolle, denn die nahm seit der Entstehung der Erde um rund 30 Prozent zu. Ein Prozess, der sich übrigens weiter fortsetzt, und so werden die Ozeane in rund einer Milliarde Jahre wieder verdampfen und sich in etwa zwei Milliarden Jahren auch die Kontinente verflüssigen. Das ist der Lauf der Geschichte von Sonne und Erde, für uns haben diese Zeitskalen allerdings keinerlei Bedeutung.

Innerhalb von zigmillionen Jahren – auch das ist für uns bedeutungslos – spielt die Kontinentalverschiebung die zentrale Rolle für Klimaänderungen. Als Deutschland, soweit damals vorhanden, vor rund 400 Millionen Jahren am Äquator lag, herrschten ganz andere Bedingungen als heute, denn der Anteil der Sonnenenergie, der unser künftiges Land erreichte, war natürlich viel höher als heute.

Eine weitere Rolle bei der Verteilung der Sonnenenergie spielen die sogenannten Milankovich-Zyklen, benannt nach dem serbischen Mathematiker Milutin Milankovich. Dahinter verbergen sich die Erdbahnparameter Exzentrizität, Obliquität und Präzession, denn durch ihren Einfluss wird die Energie in Perioden von 100 000 bzw. 400 000 Jahren (Exzentrizität), 41 000 Jahren (Obliquität) und 26 000 Jahren (Präzession) jeweils anders auf dem Planeten verteilt. Die Exzentrizität beschreibt die elliptische Bahn der Erde um die Sonne, die mal kreisförmiger und mal weniger kreisförmig ausfällt. Rückt die Erde dabei näher an die Sonne heran oder entfernt sich weiter von ihr, so hat das selbstverständlich Auswirkungen auf die Energiemenge, die uns erreicht. Die Obliquität ist die Schwankung der Schrägstellung der Erdachse. Derzeit sind es 23,5 Grad, der Wert pendelt aber zwischen 21,8 und 24,4 Grad. Die Präzession wiederum hat damit zu tun, dass der sonnennächste Punkt Perihel derzeit im Nordwinter am 5. Januar erreicht ist – in circa 13 000 Jahren wird das aber im Nordsommer der Fall sein.

Je nachdem, wie sich diese Effekte überlagern, kann das die Initialzündung für Warm- und Kaltzeiten auf dem Erdball sein. Aber auch hier ist sofort erkennbar: Es geht um zeitliche Schwankungen von Jahrzehntausenden. Wir selbst sind in diesem Spiel nur eine ganz kleine Momentaufnahme von ein paar Jahrzehnten. Was auf unserer so unglaublich kurzen Zeitskala aktuell beim Klima passiert, ist weder mit der Sonne noch mit der Kontinentalverschiebung oder den Erdbahnparametern zu erklären.

Die rasche Veränderung unseres heutigen Klimas mit einem so eindeutigen globalen Trend hin zu einer immer wärmeren Umwelt kann die Klimaforschung vielmehr sehr eindeutig auf den Menschen und seine Treibhausgasemissionen zurückführen, freilich überlagert von natürlichen Schwankungen, die in einem komplexen System immer auftreten. Klimamodelle, die in der Vergangenheit gestartet wurden, zeigen die heutige Entwicklung überraschend gut – aber nur, wenn der menschliche Einfluss eingerechnet wird. Über all diese Zusammenhänge gibt es viel Literatur, unter anderem das Buch »Zieht euch warm an, es wird heiß« von Sven.

Wenn wir nun aber an Ötzi denken und an die Tatsache, dass er nach seinem Tod innerhalb weniger Tage im Sommer von Schnee und später Eis eingeschlossen wurde, unter dem er dann für etwa 5300 Jahre verblieb, wird klar: Hier müssen wir es wohl mit einem sehr abrupten Klimawechsel zu tun haben.

Und genau so etwas gibt es auch, denn im Klimasystem wirken die Atmosphäre, die Hydrosphäre (die Ozeane mit ihren Meeresströmungen), die Kryosphäre (das Eis), die Lithosphäre (das Gestein) und die Biosphäre (da gehören wir dazu) stets gemeinsam. Wechselwirkungen oder Kipppunkte im System können schlagartig zu sehr robusten regionalen Veränderungen führen!

Zentraler Auslöser für Mitteleuropa und den Alpenraum ist dabei eine Instabilität der atlantischen Meeresströmungen, einen Teil davon kennen wir heute als Golfstrom. In der letzten Kaltzeit, der Würm-Kaltzeit, die vor rund 10 000 Jahren endete, reichte der warme Nordatlantikstrom meist nur bis in Regionen südlich von Island. Ab und zu, mit einer Periode von rund 1470 plus/minus 500 Jahren, kippte der Zustand dieser Strömung aber in eine Situation, die eher der heutigen Warmzeit ähnelte: Warmes Wasser drang viel weiter nach Norden vor, und so stiegen die Temperaturen vor Grönland in wenigen Jahren um acht bis zehn Grad an, wie es Eisbohrkerne zeigen. Solche Ereignisse werden nach ihren Entdeckern, dem dänischen Klimatologen Willi Dansgaard und seinem Schweizer Kollegen Hans Oeschger, Dansgaard-Oeschger-Ereignisse genannt und währten einige Jahrhunderte.

Daneben kam es auch von Zeit zu Zeit zu den nach dem deutschen Klimatologen Hartmut Heinrich benannten Heinrich-Ereignissen, die für besondere Kälte sorgten. Wahrscheinlich brachen durch ständige neue Schneefälle unter deren zunehmendem Gewicht immer wieder mal große Teile des eiszeitlichen Kontinentaleises ab, sodass dann eine ganze Armada von meerwasserkühlenden Eisbergen auf dem Ozean unterwegs war. Dies zeigen Untersuchungen des Sediments in der Tiefe. Meist findet sich dort weicher Schlamm, es treten aber auch meterdicke Schichten von Steinen auf. Diese kann der Ozean selbst nicht dorthin transportiert haben, da sie ja zuvor längst abgesunken wären. Sie müssen also von Eisbergen stammen, die auf dem Wasser irgendwann geschmolzen sind.

Als die Kaltzeit zu Ende ging, begann die viel stabilere und wärmere Klimaphase des Holozäns, in der der Mensch während der neolithischen Revolution auch sesshaft wurde. Nun kam es nur noch selten zu starken Klimaschwankungen, die warme Meeresströmung war recht stabil und reichte wie heute bis in die Region um Grönland. Trotzdem gab es auch im Holozän mit der bereits bekannten Periode von rund 1470 Jahren Klimaschwankungen, wenn bei sogenannten Bond-Ereignissen (benannt nach dem amerikanischen Geologen Gerard Bond) immer wieder mal kaltes Oberflächenwasser und Treibeis aus dem Arktischen Ozean, dem Europäischen Nordmeer oder der Labradorsee nach Süden vorankamen. Derzeit wird untersucht, ob die langen Zyklen schwankender Sonnenintensität (Gleissberg-Zyklus mit einer Periode von knapp 87 Jahren und De-Vries/Suess-Zyklus mit einer Periode von 210 Jahren) hier eine Rolle spielen, denn die Effekte wirken alle rund 1470 Jahre gemeinsam in die gleiche Richtung. Wenn das passiert, tritt eine Energiezunahme von etwa einem Watt pro Quadratmeter auf. Beim aktuellen Klimawandel sind es 3,2 Watt pro Quadratmeter, die gegenüber der vorindustriellen Zeit maßgeblich durch den Menschen hinzukommen, eine im Vergleich gewaltige Menge.

Was könnte sich also wettermäßig nach Ötzis Tod durch ein Bond-Ereignis zugetragen haben? Sein Mageninhalt zeigt, dass der Mord an ihm wohl Ende Juni/Anfang Juli geschah. Da Ötzi am Similaungletscher auf rund 3200 Meter Höhe gefunden wurde, ist es aber absolut denkbar, dass direkt nach seinem Tod ein Tief mit Kaltluft und viel Schnee durchgezogen sein könnte. Wenn sich danach über Wochen eine nördliche Strömung eingestellt hätte, vielleicht so ähnlich wie im August 2006, dann wäre der Schnee in dieser Höhe bis zum Herbst nicht mehr getaut. Und folgen in einem solchen Fall ein kalter, schneereicher Winter und im weiteren Verlauf eine Reihe mehrerer kalter Jahre wie zum Beispiel von 1977 bis

> 1981, dann liegt irgendwann so viel Schnee, dass ihn erst ein richtig heißes Jahr wieder tauen lassen kann. Ein Bond-Ereignis könnte nun verhindert haben, dass ein solches Hitzejahr bald nach Ötzis Tod stattfand, und so wurde die Schneedecke immer dicker. Ein Prozess, der sich durch die zunächst langfristige Abkühlung im Holozän immer weiter fortgesetzt haben dürfte. Ötzi blieb also tiefgekühlt unter Schnee und Eis.
>
> Die Tatsache, dass man im Alpenraum nicht ständig »Ötzis« findet, zeigt uns eindeutig, dass es ein absolut außergewöhnliches »Wetter- und Klimaglück« gegeben haben muss, damit dieser Leichnam nach rund 5300 Jahren so mumifiziert und in fast unbeeinträchtigtem, vollständigem Zustand gefunden werden konnte.

Doch auch über die klimatischen Aspekte hinaus lohnt es sich, einen Blick auf die Todesumstände dieses Mannes zu werfen, denn dabei handelt es sich um das älteste bekannte Tötungsdelikt der Welt.

Der Mann aus dem Eis – ein wahrhafter »Cold Case«

Es könnte eine Szene aus einem der Krimis des Dänen Jussi Adler-Olsen sein: 20 Jahre nach dem Fund der Leiche wird der Fall noch mal aufgerollt. Der ins Dezernat Q für »Cold Cases« – also alte, ungelöste Kriminalfälle – strafversetzte Kommissar Carl Mørk ordnet an, dass die sterblichen Überreste geröntgt werden, und zum Erstaunen aller sieht man auf dem Bild einen Schatten im linken Rücken-Schulter-Bereich. Die Vergrößerung zeigt: Es ist eine Pfeilspitze. Damit steht zweierlei fest. Erstens: die Todesursache. Und zweitens: Es war Mord!

Als Ötzi in die Röhre geschoben wurde, standen allerdings keine Polizisten um ihn herum, sondern Wissenschaftler. Die erhellende Röntgenaufnahme wurde im Jahr 2001 durchgeführt, zehn Jahre nachdem man seinen Leichnam gefunden hatte. Damit war klar, dass er von hinten per Pfeilschuss getötet worden war. Allerdings weiß man bis heute über Verletzungen durch Pfeile sehr wenig. Als die Gerichtsmedizin über die entsprechenden Mittel und Methoden verfügte, waren Pfeil und Bogen schon längst aus der Mode gekommen und von Revolvern und Gewehren abgelöst worden, schränkte der Pathologe Eduard Egarter Vigl ein, zu jener Zeit Konservierungsbeauftragter für den Eismann: »Wir haben im Grunde nur eine Literaturstelle gefunden, die aus dem Jahre 1820 stammt und die von den Kämpfen zwischen Indianern und der damaligen amerikanischen Armee im Zuge der Entdeckung des Wilden Westens berichtet«, erklärte uns Egarter Vigl, »hier wird beschrieben, dass Pfeilschussverletzungen immer tödlich waren, wenn die Schlüsselbeinschlagader getroffen wurde und es zu einer Blutung aus dem Gefäß gekommen ist. Die Überlebenszeit wird mit zwei bis drei Minuten angegeben, und so muss es auch beim Eismann gewesen sein.«

Und das Motiv? »Es war Mord aus Heimtücke«, urteilt Kriminalhauptkommissar Alexander Horn. Die Kollegen von BR Wissen hatten den Profiler am Münchner Polizeipräsidium gebeten, alle Tatumstände und Fakten zu bewerten. Ein Umstand, der ihm sofort auffiel: Ötzi hatte eine Verletzung an der Hand, die vom Heilungsverlauf her drei Tage älter war als die, die der Pfeil hinterließ. Es könnte sich dabei um eine Schnittwunde handeln, die er sich möglicherweise bei der Abwehr eines Messerangriffs zugezogen hatte. War er im Tal einem Angriff ausgesetzt gewesen, den er aber noch erfolgreich hatte abwehren können? Ötzi muss – darauf lässt der Inhalt seines Darms mit Pollen aus unterschiedlichen Vegetationszonen schließen – mehrmals auf- und dann wieder abgestiegen sein. Warum? War er auf der Flucht?

Ein Tatmotiv schloss die Wissenschaft aber bereits von Anfang an aus: Raub. Denn wenn Habgier der Grund für den Schuss in den Rücken gewesen wäre, hätte dann der Täter so wertvolle Dinge wie den ausgeklügelten Bogen oder das aufwendig gearbeitete Kupferbeil zurückgelassen? Motive wie Rache oder Eifersucht scheinen da naheliegender. Profiler Horn entschied sich für diese Hypothese: »Mit hoher Wahrscheinlichkeit war der Täter der Kontrahent aus der Messerattacke. Als offenbar unterlegener Gegner wollte er sich wohl auf keine direkte Konfrontation mehr einlassen und tötete deshalb Ötzi aus dem Hinterhalt mit einer Fernwaffe!« (https://www.br.de/wissen/oetzi-mumie-eismumie-eis-referat-100.html)

Seit dem Ötzifund sind mittlerweile mehr als drei Jahrzehnte ins Land gezogen. Und der Klimawandel, der 1991 Ötzis Oberkörper freilegte, ist dramatisch weitergegangen. Die Alpenüberquerung im Rahmen unseres »Steinzeit«-Experiments im Sommer 2006 führte am Fundort vorbei (siehe die Seiten 196 ff./273 ff.). Es war ein faszinierendes Bild, wie unsere beiden Protagonisten in original Ötzi-Retro-Ausrüstung in die Senke hinabstiegen, die der Eismann einige Jahrtausende zuvor aufgesucht hatte, wahrscheinlich um zu rasten. Man sah noch die zahlreichen roten Punkte an den Felsen, die die Orte markierten, an denen der Leichnam bzw. die verschiedenen Ausrüstungsgegenstände wie Bogen, Rückentrage oder Grasmatte gelegen hatten. War 1991 das über 3000 Meter hoch gelegene Tisenjoch bis auf einige Schmelzwasserpfützen noch weitgehend von Schnee bedeckt gewesen, lagen jetzt nur noch an schattigen Stellen größere Schneereste.

Am Abend des Drehtags saßen wir vom Team noch vor der nahe gelegenen Similaunhütte, deren Wirt 1991 die Bergwacht gerufen hatte. Neben uns stand ein Holländer, der völlig fassungslos auf den gegenüber gelegenen Niederjochferner schaute. »Ich war vor etwa 20 Jahren schon mal hier, und mich schockiert, wie kurz der Gletscher mittlerweile ist ...«

Als wir zwölf Jahre später, Ende August 2018, für unsere Alpendoku noch einmal am Fundort drehten, war der Großteil des Tisenjochs schneefrei. Zur Erinnerung: Seit Ötzis Todestag bis zum Fund 1991 war das Gelände ganzjährig mit Schnee bedeckt gewesen.

Mittlerweile ist der Eismann der Star des Südtiroler Archäologiemuseums. Über fünf Millionen Besucher zogen bislang an der Mumie vorbei. Und sorgten dabei für eine ungewöhnliche Spielart von »Klima«, die für die Erhaltung der Leiche nicht ohne Risiko ist. Zwar liegt Ötzi in einer Kühlkammer, die auf minus 6,5 Grad gehalten wird, doch es gibt einen Schwachpunkt: die kleine, dicke Panzerglasscheibe zum Besucherraum. Tag für Tag heizen die Atemstöße Hunderter Museumsbesucher, die dicht an die Scheibe drängen, das Glas auf, es wird so zu einer Art Äquator der Kühlkammer. Und da Äquatorluft zu den kühlen Polen strebt, weil eben warme Luft nach kalt fließt, entsteht da drinnen »Wind« – zwar kaum spürbar, aber doch mit dem Effekt, dass er die Mumie austrocknen und das Gewebe zerstören würde, wenn man das einfach so laufen ließe. Aber Oliver Peschel lässt das natürlich nicht zu. Der neue Konservierungsbeauftragte des Museums holt Ötzi in regelmäßigen Abständen aus der Kühlkammer und besprüht ihn mit Wasser. Ist der Eismann wieder zurück in der Kühlkammer, entsteht aus der Wasser- eine Eisschicht, die ihn fit für die nächsten Besuchermassen macht.

Ötzi – gleich in mehrerlei Hinsicht ein hochinteressantes Studienobjekt in Sachen Klima. Und Klimawandel.

Ein faszinierendes Experiment: Wie Ötzi über die Alpen (1)

Rolf Schlenker

Als ich den Begriff zum ersten Mal hörte, war ich sofort fasziniert: »Steinzeit-EU«. Das hieß, schon vor Jahrtausenden gab es einen schwunghaften Handel zwischen den Regionen der heutigen EU-Staaten. Was ich besonders interessant fand: Selbst die Alpen waren damals nicht davon ausgenommen. Das belegen zahlreiche Funde, die von der jeweils anderen Alpenseite stammten. So wurde eine Feuersteinart, die es nur in den Südalpen gab, nördlich des Gebirges entdeckt, und umgekehrt wurde eine bestimmte Keramikart aus dem Norden südlich der Alpen ausgegraben. Das bedeutet: Die Alpen waren bereits zur Zeit Ötzis im vierten Jahrtausend vor Christus keinesfalls ein lebensfeindlicher Landstrich, den es zu meiden galt, sondern eine viel begangene Nord-Süd-Transitregion.

Doch wie sollte das gehen, eine Alpenüberquerung ohne die technologischen Errungenschaften moderner Sportausrüster? Als Wissenschaftsjournalist wollte ich das wissen, und als Leiter des ARD-Zeitreiseprojekts »Steinzeit – das Experiment« bekam ich 2006 die Chance, es auch herauszufinden. Wir hatten eine »Sippe« gesucht, die zwei Monate lang unter den Bedingungen der Jungsteinzeit, der Epoche Ötzis, leben würde: in einem steinzeitlichen Pfahlbau, in steinzeitlicher Kleidung, mit steinzeitlicher Nahrung – was für die Teilnehmer unter anderem bedeutete, dass sie Getreide selbst ernten, entspelzen und mahlen mussten. »Living Science«, lebendige oder gelebte Wissenschaft, nannten wir das.

Im Rahmen dieses Experiments suchte ich nach einer Möglichkeit, zwei Teilnehmer in einer detailgetreuen Nachbildung der Ötzi-Ausrüstung über die Alpen zu schicken. »Kein Problem«, sagte zu meiner Überraschung der damalige Leiter des Instituts für Archäologien an der Universität Innsbruck, Walter Leitner; Hinweise auf Routen, Pässe, Übergänge und »Abris« genannte Übernachtungsmöglichkeiten unter überstehenden Felsen gebe es genügend. Die Route war somit schnell geplant: Von Bregenz an der österreichischen Südostspitze des Bodensees aus ging es über Vorarlberg, das Inn- und das Pitz- ins Ötztal, hinauf zum Tisenjoch, der Fundstelle Ötzis, und weiter nach Bozen in Südtirol.

Diese sogenannten alten Wege folgten einem ganz einfachen Prinzip, erklärte Walter Leitner: »Oben bleiben, Täler meiden!« Die Strategie verwunderte uns zunächst: ständig auf und ab statt unten immer schön am Bach entlang? Damals wäre das aber nicht gegangen, so Leitner. Die Täler waren gänzlich ungerodet, eine zugewucherte Wildnis, die von sumpfigen Wasserläufen durchzogen war. Man kam nicht nur mühsam vorwärts, man konnte auch nicht sehen, wohin es ging, und holte sich darüber hinaus noch nasse Füße – gleich drei gute Gründe, nach oben auszuweichen. Oberhalb der Baumgrenze konnte man ungehindert gehen, hatte freie Sicht, und wenn es regnete, sammelte sich das Wasser nicht unter den Füßen, sondern lief gleich den Berg hinunter. Und falls man doch über einen Fluss musste? »Die besten Furten haben sich schnell herumgesprochen«, meinte Leitner.

Schwieriger als die Routenwahl war die Vorbereitung der beiden Teilnehmer Henning und Ingo auf das, was sie auf ihrem etwa dreiwöchigen Marsch in Ötzi-Ausrüstung erwarten würde. Wo und wie würden sie zum Beispiel übernachten, wenn es gerade mal keinen überhängenden Felsen in der Nähe gab? Dieses Coaching war die Aufgabe von Thomas Patzleiner, dem inzwischen verstorbenen Gründer der »Überlebensschule Tirol«.

Thomas war einer dieser »Alpenversteher«, die scheinbar traumwandlerisch selbst mit den widrigsten Bedingungen in der freien Natur umgehen können. Sechs Tage lang begleitete er die beiden Männer, bevor er sie alleine weiterziehen ließ, sechs Tage, in denen er ihnen alles beigebracht hatte, was man brauchte, um in den Alpen zu überleben. Das war im Sommer 2006 doppelt wichtig, denn auf das Traumwetter der »Sommermärchen«-WM im Juli war ein August gefolgt, in dem gleich sieben gewaltige Tiefdrucksysteme – Xaveria, Zana, Bärbel, Dörthe, Florence, Gaby und Isabel – in kurzer Folge über uns hereinbrachen, mit Gewitterstürmen, tagelangen Regenfällen und Kälte. Und mitten in diesem Wetterchaos startete die Alpenüberquerung von Henning und Ingo, die ich in Teilen direkt vor Ort begleitete.

Da waren zunächst die kleinen Probleme, die Thomas Patzleiner zu lösen half: Blasen? Spitzwegerich kauen und drauflegen. Kein Salz? Einfach Huflattich rösten und mit der Asche würzen. Schmerzen? Weidenrinde enthält Salicylsäure, den Basisstoff gängiger Schmerztabletten.

Doch natürlich gab es auch die größeren Herausforderungen wie Übernachten. In den rauen Alpen ist das eine Überlebensfrage, für die Thomas ebenfalls eine Strategie hatte – und einen eingängigen Begriff: »heilige Reihenfolge«. Das meint einfach nur: first things first. Und das wiederum bedeutet zunächst einmal den Bau einer Schutzhütte: »Das ist das Wichtigste, weil ein Mensch bereits bei plus vier Grad Celsius mit kräftigem Wind und ohne Schutz innerhalb von wenigen Stunden erfrieren kann«, erklärte

Thomas seinen beiden Schützlingen. »Das Zweitwichtigste ist Wasser, bei Wassermangel besteht immerhin erst ab Tag drei Lebensgefahr. Feuermachen zum Abkochen von Wasser und für die Wärmegewinnung steht an Position drei, erst dann kommt die Nahrungssuche, denn ohne Essen kann man es ohne größere Probleme deutlich länger aushalten.« Drei Minuten ohne Luft, drei Tage ohne Wasser und drei Wochen ohne Essen, lautet die zentrale Survival-Faustregel.

Diese »heilige Reihenfolge« – das Nacheinander von Schutzhüttenbau, Wassergewinnung, Feuermachen und Nahrungsbeschaffung – war für Thomas Patzleiner die zentrale Grundanforderung an einen Lagerplatz in freier Natur. Gelernt hatte er diese Überlebenstechniken bei den Apachen, doch haben sich diese Strategien weltweit bei vielen Naturvölkern herausgebildet – identisch und völlig unabhängig voneinander. Deshalb war er sich sicher, dass auch unsere Vorfahren zumindest ähnlich effizient und logisch auf die Herausforderungen einer für den Menschen wenig lebensfreundlichen Natur reagierten. Dementsprechend ausgeprägt war auch seine Vorstellung, wie eine solche prähistorische Bergtour abgelaufen sein könnte.

»Zwei Dinge gilt es gegeneinander abzuwägen«, erklärte er unseren Probanden beim Coaching. »Zum einen: Der Hüttenbau steht ganz oben auf der Dringlichkeitsliste. Aber: So ein Hüttenbau dauert zwei bis drei Stunden!«

Der erste Schritt hierfür: »Boden absuchen! Sind irgendwo Ameisen? Sonst wird's heute Nacht ungemütlich«, mahnte Thomas.

Dann ließ er seine Schüler Äste sammeln, darunter zwei lange Astgabeln, die in zwei Meter Abstand in den Boden gerammt wurden. Nachdem eine Querstange über sie gelegt worden war, mussten mehrere Holzstangen dagegengestellt und mit mehreren Querstangen mittels Pflanzenhalmen oder Wurzelfäden zu einem

Gitter zusammengebunden werden. So entstand ein Gerippe in Zeltform, auf das schließlich Tannenreisigbündel gestapelt wurden: »Die dicken Enden nach unten, so läuft das Wasser besser ab!«, riet Thomas.

»Wie stark muss das Dach sein?«, fragte ihn einer der beiden Teilnehmer.

»28 Zentimeter Dicke bei 45 Grad Dachneigung, dann haben wir's dicht.«

Und wieso gerade 28 Zentimeter?

»Erfahrung!« – aus vielhundertfachem Versuchen, Scheitern, Verbessern ... Trial and Error eben.

Für Thomas Patzleiner war damit klar, dass man sich als frühsteinzeitlicher Alpenüberquerer so einen Hüttenbau nicht jeden Abend aufs Neue antat, das hätte viel zu viel Zeit gekostet. Er hielt es für wahrscheinlicher, dass man zwei Tage hintereinander durchmarschierte, sich am ersten Tag nach 15 bis 20 Stunden nach Einbruch der Dunkelheit einen geschützten Platz unter einer Tanne suchte, ein Feuer machte und – in seinen Fellmantel gehüllt – ein paar Stunden döste, um bei Tagesanbruch weiterzuziehen, wiederum 15 bis 20 Stunden bis zur nächsten nächtlichen Kurzrast.

Erst am dritten Tag wurde einen Gang zurückgeschaltet: Nach zehn Stunden Marsch begab man sich auf die Suche nach einem guten, geschützten Lagerplatz in der Nähe von Wasser und Brenn- bzw. Baumaterial. Dann, so rechnete Thomas vor, lohnte sich die Investition: zwei bis drei Stunden Lagerbau bei 45 bis 50 Marschstunden – ein effizientes Verhältnis von Aufwand zu Ertrag. Und diese Effizienz war sogar noch steigerbar, wenn man die Marschphasen in gutes und die Ruhephasen in schlechtes Wetter legte: »Auf diese Art und Weise konnte man in nur drei bis vier Wochen drüben sein.«

Und so war es auch im Sommer 2006. Am 30. Tag, nach rund 300 Kilometern, erreichten unsere beiden Protagonisten Bozen. Es war teilweise eine elende Schinderei gewesen, die beiden kamen mit Blasen und Schrunden am Ziel an, Ingo hatte sich kurz vorher noch einen Leistenbruch zugezogen, der nach der Tour operiert werden musste – aber sie hatten es geschafft.

Teil 3
ALPENKLIMA-WANDEL

Warum Verkehr die Alpen besonders stresst

In kaum einem anderen Landstrich liegen Dorfidylle und übervolle Schnellstraßen so nahe beieinander, seit Jahrhunderten sind die Alpen viel genutzte Transitstrecke zwischen Süd und Nord. Wer die Alpen durchqueren will, tut dies in der Regel auf drei Hauptrouten: Brenner, Gotthard oder Mont Blanc. Zu den Lkws kommen noch Heerscharen von Touristen – mit gravierenden Folgen: Im Alpenraum werden unvorstellbare Mengen an Kohlendioxid ausgestoßen, einem der Hauptverursacher der Erderwärmung.

Athen, Dionysostheater, um 300 v. Chr.: Atemlos lauschen die 17 000 Zuschauer im gigantischen Halbrund dieses riesigen Amphitheaters den Worten der Antigone, die – zusammengekauert auf der Bühne – gerade Ungeheuerliches ankündigt:

*»Doch ihn begrab ich. Schön ist mir nach solcher Tat der Tod.
Lieb werd' ich bei ihm liegen dann, dem Lieben, nach frommer
Freveltat ...«*

Den toten Bruder zu begraben, gegen das strikte Verbot des Königs von Theben, das riecht nach mächtig Ärger. Dass auch noch die Zuschauer in der letzten, gut 70 Meter von der Bühne entfernten Sitzreihe die ergreifende Szene verstehen können, ist rund 2100 Jahre vor Erfindung des Lautsprechers ein Wunder der Akustik. Durch die nach hinten ansteigenden Sitzreihen, eine geschickte Nutzung eines Luftstroms von unten nach oben und den smarten Einbau verschiedener resonanzverstärkender Hohlkörper werden die Schallwellen bis in die hintersten Ränge getragen – ein Effekt, den man auch noch heute in den Ruinen des Theaters am Fuß der Akropolis nachvollziehen kann. Wem das allerdings zu weit weg sein sollte: Den »Amphitheater-Effekt«, wie er im Fachjargon heißt, bieten auch viele Bergtouren in den Alpen.

Wer zum Beispiel in den Chiemgauer Alpen eine Rundwanderung über den 1321 Meter hohen Fuderheustein macht, sieht tief unter sich die A 8 und die B 20, die an der Ausfahrt Bad Reichenhall aufeinandertreffen – und hört sie auch. Obwohl 850 Höhenmeter dazwischenliegen, ist das ständige Rauschen des Verkehrs präsent. Wie bei den Zuschauerrängen im Dionysostheater steigen die Schallwellen auch an den Bergflanken der Alpentäler empor. Messungen verdeutlichen dieses Phänomen. Wer im Tal unmittelbar neben der Autobahn wohnt, ist einem Lärmpegel von etwa 71 Dezibel ausgesetzt, das ist ungefähr der Lärm, den ein Staubsauger macht, wenn man neben ihm steht. Wer im Talboden nur 280 Meter weiter weg von der Autobahn wohnt, ist nur noch 51 Dezibel ausgesetzt. Das entspricht leiser Radiomusik oder Vogelgezwitscher. Dieselben 51 Dezibel kriegt aber auch jemand ab, der 1,1 Kilometer, also viermal so weit, von der Autobahn entfernt wohnt – aber 290 Meter höher. Das ist eben der Amphitheater-Effekt, bei dem der Zuschauer in Reihe 70 oben dasselbe hört wie der in Reihe 7 unten.

Und oft atmet er auch dasselbe ein. Das Berg-Talwind-System der Alpen sorgt dafür, dass neben Lärm auch Luftschadstoffe bis in höchste Gipfellagen transportiert werden. Und das gleich tonnenweise. Denn was aus einem Autoauspuff raucht, sieht vielleicht wolkig leicht und flüchtig aus, ist es aber nicht, ganz im Gegenteil.

Die Faustregel sagt: Das, was hinten rauskommt, ist über dreimal so schwer wie das, was Sie vorne reingefüllt haben. Das muss man sich immer wieder vor Augen führen. Bei der Verbrennung von einem Liter Benzin, der – da leichter als Wasser – 0,75 Kilogramm wiegt, entstehen 2,38 Kilogramm CO_2. Die Rückstände werden deshalb schwerer, weil beim Verbrennungsvorgang aus der Außenluft der deutlich schwerere Sauerstoff dazukommt und angelagert wird.

Hierzu ein kleines Rechenspiel: Mit An- und Abreise plus zwei, drei Ausflugstouren ist in einem einwöchigen Alpenurlaub ruckzuck eine Tankfüllung weg – wenn 70 Liter reinpassen, hat man einen 167 Kilo schweren Sack voller Schadstoffe in den Bergen stehen lassen. Man kann sich gut vorstellen, dass bei rund 100 Millionen Alpentouristen pro Jahr, von denen gut drei Viertel mit dem eigenen Auto reisen, plus dem, was die 13 Millionen Einheimischen und die 10 Millionen Lkws in die Luft blasen, ordentlich was zusammenkommt. Und: In dem 167-Kilo-Sack ist nur das CO_2. Dazu kommen noch die anderen Autoverbrennungsrückstände wie Kohlenstoffmonoxid, Schwefeloxide, Stickoxide, Feinstaub oder Ruß. Doch wie will man dieses Schadstoff-Tsunamis Herr werden? Wie lässt sich das gewaltige Verkehrsaufkommen im Alpenraum klimawirksam reduzieren? Keine leichte Aufgabe.

Problemfeld Güterverkehr

Rastatt-Niederbühl, 12. August 2017. Um kurz vor elf Uhr schlagen die Sensoren entlang der Rheintalbahnstrecke Alarm. Auf einer Länge von rund acht Metern hat sich 25 Kilometer südlich von Karlsruhe das Gleisbett um etwa einen halben Meter gesenkt – ein Foto zeigt, dass die Schienen auf dem kurzen Stück Wellenform angenommen haben. Der Zugverkehr wird augenblicklich gestoppt und die Strecke gesperrt. Auslöser für die Absenkung ist ein Tunnelbauprojekt direkt unter dem Gleisbett.

Acht Wochen dauert es, bis der Zugbetrieb wieder aufgenommen werden kann. Da es nur Sach- und keine Personenschäden gegeben hat, mag dies für manche ebenso dramatisch klingen wie die berühmte Nachricht über den umgekippten Sack Reis in China. Und vor allem: Rastatt ist gute 250 Kilometer von den Alpen entfernt.

Doch das Beispiel zeigt in mehrerlei Hinsicht, wie abhängig die Verkehrsströme in den Alpen von dem Davor und Dahinter sind. Und dass eine Verkehrsentlastung nur funktioniert, wenn die europäischen Nachbarländer an einem Strang ziehen, nicht hinterherhinken wie Deutschland.

Denn die Rheintalstrecke zwischen Karlsruhe und Basel ist ein wichtiges Teilstück des »Korridors Rotterdam – Genua«. Die Idee dahinter: Container, die in den beiden riesigen Häfen per Schiff ankommen, werden auf Güterzüge umgeladen, die rund um die Uhr an sieben Tagen die Woche in 21 Stunden von Nord nach Süd und umgekehrt brettern. Lkws kommen da einfach nicht mit, sehr zum Segen für Alpenstraßen, -pässe und -tunnels. So der Plan. Aber dazwischen ist halt unter anderem dieses Stück Rheintalstrecke! Das Problem: Sie ist noch zum Großteil zweispurig ausgebaut, also nur auf Gegenverkehr ausgerichtet, was zur Konsequenz hat, dass ein 160 Kilometer pro Stunde schneller ICE einem 80 Kilometer pro Stunde langsameren Güterzug hinterherrumpeln müsste, wenn dieser nicht immer wieder auf Ausweichgleise geleitet würde. Fahren, warten, fahren, warten und nochmals fahren und warten – just in time im Warenverkehr geht anders.

Wäre die Strecke nicht erst 2041, sondern bereits jetzt schon vierspurig ausgebaut, wäre alles kein größeres Problem: Schnelle Personen- und langsamere Güterzüge hätten ihr eigenes Gleisbett und würden sich nicht mehr gegenseitig behindern; auch bei einer Havarie wie im August 2017 könnten die Züge auf das jeweils andere Gleisbett umgeleitet werden. Sicher käme es da zu Behinderungen, aber ohne eine solche Umleitungsmöglichkeit fielen in Rastatt allein beim Gütertransport über 8000 Züge aus, was zu einem volkswirtschaftlichen Schaden von über 1,5 Milliarden Euro führen würde.

Der negative Nebeneffekt für die Alpen: Angesichts solcher Nadelöhre und Hemmnisse im Eisenbahnsystem bleibt der Transport per Lkw – und damit der Alpentransit – für Spediteure eine echte wirtschaftliche Alternative.

Vor allem Österreich ächzt unter einer ständigen Zunahme des Lkw-Verkehrs. 2,47 Millionen Trucks quälten sich 2019 über die Brenner-Autobahn, Tendenz weiter steigend. Für den Verkehrsclub Österreich (VCÖ – Mobilität mit Zukunft) gibt es nur eine Alternative: die Verlagerung von Gütern auf die Bahn. Der Transport über die Schienen ist um den Faktor 20 umweltfreundlicher als der per Lkw – und um zwei Drittel billiger, rechnet der VCÖ vor, ein einziger Güterzug könnte 40 Laster ersetzen. Doch noch ist der Lkw-Transport attraktiver, weil Eisenbahntunnelprojekte stocken und nicht der Spediteur, sondern die Allgemeinheit die Kosten von entstehenden Umweltschäden trägt.

In der Schweiz ist man da wesentlich weiter. Das Land hat mit den drei Basistunneln Lötschberg (seit 2007) Gotthard (2016) und Ceneri (2020) seine schnelle Eisenbahn-Alpentransversale NEAT fertiggestellt. Die Erhöhung der Transportgeschwindigkeit und eine spezielle Schwerverkehrsabgabe für Lkws, die Gewicht, Emissionsstufe und gefahrene Kilometer einberechnet, haben die Attraktivität des Gütertransports auf der Schiene deutlich gesteigert, 70 Prozent macht der Anteil alpenquerenden Güterverkehrs inzwischen aus. Oder umgekehrt: Von 1,4 Millionen im Jahr 2000 sank die Zahl der Lkw-Transporte auf 863 000 im Jahr 2020.

Es geht also, wenn die Politik solche Projekte entschieden vorantreibt.

Problemfeld Individualverkehr

San-Bernardino-Tunnel, 18. Mai 2018, kurz vor 15 Uhr. Es ist der Freitag vor Pfingsten, die 21 Fahrgäste in einem Bus aus Bayern sind bester Laune. Gerade sind sie fünf Tage lang an der ligurischen Palmenriviera entlanggeradelt, jetzt geht es zurück, das Pfingstfest wollen sie wieder zu Hause im mittelfränkischen Westheim feiern. Doch 500 Meter vor dem Nordausgang des Tunnels bemerkt der Fahrer eine starke Rauchentwicklung aus dem Motorraum und stoppt den Bus. Er und die Fahrgäste können gerade noch aussteigen, da fängt das Fahrzeug Feuer und brennt völlig aus. Allen gelingt es, über Notausgänge den Tunnel zu verlassen, zwei Personen erleiden leichte Rauchvergiftungen.

So glimpflich der Brand für die Insassen ausgeht, so folgenreich ist er für alle Urlauber, die gerade durch die Schweiz in Richtung Süden unterwegs sind. Da der Bernardino mehrere Tage gesperrt bleibt, müssen die Autofahrer auf den Gotthard ausweichen. Die Folge: Vor dem nördlichen Tunneleingang bei Göschenen staut sich tagelang der Verkehr, bis zu fünf Stunden muss man warten, bis man in die Röhre einfahren darf, die Autoschlange wächst auf die Rekordlänge von 28 Kilometer an. Sofort sind auch alle Nebenstrecken und Pässe verstopft, das Chaos ist gewaltig.

Das Beispiel zeigt deutlich: Fällt auch nur eines der Hauptnadelöhre für den Transitverkehr aus, zieht das sofort großräumige Konsequenzen nach sich. Wie will man das verhindern? Eine Möglichkeit ist die Strategie »Bestrafung«. Tempo 100 auf Schnellstraßen, höhere Mautgebühren für Autobahnen, Pässe und Tunnels sind ein Mittel, um Autofahren unattraktiver zu machen. Ein anderes: Prinzip »Belohnung«. So könnten attraktive Angebote für den Autotransport per Zug und die damit verbundene staufreie Alpendurchquerung immer mehr Menschen dazu veranlassen, diese Variante zu wählen.

Bei Touristen, die ein Reiseziel in den Alpen ansteuern, gibt es noch eine weitere Angebotsvariante: »Urlaub vom Auto«. Wie das funktioniert, zeigt das Beispiel Werfenweng. Der Ski- und Wanderort im Salzburger Land ist Teil der »Alpine Perls«, einer Kooperation von Gemeinden, die sich einem nachhaltigen, nach Eigenauskunft »natürlich sanften« Tourismus verschrieben haben. Vom Gepäcktransport über die Anreise per Bahn und den Weg zwischen Endhaltestelle und Unterkunft bis zur Vor-Ort-Mobilität ist alles durchdacht und -organisiert. Grundlage ist die »Werfenweng Card«, eine Punktekarte, über die man Busfahrten einlösen und Mountainbikes oder E-Autos anmieten kann. Darüber hinaus wird ein kostenloser Innerort-Shuttle angeboten.

Wer einmal den Stauhorror an einem Hotelwechseltag in den Skiferien mit gleich mehreren Zig-Kilometer-Staus erlebt hat, dürfte ein solches Angebot wohlwollend prüfen – auch daraufhin, ob es vom Preis her familienfreundlich ist. Allerdings muss man solche Initiativen noch mit der Lupe suchen. 19 solcher »alpinen

Perlen« gibt es bislang, 19 von insgesamt 300 Tourismuszentren in den Alpen – eine Größenordnung, die zeigt, wie viel Luft nach oben in diesem Bereich noch ist.

Ebenfalls nicht zu vernachlässigen sind die 13 Millionen Bewohner der Alpen. Das folgende Beispiel zeigt eine Schwierigkeit, die den Ausbau eines gut funktionierenden ÖPNV-Netzes in einem hochalpinen Gebiet behindert. Es ist das Problem der sogenannten letzten Meile, in diesem Fall der Weg von der Haltestelle einer Hauptbuslinie im Tal hinauf zu einem abgelegenen Bergdorf.

AÖPNV oder: Warum einem in den Alpen nie das Auto kaputtgehen sollte
Rolf Schlenker

Vorgeschichte: Samstag, 18. Dezember 2021, gegen 17 Uhr. Gott sei Dank passiert es in der Einfahrt der Autobahnraststätte Heidiland, 20 Kilometer vor Chur: Plötzlich springt der Gang raus, er lässt sich zwar wieder einlegen, aber das Auto bewegt sich nicht mehr – Antriebswelle rechts vorne, sagen die beiden Herren vom Straßendienst und schleppen uns in die nächste Fachwerkstatt in der Kantonshauptstadt.

Irgendwie kommen wir samt Gepäck zu unserem Bündner Bergdorf 40 Kilometer hinter Chur, die Lieferung des Ersatzteils wird über eine Woche dauern, ein Leihwagen ist übers Wochenende nicht zu kriegen, erst am Tag fünf nach der Panne wird der Ersatzwagen der Werkstatt frei sein. Wir beschließen, bis dahin auf ein Auto zu verzichten – damit beginnt mein persönliches AÖPNV-Erlebnis, die Geschichte zweier Fahrten mit dem alpinen öffentlichen Personennahverkehr.

Die zweite zuerst: zur Werkstatt nach Chur, um den Ersatzwagen zu holen. Unser Dorf oben am Berg ist an ein Rufbussystem angeschlossen, das einen mit der vier Kilometer entfernten und 350 Höhenmeter tiefer gelegenen Haltestelle der Talbuslinie verbindet. Nach knapp 15 Minuten erreicht der Bus den nächsten Bahnhof, weitere fünf Minuten später fährt der Zug nach Chur. Eigentlich alles super. Bis auf den Anfang der Fahrt.

Anruf bei der freundlichen Dame vom Rufbus:

»Guten Tag, ich muss den 13:27-Uhr-Bus zum Bahnhof erreichen.«

»Gut, allerdings muss ich Sie bereits um 12:40 Uhr abholen, Sie müssten dann halt unten an der Straße im Tal eine Stunde warten. Oder den früheren Bus nehmen.«

»Dass Sie eine Stunde später fahren, geht nicht?«

»Leider nein, da bin ich woanders unterwegs!«

Da es weit und breit kein Taxi gibt, sind das meine Optionen: entweder um 12:40 Uhr runterfahren, unten den Bus eine Stunde früher nehmen und irgendwo eine Stunde Zeit totschlagen oder zu Fuß runtergehen, um den passenden, späteren Bus zu kriegen. Ich entscheide mich für den Fußmarsch.

In Chur fahren die Stadtbusse dann im 10-Minuten-Takt, ich bin rechtzeitig in der Werkstatt und bekomme den Wagen.

Die andere Fahrt, zwei Tage davor. Meine Schwiegermutter und meine Tochter kommen um 12:30 Uhr mit der Bahn aus Chur an. Vor dem Bahnhof warten bereits die – wie die Schweizer sagen – Postautos, um die Reisenden schon wenige Minuten nach der Ankunft des Zuges weiterzutransportieren. Alles super getimt, jetzt muss ich nur noch die Weiterfahrt von der Busstation unten im Tal hoch in unser Dorf organisieren.

Anruf bei der freundlichen Dame vom Rufbus:

»Guten Tag, zwei Passagiere, die um 12:47 Uhr mit dem Bus ankommen, müssten hochgebracht werden.«

»Mhhh, da muss ich gerade Schulkinder fahren. Könnten die beiden auch eine halbe Stunde früher ankommen?«

»Nein, leider nicht, da sie ja erst 12:30 Uhr aus dem Zug steigen.«

»Oh, das ist aber schlecht, weil ich dann erst wieder gegen 16 Uhr fahren kann ...«

Für die letzten vier Kilometer drei Stunden in der Kälte an einer kleinen Haltestelle unten im Tal am Rand einer belebten Straße warten? Oder meiner weit über 80-jährigen Schwiegermutter einen 350-Höhenmeter-Marsch zumuten? Zum Glück kennen wir im Dorf genügend Leute, eine Nachbarin pickt die beiden auf und bringt sie hoch. Alles kein Problem.

Deshalb, um Missverständnisse zu vermeiden: Dies ist kein wehleidiges Klagelied über die Unzulänglichkeit des ÖPNV in den Alpen, ich möchte vielmehr verdeutlichen, mit welchen Schwierigkeiten er im Hochgebirge zu kämpfen hat. Um das System wenigstens ansatzweise finanzieren zu können, muss die wirklich reizende Dame vom Rufbus, die selbst auch die Fahrerin ist, auf mehreren Hochzeiten tanzen. Morgens die Schulkinder zum Schulzentrum fahren, mittags die Kinder ohne Nachmittagsunterricht und spätnachmittags die restlichen wieder auf die zahlreichen Bergdörfer verteilen. Und dazwischen noch das Rufbussystem am Laufen halten. Während sich bei den Bussen in der Kantonshauptstadt ein 10-Minuten-Takt trägt, einfach weil genügend Nutzer da sind, müssen die Rufbusse in den entlegenen Seitentälern oft wegen eines einzelnen Passagiers in weit entfernte Bergdörfer fahren.

Dass das teuer und mit Einschränkungen verbunden ist, versteht sich von selbst. Und dass jeder Dorfbewohner deshalb sein eigenes Auto haben will, auch. Wie sich der Individualverkehr in den Bergen reduzieren lässt, aber leider nicht. Auch wir sind gottfroh, als wir unser Auto wieder vor der Tür stehen haben.

Wie Flora und Fauna damit zurechtkommen, dass das raue Klima immer weniger rau wird

Erinnern Sie sich noch an die Darstellung in der Wärmebildkamera auf der Furka im Kapitel »Nackt in Eis und Schnee ...« auf Seite 134 f.? Jeden Tag einmal von der Arktis in die Tropen und zurück: Einer Pflanze, die das aushält, dürfte der Klimawandel mit seinen zwei Grad Temperaturanstieg in den letzten 150 Jahren doch eigentlich nichts ausmachen, oder? Aber so einfach ist es leider nicht. Denn der Hauptfeind dieser Pflanzen kommt nicht von oben, aus der zunehmend aufgeheizten Atmosphäre, sondern von unten, aus dem Tal.

Stellen Sie sich dazu eine Fantasiepflanze vor, nennen wir sie »Alpenbitterling«. Jetzt beamen wir uns in die Zeit der deutschen Reichsgründung in den 1870er-Jahren zurück und nehmen an, dieser Alpenbitterling fühle sich in einer Zone bis maximal 1000 Höhenmeter wohl. Jedes Jahr im Sommer verteilt der Wind die Samen der reifen Blüte in der ganzen Gegend, viele davon werden auch den Berghang hochgetrieben. Doch dort oben passiert immer dasselbe: Entweder geht der Same im Frühjahr nicht auf, weil es zu kalt oder zu nass ist, oder er keimt zwar, geht aber dann doch zugrunde, weil die Lebensumstände nicht passen, etwa wegen der ständigen Nachtfröste oder Schneefälle bis weit in den Sommer hinein. So geht das Jahr um Jahr, Jahrzehnt um Jahrzehnt: Für den Alpenbitterling ist ab 1000 Höhenmetern stets Schicht.

Doch plötzlich, wir schreiben inzwischen die 1980er, kommen weiter oben ein paar Samen durch. Es war mehrere Jahre hintereinander milder, mit weniger Schnee und mehr Sonne. Nun findet man den Alpenbitterling immer öfter auch auf den Almen in 1200 Meter Höhe. Und da seitdem die Durchschnittstemperaturen weiter steigen, wird er um 2050 herum, selbst wenn das 1,5-Grad-Ziel der Pariser Klimakonferenz von 2015 erreicht werden sollte, wohl die 1500-Meter-Linie erreicht haben.

Das Beispiel soll zeigen: Eine Pflanze, die nach oben klettert, tut dies nicht unbedingt, weil es ihr unten zu heiß geworden ist und sie es *muss*, sie wandert auch einfach deshalb nach oben, weil sie es aufgrund der für sie besseren Bedingungen jetzt *kann*.

Dieser Effekt steckt hinter dem, was Martin Mallaun seit Jahren beobachtet. Der Biologe der Universität Innsbruck ist Teil des weltweiten GLORIA-Projekts, bei dem in allen Erdteilen inklusive Antarktis 120 in Gebirgen gelegene Gebiete überwacht werden. Man will herausfinden, inwieweit der Klimawandel die Gebirgsvegetation verändert. Mallauns Beobachtungsgebiet liegt in den Dolomiten mitten in der Sellagruppe, im Gipfelbereich eines 2893 Meter hohen Schuttkegels, von den Forschern mit dem Fantasienamen »Monte Schutto« bedacht.

In regelmäßigen Abständen werden in allen 120 Forschungsgebieten mehrere ein mal ein Meter große Messrahmen ausgelegt, die wiederum in 100 Kleinquadrate unterteilt sind. Das heißt, alle paar Jahre liegen diese Rahmen zentimetergenau da, wo sie bereits bei früheren Messdurchgängen lagen. Und dann zählen Forscher wie Martin Mallaun weltweit, was sie in den einzelnen Quadraten sehen.

Ein Laie, der dem Biologen dabei am Monte Schutto über die Schultern schaut, wird vor allem eines sehen: Geröll. Doch Mallaun sichtet jedes noch so unscheinbare Pflänzchen, jeden noch so winzigen Farn, jeden noch so kärglichen Halm zwischen den Steinbrocken. Und er sieht noch etwas – etwas, das ihn alarmiert: »2001 haben wir hier oben 33 verschiedene Arten gezählt, 2015 waren es bereits 54 – das ist eine Zunahme von 64 Prozent.«

Das muss man erst mal sacken lassen – 64 Prozent! 21 neue Arten in nur 14 Jahren. Alle zwei Jahre kommen dort oben also drei neue Pflanzenarten an. Aber was bedeutet das? Auf den ersten Blick ist das ja eine Zunahme der Pflanzenvielfalt, was in einer Zeit, in der pro Tag weltweit 150 Arten aussterben, wie eine gute Nachricht klingt. Leider ist sie das nicht. Denn die Neuzugänge von unten kommen meist nicht als Freunde – man nennt es auch Invasion.

Martin Mallaun erklärt es an einem winzigen, etwa fünf Zentimeter hohen, blassen Blümchenpolster in einem seiner Messrahmen: »Der Facchinis Steinbrech lebt hier nicht, weil er es so toll findet, dass es hier oben so kalt ist und neun Monate lang Schnee hat – er lebt hier, weil er mit Konkurrenz nicht klarkommt, er mag keine Nachbarn.« Doch eben die rücken ihm in jüngster Zeit immer stärker auf die Pelle – wie das Alpen-Rispengras ein paar Kleinquadrate daneben. »Wenn das so weitergeht, wird der Steinbrech verdrängt werden«, prognostiziert Mallaun.

Nicht überall in den Alpen laufen diese Vorgänge nach demselben Muster und in derselben Geschwindigkeit ab, aber wenn man den Zweikampf in dem Südtiroler Messrahmen aufs große Ganze überträgt, bedeutet das: Bei einer solchen Entwicklung nimmt zunächst die Zahl der Arten zu, dann setzt ein gnadenloser Verdrängungswettkampf ein, und am Ende steht das Artensterben der Schwächeren – die Vegetation in Hochgebirgslagen droht sich komplett zu verändern.

Haben Pflanzen wie der Steinbrech denn überhaupt keine Chance, wenn von unten ständig Konkurrenten zuwandern? Wohl nicht, wenn sie wie am Monte Schutto bereits am oberen Ende der Fahnenstange leben. Weiter unten hätten sie zumindest noch die Möglichkeit zur Flucht in höhere Lagen. Aber dazu muss man erst einmal schnell genug sein. Das Problem dabei: Die Pflanzen aus tieferen Lagen sind meist agiler als die in höheren, sie holen die Bergler ein und überholen sie – die Einheimischen werden quasi überrollt.

Wie schwer beweglich diese oft sind, zeigt das Beispiel der ebenfalls im Kapitel »Nackt in Eis und Schnee …« auf Seite 132 f. beschriebenen Krumm-Segge, die – so raffiniert ihr Klimamanagement auch sein mag – in der Disziplin »Mobilität« eher die rote Laterne hält: Ihre unterirdischen Triebe wachsen pro Jahr gerade mal zehn Millimeter in die Breite, für einen Meter Ausbreitung braucht sie also 100 Jahre. In 1000 Jahren sind das gerade mal magere zehn Meter – aber keine Höhenmeter.

Im Vergleich dazu die Schnelligkeit, in der sich Temperaturlinien bewegen, die Faustregel lautet: Bei 1,8 Grad Erwärmung wandern sie um 300 Meter nach oben. Da sich die Alpen in den letzten 150 Jahren um rund zwei Grad erwärmt haben, wäre das 1000-Meter-Klima aus Bismarcks Zeiten rein rechnerisch mittlerweile bei 1333 Höhenmetern angelangt. Und mitgebracht hat es – denken Sie an den Alpenbitterling – auch die Pflanzen, die sich in ihm wohlfühlen.

333 Höhenmeter in 150 Jahren – in dieser Zeit hat sich die Krumm-Segge gerade mal eineinhalb Meter zur Seite ausgebreitet. Gut, nicht alle sind so langsam wie sie, aber dieser Zahlenvergleich vermittelt doch einen Eindruck von der Dynamik der Prozesse, die auf die Alpenvegetation zukommen können, wenn sich die Atmosphäre weiterhin so ungebremst aufheizt wie zurzeit.

Doch auch in tiefer gelegenen Bereichen bekommt die Flora Probleme, zum Beispiel der Wald, der sich in den Alpen unterhalb eines Höhenbereichs zwischen 1800 und 2400 Metern angesiedelt hat.

Eine Studie der Technischen Universität München hat ergeben, dass der Boden des Bergwalds in den Bayerischen Alpen gewaltige Mengen an Humus verloren hat, mit gravierenden Konsequenzen nicht nur für die Bäume. Ursache für den Schwund sind die gestiegenen Durchschnittstemperaturen – was passiert da in den Waldböden?

Zunächst: Alles, was an Herbstlaub, Nadeln, Ästen, Zweigen, Pilzen, Pflanzenteilen, Tieren und sonstiger toter organischer Materie anfällt, wird von den zigmillionen Bakterien, Einzellern, Pilzen und Fadenwürmern, die sich in jedem Gramm Waldboden befinden, zersetzt. Das ist ein komplexer Vorgang aus Zerkleinern, Fressen, Verdauen, Gefressen- und Verdautwerden, bei dem dann jene schwarze, lockere Masse entsteht, die so randvoll mit Nährstoffen und damit so wichtig für das Baumwachstum ist: Humus.

Nur ist damit das Ende dieses Prozesses nicht erreicht, denn nun gibt es wiederum Lebewesen, die den Humus abbauen. Das Problem dabei: Mit steigenden Temperaturen arbeiten diese Bakterien, solange der Humus nicht austrocknet, immer intensiver – sie verarbeiten ihn schneller, als neuer entsteht. Auf längere Zeit nimmt so der Humusanteil im Boden ab.

Das ist der Vorgang, den Jörg Prietzel seit Jahren beobachtet. Der Professor für Bodenkunde an der TU München betreut mehrere Versuchsflächen in den Bayerischen Alpen, eine davon liegt in den steilen Bergwäldern hoch über dem Walchensee. Dieses Waldstück wirkt naturbelassen, es ist als Forschungsgelände aus der Waldbewirtschaftung herausgenommen. Hier auftretende Waldschäden sind also keine Folge der Nutzung durch den Menschen – das macht Prietzels Bilanz umso brisanter: »Allein in dieser Versuchsfläche hat der Humusvorrat in den letzten 25 Jahren um 25 Prozent abgenommen.« Ein Viertel weniger Humus in nur einem Vierteljahrhundert – die Geschwindigkeit ist enorm.

Ein paar Hundert Meter entfernt, auf einer anderen Beobachtungsfläche, zeigt Jörg Prietzel, welche Konsequenzen dieser Schwund hat. Er steigt eine Waldwiese empor, auf der ein paar große Bäume stehen, Tannen, Fichten, hier und da eine Birke. Die Szenerie wirkt hell, freundlich – so stellt man sich als Kind einen Märchenwald vor. Leider ist genau das ein Problem. Der Bodenkundler gräbt die oberste Schicht des Bodens ab, man sieht: Die dunkle Humusschicht ist hier nochmals deutlich dünner als auf der ersten Versuchsfläche. Die Mehrzahl der Bäume ist deshalb nach und nach verschwunden, jetzt fühlt sich hier vor allem ein Gras wohl, dessen lange Halme im Spätsommer austrocknen und sich flach auf die Erde legen. Und wenn es dann zu schneien beginnt, wird das so richtig gefährlich: »Das ist eine ideale Gleitfläche für Schnee, vor allem wenn er im Frühjahr weich und schwer wird und ins Rutschen kommt«, erläutert Jörg Prietzel. Das heißt: Je mehr es von diesen vergrasten Waldflächen gibt, desto größer wird die Gefahr von Lawinen. Einerseits, weil der glatte Grasboden den Schnee schon bei geringen Hangneigungen rutschen lässt, andererseits, weil solche ausgelichteten Waldgürtel Lawinen, die von weiter oben herabrauschen, nicht mehr aufhalten können.

Dazu kommt noch, dass die Humusschicht ein hocheffizienter Wasserspeicher ist, sie kann ein Vielfaches ihres Eigengewichts aufnehmen. Das ist zum einen für die Wasserversorgung der Pflanzen in den höheren Lagen wichtig, zum anderen reduziert es nach Starkniederschlägen die Gefahr von Hochwasser im Tal – das zeigt, welche verheerende Dynamik hier im Entstehen begriffen ist.

Allerdings ist diese Entwicklung im Gegensatz zu vielen anderen Folgen des Klimawandels keine Einbahnstraße, der Prozess des Humusschwunds könnte durchaus aufgehalten und sogar teilweise rückgängig gemacht werden. Auf einer dritten Versuchsfläche demonstriert Prietzel, wie das gehen könnte: durch konsequente Aufforstung mit bestimmten Baumarten wie Buche, Lärche, Fichte, Bergahorn und Birke – je dichter, desto kühler, desto besser. Die Bodenprobe zeigt, dass die Humusschicht hier wieder an Stärke zugelegt hat. Aber solche Wälder müssten intensiv gegen Verbiss geschützt werden, indem man das Wild großflächig durch Zäune draußen hält. Und eine auf Maximalgewinn ausgerichtete Waldwirtschaft könnte hier wohl auch kaum betrieben werden. Ob die Jäger und die Holzindustrie in den Alpen da mitspielen werden?

Wer es genauer wissen will

Wetter versus Klima

Was ist Wetter, was ist Klima? Diese Frage sollte vor jeder Diskussion zum Klimawandel einmal unter allen Gesprächspartnern geklärt werden. Nimmt man sich dafür fünf Minuten Zeit, kann man später unglaublich viel davon einsparen und emotionale Ausbrüche aller Beteiligten vermeiden.

Ganz einfach gilt: »Klima ist gemitteltes Wetter« oder »Klima ist die Statistik des Wetters«. Damit sind zwei Dinge sofort klar: Klima und Wetter sind nicht dasselbe, aber haben zwingend miteinander zu tun. Ändert sich das eine, ändert sich »irgendwie« auch das andere. Ein bisschen wie beim DAX und seinem 200-Tage-Trend: Da wäre der manchmal wild schwankende tägliche Wert quasi das Wetter und der überlagerte Trend das Klima. Der Trend kann steigen, auch wenn die Kurse ein paar Tage mal purzeln. Aber die Werte sind verknüpft. Steigt der DAX viele Tage immer weiter, dann springt auch die 200-Tage-Linie darauf an – anders geht es nicht.

Wetter ist also das tägliche, sich häufig ändernde Geschehen in der Atmosphäre, das wir mit unseren Sinnesorganen wahrnehmen können. Mal ist es kalt, mal heiß, mal nass, mal stürmisch, mal neblig, mal fällt Schnee, mal ist es trocken und es scheint die Sonne, mal ist das Wetter durchschnittlich, mal gibt es Extreme bis hin zu gewaltigen Katastrophen wie der Flut im Westen Deutschlands im Juli 2021. Das Wetter ändert sich mit den Jahreszeiten und ist in den verschiedenen Regionen der Erde höchst unterschiedlich. Die Antarktis erlebt ein anderes Wettergeschehen als die Äquatorialzone oder die Sahara, in den Bayerischen Alpen sind die Wetterabläufe wiederum anders als auf Usedom.

Um bei »so vielen Wettern« an jedem Tag und jedem Ort nicht völlig den Überblick zu verlieren, benötigen wir das statistische Hilfsmittel Klima. Das kann man freilich nicht fühlen, denn für Statistik haben wir bekanntlich keine Sinnesorgane. Wir können aber zum Beispiel das Klima meiner

Geburtsstadt Bonn berechnen, indem wir 30 Jahre lang alle Temperaturen mitteln. Dann haben wir eine Durchschnittstemperatur und können nachschauen, ob es an einem bestimmten Tag wärmer oder kälter als im Mittel ist. Genauso lässt sich mit Niederschlägen, dem Wind und vielen anderen Größen verfahren. Die Daten können wir freilich auch nach Monaten oder Jahreszeiten aufschlüsseln, um beispielsweise die Frage zu beantworten, ob ein kaltes oder warmes oder trockenes oder nasses Frühjahr hinter uns liegt.

Nach der Vereinbarung der Weltmeteorologieorganisation WMO wird immer über mindestens 30 Jahre gemittelt, um eine ausreichende Zahl an Daten zu haben, damit überhaupt statistische Untersuchungen durchgeführt werden können. 30 Jahre sind ein guter Zeitraum, denn demografisch entspricht er der Dauer einer menschlichen Generation. Natürlich könnten wir auch über eine Million Jahre mitteln, aber dann müssten wir immer sehr lange warten, bis wir eine Aussage treffen könnten.

Inzwischen werden alle zehn Jahre neue 30-jährige Mittel errechnet, da sich die Werte so schnell verändern. Will man etwa aktuelle Monatsabweichungen betrachten, so nimmt man das jüngste Klimamittel (für 2022 dann 1991–2020), um die aktuelle Wetter-Lebenswirklichkeit abzubilden. Will man Aussagen zur Klimaänderung treffen, so wird das langjährige Klimamittel von 1961 bis 1990 herangezogen.

Zusätzlich können wir die Wetterdaten natürlich auch über eine größere Fläche betrachten, also nicht nur auf Bonn schauen, sondern auf ganz Nordrhein-Westfalen. Oder auf ganz Deutschland oder Europa oder eben die gesamte Welt. Dann spricht man vom globalen Klima, und genau darum geht es in der aktuellen Klimadebatte.

Das Wichtigste dabei: Man kann jetzt schauen, ob es einen Trend gibt, ob sich also mit der Zeit systematisch etwas verändert. Denn genau dann haben wir es mit einem Klimawandel zu tun. Diesen globalen Trend, eine Erwärmung, gibt es tatsächlich – und sie nimmt immer schneller zu. Mit den Folgen, die uns die Klimaforschung schon vor rund 40 Jahren angekündigt hat: Das Wettergeschehen wird extremer, da eine wärmere Atmosphäre mehr Energie enthält, die wieder freigesetzt werden kann.

Der entscheidende Unterschied des aktuellen Klimawandels zu den vielen anderen, die es in der bewegten Erdgeschichte schon gab: Dieser vollzieht sich global viel schneller. Das Wörtchen »global« ist hier wirklich wichtig. Denn regional kam es auch vor unser aller Dasein immer wieder zu abrupten Klimaveränderungen, wie Sie am Beispiel Ötzi ab Seite 185 gesehen haben. Seit dem Ende der letzten Kaltphase vor rund 11 000 Jahren ist die Temperatur bis heute global um rund vier Grad gestiegen. Noch mal so viel, rund drei bis vier Grad, erwartet die Klimaforschung bis zum Ende dieses Jahrhunderts für den Fall, dass die Menschheit es nicht hinbekommt, vernünftigen Klimaschutz zu betreiben.

Prozesse, für die die Natur mehr als 10 000 Jahre benötigt, verdichten wir durch unser Zutun – das Verbrennen fossiler Energieträger oder die rasante Abholzung der Wälder – auf gerade mal 100 Jahre. Das daraus entstehende extremere Wettergeschehen sorgt nicht nur für unermessliches Leid, sondern auch für kaum noch bezahlbare Sachschäden. Zahlreiche Untersuchungen zeigen, dass jeder heute nicht in vernünftigen Klimaschutz gesteckte Euro mit – je nach Studie – zwei bis elf Euro zurückgezahlt werden muss – eine riesige Bürde für die nachfolgenden Generationen.

Die Flutkatastrophe an der Ahr Mitte Juli 2021 hat neben dem entsetzlichen Tod von 134 Menschen mehr als 20 Milliarden Euro Sachschäden verursacht. Geschieht so etwas in Zukunft immer häufiger, ist das nicht nur schrecklich, sondern auf Dauer auch einfach nicht bezahlbar. Die Zuordnungs- oder Attributionsforschung hat übrigens gezeigt, dass diese Wetterkatastrophe durch den aktuellen Klimawandel im Vergleich zu einer Situation, in der es ihn nicht gäbe, um den Faktor 1,2 bis 9 wahrscheinlicher wurde. Das ist zwar eine große Spanne, aber sie ergibt sich aus sachgerechter Fehlerrechnung bei der komplexen Niederschlagsphysik. Aber selbst Faktor 1,2 bedeutet schlicht: Die Wahrscheinlichkeit hat um mindestens 20 Prozent zugenommen! Die fast 50 Grad im Schatten Ende Juni 2021 im kanadischen Lytton auf dem 50. Breitengrad (der Höhe Frankfurts) wurden durch den Klimawandel um das ... Achtung! ... 150-Fache wahrscheinlicher. Oder andersherum ausgedrückt: Ohne den Klimawandel hätte es diese Hitze dort kaum gegeben!

Die meisten Menschen verstehen heute, dass wir uns durch unser Verhalten in eine absolut riskante Situation bringen und dass dringend gehandelt werden muss – die Jugend drückt ihre großen Sorgen besonders durch die Proteste bei Fridays for Future aus. Für Rolf und mich als Wissenschaftsjournalist und Meteorologe ist es deshalb nicht nur unbegreiflich, wie unendlich langsam sich die Weltpolitik bewegt, sondern auch geradezu absurd, wie lautstark einige wenige »Klimaforschungsleugner« unterwegs sind und es immer wieder schaffen, mediale Aufmerksamkeit für ihre oft seit zig Jahren widerlegten Thesen zu erringen.

Mit vielen ist es leider völlig unmöglich, in eine inhaltliche Diskussion zu gelangen, das Ergebnis sind meist nur persön-

> liche Beleidigungen. Seltene Gespräche sind allerdings doch möglich. Eine Erkenntnis daraus: Eigentlich geht es nie um den Austausch meteorologischer und klimatologischer Argumente. Sie werden nur vorgeschoben, um beschlossenes oder zu beschließendes politisches Handeln zum Klimaschutz vehement zu kritisieren. Maßnahmen zu hinterfragen ist grundsätzlich vernünftig, aber wir sollten uns immer wieder klarmachen, dass unser Wohlstand ohne Klimaschutz durch die dann ungehindert fortschreitende Entwicklung schlicht kassiert wird – wir brauchen ein Umdenken und keine rückwärtsgewandte Starrsinnigkeit.

Das Kapitel »Nackt in Eis und Schnee ...« hat ab Seite 136 gezeigt, dass Alpentiere in puncto »raffiniertes Kältemanagement« ihren pflanzlichen Kollegen in nichts nachstehen – allerdings auch nicht in der Sensibilität für die Veränderungen durch den Klimawandel. Da sie aber mobil sind, können sie schneller reagieren. In Graubünden zum Beispiel hat der Steinbock seinen Lebensraum um 135, die Gämse um 95 und der Rothirsch um 79 Höhenmeter weiter nach oben verlegt – innerhalb von 22 Jahren. Das weiß man deshalb so genau, weil das kantonale Amt für Jagd und Fischerei in einer Fleißarbeit alle Abschüsse von Huftieren, die zwischen 1991 und 2013 erfolgten, ausgewertet hat. Dabei interessierten sich die Beamten besonders für die genaue Lage der Orte, an denen die Tiere erlegt wurden. Über 230 000 Koordinaten kamen auf diese Weise zusammen, aus denen man herauslesen konnte, dass die Abschussorte für diese drei Tierarten stetig nach oben wanderten.

Da in diesen 22 Jahren auch die Durchschnittstemperatur in Graubünden um 1,3 Grad gestiegen war, lag die Vermutung nahe, dass es zwischen dem Ausweichen nach oben und der zunehmenden Erwärmung einen Zusammenhang gab. Wie bei den Alpenpflanzen gilt aber auch bei ihren tierischen Nachbarn: Wenn sie nach oben wandern, muss das nicht bedeuten, dass es ihnen in tieferen Lagen zu heiß wurde. Ein wichtiger Grund ist sicher, dass sie bei immer milderen Temperaturen immer früher in die baumfreien Hochlagen wandern können und erst später von dort oben wieder nach unten müssen.

Der klimatische Hintergrund dazu: Durch die Erwärmung der Atmosphäre beginnt im Hochgebirge die Schneeschmelze im Frühjahr immer früher, während das Einschneien im Herbst immer später einsetzt – das zeigen die Aufzeichnungen des WSL-Instituts für Schnee- und Lawinenforschung SLF in Davos. Das heißt, die Anzahl der Tage mit schneebedecktem Boden nimmt klar ab, in der Schweiz gibt es nach den Daten des Schneeforschers Christoph Marty in hohen Lagen ab 1300 Metern sage und schreibe ein Viertel weniger Schneetage als noch im Zeitraum zwischen 1959 und 1988.

Nun könnte man meinen, dass es ja nicht weiter schlimm sei, wenn man als gestähltes Alpenwildtier eben mal ein paar Höhenmeter nach oben ausweicht. Für den Alpensteinbock ist es das auch nicht: Studien zeigen, dass er zu den eindeutigen Gewinnern des Klimawandels gehört. Am Ende des Winters haben die Tiere nämlich ihre letzten Fettreserven verzehrt, der rascher einsetzende Frühling lässt sie deshalb früher wieder an stärkendes Grünfutter kommen. Ähnlich wie die Jahresringe eines Baumes zeigen die Ringe am Gehörn an, wie es um ein Tier steht: je dicker, desto besser. Die Analysen der Hornringe von 8000 Steinböcken ergaben einen Wellnessfaktor zwischen gut und sehr gut.

Wenn man aber einen Strich darunter macht und zusammenzählt, dann gibt es in den Alpen mehr Verlierer als Gewinner, Tendenz zunehmend. Für viele Tierarten ist der Klimawandel eine

Katastrophe, die ihre Existenz bedroht. Zwei dramatische Beispiele:

Die putzigen Murmeltiere sind hart im Nehmen, sie sind Überlebende der letzten Eiszeit, die vor etwa 11 000 Jahren endete. Allerdings hatte das Leben in der Kälte auch einen Nachteil mitgebracht: Die Nager entwickelten eine geringe genetische Vielfalt. Das bedeutet, dass sie genau diese kühlen Bedingungen von damals brauchen und sich nicht auf veränderte klimatische Bedingungen einstellen können. Wenn nun die Tage zu heiß sind – und das werden sie ja immer öfter –, verlassen die Tiere ihren kühlen Bau nicht und verlieren so wertvolle Tage, an denen sie sich einen Winterspeck für ihren langen, sieben Monate dauernden Winterschlaf anfressen könnten. Nun, dann sollen sie halt nachts rausgehen, wenn die Tage zu heiß sind ... Geht leider nicht, weil die Murmeltiere dann nichts sehen – im Gegensatz zum Tag, wo sie Fressfeinde schon erkennen, wenn diese noch sehr weit weg sind.

Was also tun? Sie weichen gezwungenermaßen in höhere Lagen aus, wo es kühler ist. Doch dort wartet ein anderes Problem. Je höher sie kommen, umso dünner wird die weiche Erdschicht, die den Felsboden bedeckt. Genau die brauchen sie aber, um ihre Erdhöhlen zu graben, die nur dann sicher sind, wenn sie mit ihren zahlreichen Gängen drei und mehr Meter tief liegen. Also doch in tieferen Lagen bleiben? Oder da oben riskieren, dass einen ein Fressfeind ausbuddelt? Für die Murmeltiere ist es die Wahl zwischen Pest und Cholera. Noch sind sie nicht vom Aussterben bedroht, es gibt noch zu viele davon. Dass sie aber dieses Schicksal in nur wenigen Jahren oder Jahrzehnten ereilen kann, dafür gibt es in der Tierwelt genügend Beispiele.

Wie zweitens den Schneehasen. Eigentlich ist er ein Musterfall cleverer Anpassung – jedenfalls bislang. Den Sommer über hat er ein braunes Fell, das ihn hervorragend tarnt und damit vor seinem schlimmsten Feind, dem Steinadler, schützt. Dieser Vorteil würde sich aber schlagartig zum Nachteil verkehren, wenn es zu schneien begänne. Denn dann würde sich das braune Tier ja deutlich vom jetzt weißen Untergrund abheben – zur Freude des Jägers in den Lüften. Doch darauf ist der Schneehase vorbereitet und hat ein genetisches Schutzprogramm entwickelt: Im Oktober/November wechselt er die Fellfarbe von Braun auf Weiß und im März/April zurück auf Braun.

Impulsauslöser für den Wechsel ist dabei die Taglänge. Das alpine Langohr baut auf der Erfahrung auf, dass es jeweils ein bestimmtes Zeitfenster gibt, in dem der Schnee kommt bzw. wieder wegtaut. Aber eben diese Zeitfenster haben sich in den letzten Jahrzehnten verschoben, und zwar so schnell, dass selbst der bis zu 80 Kilometer pro Stunde flinke Schneehase mit dem Umprogrammieren nicht hinterherkam. Als Konsequenz trägt er nun immer häufiger zu früh bzw. zu lang das falsche Kleid. Im Herbst ist er schon weiß, obwohl noch gar kein Schnee liegt, und im Frühjahr ist er es noch, obwohl der Schnee schon weg ist – der Steinadler hat jetzt leichtes Spiel.

Noch viele weitere Beispiele wären zu nennen, so die Zugvögel, die in Afrika den Rückflug beginnen, wenn der Tag eine bestimmte Länge erreicht hat, und bei ihrer Ankunft feststellen müssen, dass eine bestimmte Raupensorte, die die Hauptnahrung ihres Nachwuchses darstellt, sich wegen der frühen Wärme bereits in schwerer jagdbare Schmetterlinge verwandelt hat. Oder Fische wie die kälteliebende Bachforelle, die immer weiter die Gebirgsbäche hinaufwandern, weil die Temperatur des Fließwassers ständig gestiegen ist und sie anfälliger für eine bestimmte Parasitenart macht. Irgendwann stößt die Forelle dann aber auf Hindernisse, seien es natürliche (Wasserfälle) oder menschgemachte (Staumauern), und kommt nicht mehr weiter.

So verändert der Klimawandel angestammte Lebensräume, stört oder zerstört Nahrungsketten und bringt Fortpflanzungszyklen durcheinander – das alpine Ökosystem gerät nach und nach immer stärker aus dem Gleichgewicht.

Dazu kommt noch der weiter vorne bereits angesprochene Aderlass durch die Entsiedelung. Wenn der Mensch nach und nach die einsameren Bergtäler verlässt, kehrt auf den früher landwirtschaftlich genutzten Flächen nach einigen Jahrzehnten der Bergwald zurück. Das klingt zunächst gut: Geht der Mensch, schwinden auch Überdüngung, Wasserverbrauch, Abwasser oder Müll. Im Gegenzug hält die Natur wieder Einzug, und viel Wald ist unter dem Aspekt CO_2-Speicherung doch besser als wenig Wald, oder? Doch so einfach ist das leider nicht. Wenn der Wald die Sonnenterrassen der Bergwiesen zurückerobert, leidet darunter nicht nur die touristische Attraktivität, sagt Professor Jürg Stöcklin, emeritierter Botaniker an der Universität Basel: »Da die Pflanzenvielfalt im Grasland zwei- bis dreimal so hoch ist wie im Wald, und Pflanzen und Tiere der offenen Landschaft gefährdeter sind als Waldarten, wirken sich Verbuschung und Verwaldung nachteilig auf die Artenvielfalt aus.« (Zitiert nach: https://www.brandeins.de/magazine/brand-eins-wirtschaftsmagazin/2008/extreme/adieu-heidi-land)

Und das Tempo, in dem sich der Vormarsch des Waldes vollzieht, ist enorm: Allein in der Schweiz, das zeigt eine aufwendige Untersuchung des dortigen Statistischen Bundesamts, entstand in den 24 Jahren zwischen 1985 und 2009 auf einer Fläche von 474 Quadratkilometern neuer Wald. Mit weitem Abstand an der Spitze der Alpenregionen sind das umgerechnet fünf Hektar pro Tag. Das heißt, Tag für Tag wachsen in den Schweizer Alpen etwa fünf Fußballfelder mit Wald zu, eine Entwicklung, die in den anderen Alpenländern nicht grundsätzlich anders sein dürfte und wiederum einen Einfluss auf das Klima haben wird.

Das muss man jetzt erst mal in den Kopf kriegen: Da protestieren wir auf der einen Seite gegen die Abholzung im Amazonasgebiet und beklagen auf der anderen Seite die Zunahme von Wald in den Alpen. Wo bitte schön ist da die Logik?

Es kommt auf den Blickwinkel an. Die oben beschriebene Forschung von Jörg Prietzel zeigt, was passiert, wenn man heute Bergwald einfach sich selbst überlässt: Durch den ständigen Humusverlust in einer immer wärmer werdenden Umgebung lichtet er sich stetig, was zur Folge hat, dass sich in den frei werdenden Lücken ein Gras ausbreitet, das mit dem auf den intensiv genutzten Almen nicht zu vergleichen ist. Es überwuchert und erstickt alles andere, legt sich im Winter als dichter Teppich auf den Boden und wird zur Gleitfläche von Lawinen, die weitere Lücken reißen.

Fazit: Wenn die Alpen immer stärker mit Wald zuwachsen, bringt das nicht den Wald hervor, den die Natur in den Jahrhunderten davor geschaffen hat. Es geht also um zweierlei:

Erstens muss man bestehende Waldgürtel am Auslichten hindern. Das geschieht, in dem man für eine Vielzahl von Baumarten sorgt und so den Wald dicht hält. Das bedeutet aber auch, dass man die wirtschaftliche Nutzung durch Holzindustrie und Jagd stark beschränkt. Zweitens muss das Verhältnis von Natur- und Nutzflächen erhalten werden. Entstanden ist dieses Nebeneinander von Wald- und Almgebieten durch den jahrhundertelangen Eingriff des Menschen, der gelernt hat, wie viele Bäume man einem Berg entnehmen darf und wie viele man als Lawinenschutz oder Wildreservoir stehen lassen muss. Auf diese Weise ist eine Kulturlandschaft entstanden, die auch ihr ganz eigenes Klima geschaffen hat.

Dazu kommt noch der Aspekt der Artenvielfalt, die auf den sonnenbeschienenen Almen deutlich höher ist als im dunkleren Wald. Auf der anderen Seite wiederum lassen die Untersuchungen des Innsbrucker Biologen Martin Mallaun erkennen, wie stark sich auch diese Vielfalt durch Zuzug von unten verändert.

Alles in allem zeigt sich am Beispiel »Erhalt der Kulturlandschaft Alpen«, wie komplex und vielschichtig die Thematik ist: Der Schutz der Alpenlandschaft verlangt ein schwer zu durchschauendes Handlungsgeflecht von Sich-selbst-Überlassen, Selbstbeschränkung, intensivem menschlichen Eingriff und Weiter-so.

Dass saftige, blumenreiche Almen mit ihren Sennerhütten für Touristen bedeutend attraktiver sind als zugewucherte Gestrüppdickichte, ist natürlich ein weiterer wichtiger Aspekt, da in vielen Gegenden der Tourismus die Landwirtschaft als Einkommensquelle abgelöst hat. Deshalb ist die Erhaltung der Kulturlandschaft Alpen in vielerlei Hinsicht von so großer Bedeutung.

Die Alpen – ein Wasserturm mit Verfallsdatum

Was haben Euphrat, Tigris, Jordan, Jangtse und Gelber Fluss gemeinsam? Sie alle bergen ein enormes Konfliktpotenzial:

- Die 22 Staudämme, die die Türkei an ihren Ufern von Euphrat und Tigris gebaut hat und noch baut, könnten für Millionen Syrer und Iraker, die flussabwärts leben, zur Ursache einer existenziellen Wasserknappheit werden.
- Der Versuch Jordaniens, Syriens und des Libanon, den Jordan um Israel herumzuleiten, war ein wesentlicher Auslöser des Sechstagekriegs 1967.
- China wird Tibet niemals in die Unabhängigkeit entlassen, prognostiziert der britische Außenpolitikexperte Tim Marshall, eben weil dort die Quellen der beiden wichtigsten Flüsse des Riesenreichs liegen.

Diese drei Beispiele zeigen, wie Quellgebiete, Flussverläufe oder Wassernutzung zur Ursache von Flächenbränden internationalen

Ausmaßes wurden oder werden könnten. Die geostrategische Bedeutung der Alpen unterscheidet sich dabei wenig von der anderer Quellregionen wie dem Taurusgebirge (Euphrat und Tigris), dem Hermongebirge (Jordan) oder dem Hochland von Tibet (Jangtse und Gelber Fluss). In den Alpen entspringen die wichtigsten europäischen Flüsse, unter anderem Rhone, Rhein, Inn, Isar, Lech, Po, Piave, Adige, Save, darunter einige der wichtigen Zuflüsse der Donau. Sie sind nicht nur Lebensadern der direkten Alpenanrainer Deutschland, Schweiz, Österreich, Frankreich, Italien und Slowenien – auch die Länder dahinter wie die Balkanstaaten Rumänien und Bulgarien oder aber im Nordwesten die Niederlande hängen am Tropf eines oder mehrerer dieser Flüsse. Gleich drei Meere – Nordsee, Mittelmeer und Schwarzes Meer – werden mit Alpenwasser gespeist.

Dieses europaweit aufgefächerte Wassernetzwerk funktioniert nur, weil die Alpen so sind, wie sie sind: breit und hoch. Wie ein Sperrriegel liegt dieses 1200 Kilometer breite Massiv, dessen höchste Gipfel fast 5000 Meter erreichen, in den Hauptzugrichtungen der Wolken, die an dieser Steinmauer gestaut werden, aufsteigen müssen und – weil sie dabei in kältere Lagen kommen – abregnen.

Riesige Wassermengen kommen auf diese Art zusammen: Rund 220 Milliarden Kubikmeter (umgerechnet 220 Billionen Liter, also eine 220 mit zwölf Nullen dahinter) fließen aus den Alpen Jahr für Jahr ab, das Resultat aus einer durchschnittlichen Niederschlagsmenge von rund 1500 Millimetern jährlich (zum Vergleich: Frankfurt am Main hat 660 mm), Schnee- und Gletscherschmelze sowie dem Umstand, dass in den kühleren Höhenlagen weniger Wasser verdunstet als im milderen Flachland.

Nur eine Zahl, um die enorme Wichtigkeit der Alpen in Sachen Wasser zu verdeutlichen: Im Sommer beträgt der Anteil des

Alpenwassers im Rhein gewaltige 60 Prozent. Um sich vorzustellen, was passiert, wenn diese Quelle mal versiegen sollte, braucht man keine Fantasie, ein Blick ins Internet reicht. Im Oktober des Dürrejahres 2018 sank der Rhein auf einen historischen Tiefstand, in manchen Abschnitten stand das Wasser gerade noch knöchelhoch. Bei Düsseldorf war der Rhein nur noch zwei Meter tief – ein voll beladenes Rheinschiff hat aber einen Tiefgang von bis zu vier Metern. Und das ist nur die verkehrstechnische Seite des Problems, die Auswirkungen solcher Dürren auf die Trinkwasserversorgung könnten gravierend werden: 170 Millionen Menschen leben direkt oder indirekt vom Alpenwasser.

Und? Geht den Alpen denn irgendwann das Wasser aus? Wird dieser gigantische Wasserturm leer laufen? Die Antwort auf diese Frage ist komplex.

Auf der einen Seite kann die Atmosphäre bei einem Grad Erwärmung etwa sieben Prozent mehr Feuchtigkeit aufnehmen. Das heißt, bei der realistischen Annahme, dass wir es bis 2100 nur schaffen, die globale Erwärmung statt auf die im Pariser Abkommen angestrebten 1,5 auf 2 Grad zu begrenzen, würden zum Beispiel Gewitter rund 15 Prozent mehr an Niederschlägen bringen – eine gewaltige Menge zusätzlichen Wassers.

Auf der anderen Seite zitiert die österreichische Zentralanstalt für Meteorologie und Geodynamik (ZAMG) Klimamodelle, die eine generelle Abnahme der Niederschläge im Alpenraum bis 2100 erwarten. Das hat mit der Zirkulation der Atmosphäre zu tun. Denn wenn sich durch den Klimawandel die Zugbahnen der Tiefs mit ihren Regengebieten verändern, sind trotz eines Anstiegs der Niederschlagsmengen im globalen Mittel lokal gegensätzliche Entwicklungen möglich. Selbst innerhalb der Alpenregion kann es daher zu unterschiedlichen Trends in einzelnen Gebieten kommen.

Angenommen, er verliefe so, müsste sich dieser Prozess nicht unmittelbar auf die Abflussmenge der Alpen auswirken, zumindest nicht schnell. Die zunehmende Gletscherschmelze würde vieles ausgleichen, denn aus den alpinen Eisflächen kommt zurzeit richtig viel Wasser – leider. Forscher der Friedrich-Alexander-Universität Erlangen-Nürnberg stellten fest, dass die Alpengletscher allein in dem kurzen Zeitraum zwischen 2000 und 2014 ein Eisvolumen von 22 Kubikkilometern verloren haben, das sind 22 Eisklötze mit jeweils einem Kilometer Kantenlänge. Damit gingen in nicht mal eineinhalb Jahrzehnten 17 Prozent des gesamten Eisvolumens der Alpen verloren – im schlimmsten Fall, wenn die Durchschnittstemperatur ungebremst zunimmt, könnten die Alpen Ende des Jahrhunderts völlig eisfrei sein, prognostizieren Forscher.

Richtig dramatisch wäre die Lage somit, wenn die Abnahme von Niederschlägen und die Abnahme von Gletscherabflüssen zusammenfielen, eine Situation, mit der vor allem die kommenden Generationen konfrontiert werden würden. Und bei der man sich auch vorstellen kann, dass die Menschen dann vielleicht nicht mehr friedlich an ihren Flüssen sitzen und auf das Alpenwasser warten. Was, wenn das Nachbarland, das weiter flussaufwärts liegt, zu viel abzweigt?

Patient Gletscher, Diagnose Schwindsucht

Sie wollten nur hoch zur Alm, um nach den Tieren zu sehen, gegen Abend seien sie wieder zurück, versprachen sie ihren sieben, zum Teil noch kleinen Kindern. Dann gingen sie los. Aus den geplanten acht Stunden sollten 75 Jahre werden. Das Schicksal von Francine und Marcelin Dumoulin schreibt eine dieser Geschichten, die die ganze Gewalt der Naturdynamiken und die Folgen des Klimawandels in den Alpen auf besonders erschütternde Weise deutlich machen.

Chandolin, ein Bergdorf oberhalb von Sion im Wallis. Der 15. August 1942 ist ein strahlend schöner Sommertag. Während Hitler Europa in Schutt und Asche legt, herrscht in der neutralen Schweiz Frieden. Der 40-jährige Schuhmacher Marcelin ist nebenberuflich Präsident der Käserei-Genossenschaft, er hat die Aufgabe, einmal im Sommer nach dem Vieh zu schauen, das auf einer hoch gelegenen Alp sömmert. Seine 37 Jahre alte Frau Francine begleitet ihn auf der Tour in das Gebirgsmassiv von Les Diablerets; es ist das erste Mal, bisher war sie immer mit einem der Kinder schwanger.

Was in den Stunden danach passiert, wird man erst in den Tagen nach dem 13. Juli 2017 wissen. Denn da findet ein Pistenbullyfahrer auf dem Tsanfleuron-Gletscher in 2615 Meter Höhe die Überreste von zwei Menschen, eng beieinander und zum Teil noch unter dem Eis. Die altertümliche Ausrüstung, zum Beispiel eine Trinkflasche aus schwerem Glas oder die genagelten Lederbergstiefel, macht sofort klar: Diese beiden müssen bereits seit Jahrzehnten hier liegen.

Als die 79-jährige Marceline Udry-Dumoulin von dem Leichenfund hört, ist sie sofort elektrisiert: Das müssen ihre Eltern sein. Ihr Verschwinden war für die damals Vierjährige der Beginn eines lebenslangen Traumas; den Schock, bereits als so kleines Mädchen von einem Tag auf den anderen Vollwaise zu werden, um dann bei Pflegeeltern aufzuwachsen, verarbeitete sie nie. Selbst als alte Frau kann sie sich noch exakt an Details aus der Stunde des Aufbruchs erinnern, zum Beispiel daran, was die Mutter trug oder welches Lied der Vater beim Losgehen sang: das »Chanson de la Becca d'Audon«.

Die Eltern waren bei ihrem Aufstieg wohl in eine Gletscherspalte gestürzt, aus der sie sich nicht mehr befreien konnten, vielleicht hatten sie den Sturz auch nicht überlebt. Zweieinhalb Monate suchte das ganze Dorf nach den Vermissten, ohne Ergebnis. 75 Jahre später legte dann der Klimawandel frei, was der Mensch nicht gefunden hatte. Wie man dem Schweizer Gletscher-Monitoringportal GLAMOS, das die Veränderung jedes Schweizer Gletschers auflistet, entnehmen kann, hat der Tsanfleuron seit 1884 etwa zwei Kilometer an Länge und damit gewaltige Mengen an Masse verloren. Wie Ötzi oder die Toten der Dolomitenkämpfe im Ersten Weltkrieg werden seit den 1990er-Jahren im Alpenraum deshalb immer wieder Gletscherleichen gefunden, die Jahrzehnte oder Jahrhunderte im Eis eingeschlossen waren. 2017 waren es nun die Dumoulins.

Als Marceline die Särge ihrer Eltern in der Dorfkirche von Chandolin aufbahren ließ, war sie mehr als doppelt so alt wie ihre Mutter zum Zeitpunkt ihres Todes. Für die Tochter war es eine große Erleichterung, die Eltern endlich begraben zu können, erst dadurch, so erzählte sie in einem Interview, habe sie ihre innere Ruhe wiedergefunden. Das Lied, das die Gemeinde bei der Trauerfeier sang, stand von vornherein fest: das »Chanson de la Becca d'Audon« – die Eltern kehrten mit dem Lied zurück, mit dem sie gegangen waren.

Der Tsanfleuron-Gletscher ist nur einer von rund 5000 im gesamten Alpengebiet, die alle eine im wahrsten Sinne des Wortes bewegte Geschichte haben. Sie entstanden in der letzten Eiszeit, die vor etwa 11 000 Jahren endete und auf deren Höhepunkt vor etwa 21 000 Jahren die globale Durchschnittstemperatur um fünf bis sechs Grad niedriger lag als heute. Fünf bis sechs Grad kühler klingt nach wenig, aber es reichte, um die gesamten Alpen mit einem dicken Eispanzer zu überziehen.

Gletschereis ist unter hohem Druck verdichteter Altschnee und bildet sich nach einer einfachen Logik: Es muss oben mehr draufschneien, als unten wegtauen kann. Nach dem Ende der Eiszeit begann für die Alpengletscher eine unruhige Periode: Mal wurde es – wie zu Ötzis Zeiten – wärmer, mal – wie Anfang des 15. bis Anfang des 19. Jahrhunderts in der Kleinen Eiszeit – kälter.

Dementsprechend zogen sich Gletscher mal zurück, mal stießen sie wieder vor.

Aus der Mitte der 1820er-Jahre, noch aus der Abklingphase der Kleinen Eiszeit, stammen zwei Ölgemälde von zwei Dresdnern, die unterschiedlicher kaum sein könnten: Caspar David Friedrich, einer der wichtigsten Maler der Frühromantik, und Carl Gustav Carus, Gynäkologe, Psychologe, Pathologe, königlicher Hofarzt, Philosoph und auch noch hochtalentierter Maler. Ihre Bilder zeigen denselben Landschaftsausschnitt, der auch vom selben Ort aus gemalt wurde – und doch unterscheidet sie ein wichtiges Detail, das zu allerlei Spekulationen Anlass gab. Unabhängig voneinander und zu unterschiedlichen Zeiten waren die beiden Maler auf den Montenvers gewandert, einen 1913 Meter hoch gelegenen Felssporn bei Chamonix. Von diesem Punkt aus hat man einen atemberaubenden Blick auf das Mer de Glace, Frankreichs größten Gletscher. »Was für eine Hingabe an dieses Schauspiel aus Eis!«, stöhnte Goethe überwältigt auf, als er 1779 dort oben stand.

Der Montenvers war schon damals im aufkommenden Sommertourismus begüterter Schichten ein angesagter Ort, ideal, um das gigantische Naturschauspiel zu malen. Wenn man die beiden Gemälde von Carus und Friedrich miteinander vergleicht, sieht man, wie detailgenau sie die gewaltige Landschaft abbildeten. Bergspitzen, Schneefelder oder Felsgrate sind identisch wiedergegeben, dann aber der große Unterschied: Friedrich hat das

Mer de Glace weggelassen! Wo sich bei Carus der Eisstrom zwischen den Bergflanken hindurchwälzt, verlängerte Friedrich einfach die Falllinien nach unten und malte ein Fantasietal. Entsprechend nannte er sein Bild auch nur »Hochgebirge« (um 1824), während Carus' Werk »Das Eismeer bei Chamonix« (1825/1827) heißt.

Warum Friedrich dies tat? Als hochsensibler Künstler hatte er natürlich den Klimawandel im Voraus erspürt und festgehalten – behaupten zumindest einige Esoteriker. Hilfreicher ist wahrscheinlich der Begriff »künstlerische Freiheit«. Vielleicht hatte er auch nur mitgekriegt, dass sein Dresdner Kollege am selben Motiv arbeitete …

Wie auch immer: Die Vorstellung, vom Montenvers kein Mer de Glace mehr sehen zu können, ist heute brandaktuell. Wer mit der 1909 eröffneten Zahnradbahn auf die Aussichtsplattform fährt und zum Gletscher hinuntermöchte, wird auf eindrucksvolle Weise mit dem galoppierenden Tempo des Schwunds konfrontiert. Kurz nachdem man die ersten Stufen auf der steilen Eisentreppe nach unten gestiegen ist, bemerkt man ein kleines Schild, das an der Felswand befestigt ist: »Niveau du Glacier 2001« steht darauf, bis hier oben reichte der Gletscher kurz nach der Jahrtausendwende. Das nächste Schild, das den Stand im Jahr 2003 anzeigt, ist gut zehn Höhenmeter weiter unten angebohrt. Und so geht es immer weiter. Und tiefer. Durchschnittlich fünf Meter verliert das Mer de Glace pro Jahr an Höhe. Wenn man annimmt, dass eine Treppenstufe etwa 20 Zentimeter hoch ist, dann muss die Treppe hinunter zum Gletscherfuß jedes Jahr um etwa 25 Stufen verlängert werden. Wer 2021 dort hinunterwollte, musste also auf dem Rückweg ganze 500 Stufen mehr nach oben keuchen als ein Besucher im Jahr 2001 – Gletscherschwund als körperliche Ertüchtigung fühlbar gemacht.

Der Rückzug der Alpengletscher begann mit der Industrialisierung im 19. Jahrhundert. Bereits am Ende jenes Jahrhunderts vermuteten Wissenschaftler, dass mit dem massenhaften Ausstoß von Rauchgasen aus den Fabrikschloten und dem Raubbau an der Natur eine Erwärmung der Atmosphäre einherging, es dauerte aber noch bis in unsere Tage, bis diese These mehrheitsfähig wurde. Dass es einen Klimawandel gibt, wird mittlerweile von kaum jemandem mehr bezweifelt, dass der Mensch die Ursache dafür ist, allerdings schon – aber »Klimaforschungsleugner« sind ein anderes Thema.

Von den fünf deutschen Gletschern – der Nördliche und der Südliche Schneeferner auf der Zugspitze, der Höllentalferner im Wettersteingebirge, der Watzmanngletscher und der Blaueisgletscher in den Berchtesgadener Alpen – wird es Mitte unseres Jahrhunderts wohl nur noch einen geben, den Höllentalferner, mit einem Kilometer Länge und 700 Meter Breite der zweitgrößte Gletscher Deutschlands. Da er viele Tagstunden im Schatten liegt und immer wieder von Schneelawinen bedeckt wird, schmilzt er langsamer als die anderen. Er liegt auf dem sehr anspruchsvollen Wandersteig zwischen dem Grainauer Ortsteil Hammersbach im Tal und der Zugspitze. 2200 Höhenmeter müssen dabei überwunden werden, doch die Tour gilt als eine der schönsten in den deutschen Alpen mit so spektakulären Wegpunkten wie der Höllentalklamm.

Aber seit dem 16. August 2021 liegt ein dunkler Schatten auch auf ihr. An diesem Montag gab es viele Warnungen vor Gewittern und Starkregen, dennoch waren am Nachmittag noch mehrere Menschen in der engen, tief eingeschnittenen Klamm unterwegs, als das Wasser, bedingt durch den flächendeckenden Starkregen von verbreitet über 40 Litern pro Quadratmeter, unvermittelt rasch anstieg. Ein Paar aus Oberfranken, das gerade auf einem

Steg stand, wurde von den tobenden Wassermassen mitgerissen und kam ums Leben, weitere acht Wanderer mussten von Rettungskräften aus der Klamm befreit werden. Solche Starkregenereignisse – da sind sich Klimaforscher einig – sind eine der Konsequenzen des Klimawandels.

Zurück zu den Gletschern – und ausnahmsweise mal mit was Positivem.

»Wir befinden uns im Jahr 2021 n. Chr. Alle Alpengletscher schmelzen. Alle Gletscher? Nein! Ein unbeugsamer Schweizer machte sich in diesem Jahr daran, den Trend umzukehren.« So könnte in 100 Jahren vielleicht die Fortsetzung einer Geschichte der Alpengletscher lauten. Vielleicht. Hoffentlich. Wenn Felix Keller mit seinem Projekt Erfolg hat ... Dass der Schweizer Gletscherforscher von der Academia Engiadina in Samedan bei St. Moritz sich an das Thema »Trendumkehr« wagte, hatte er einer ungnädigen Laune seines Chefs zu verdanken. Der sagte vor vielen Jahren einmal barsch zu ihm: »Ihr Glaziologen versteht nur etwas von Problemen, nicht von Lösungen. Rette doch den Morteratsch!« Das saß. Und nagte an Keller wie die steigenden Temperaturen am Gletschereis.

Mit dieser spitzen Bemerkung war er gemeint: Der Morteratsch bei Pontresina ist mit zurzeit etwa sechs Kilometer Länge der drittlängste Gletscher der Ostalpen – noch. Denn zwischen 1900 und 2017 verlor er schon 2500 Meter, und er zieht sich immer weiter zurück, um etwa 17 Meter pro Jahr.

Ihn also sollte Keller retten. Gern. Aber wie?

Doch dann kam das Jahr 2000 und mit ihm ein ausgiebiger Schneefall mitten im Hochsommer, so viel, dass der Schnee in den Hochlagen längere Zeit liegen blieb. Und Felix Keller stellte fest, dass der Gletscher auf einen Schlag deutlich weniger Masse verlor als in den Jahren davor. Klar, die Schneedecke musste das Eis vor dem Schmelzen geschützt haben. Kellers Idee: dem Gletscher nun jedes Jahr eine solche Schutzdecke verpassen. Nur wie sollte man das in Zeiten ständig steigender Durchschnittstemperaturen und abnehmender Schneefälle hinkriegen?

Die entscheidende Anregung kam aus dem rund 5500 Kilometer entfernten Ladakh. In dem wüstenartigen Hochland im Norden Indiens haben die Bauern ein ähnliches Problem: Weniger Schnee, schwindende Gletscher und steigende Durchschnittstemperaturen führen schon im Frühjahr zu Wasserknappheit, also gerade in der Wachstumsphase, in der die Pflanzen das Wasser am dringendsten benötigen. Einem ortsansässigen Ingenieur ließ das Thema keine Ruhe mehr – und er fand eine Lösung. Sonam Wangchuk sammelte abfließendes Gletscherwasser und spritzte es in kalten Nächten – die es in den 3000 Meter hoch gelegenen Tälern reichlich gibt – auf ein Holzgerüst, auf dem dann langsam ein Eisberg 20 und mehr Meter in die Höhe wuchs. »Eis-Stupa« nannte er das kegelförmige Gebilde, das ihn an die typische Pagodenform der buddhistischen Bauwerke erinnerte, die als Grab- und Verehrungsstätte dienen. Der Eisberg tröpfelte nun langsam vor sich hin und gab so bis weit in die Jahresmitte hinein das dringend benötigte Wasser ab.

Gletscherwasser sammeln und es in kalten Nächten gefrieren lassen, das war die Idee, die Felix Keller nun ins Engadin importierte – mit leichten Abwandlungen. Es geht ihm ja nicht um Bewässerung, sondern um einen gefrorenen Schutzmantel für den Morteratschgletscher. Und so lautet sein Plan: Wie sein indischer Kollege will er abfließendes Gletscherwasser sammeln, indem er ein Reservoir, einen See, anlegt. Über ein enges Teilstück des Gletschers möchte Keller nun mehrere »Schneeseile« spannen, die dieselbe Funktion haben wie eine Schneekanone: Sie verwandeln Wasser in Schnee und versprühen ihn.

Dabei hatte Keller jedoch ein weiteres Problem zu lösen: die Energieversorgung. Denn Strom gibt es da oben am Gletscher nicht. Doch auch dazu hatte Sonam Wangchuk eine Idee geliefert: Das Wasserreservoir muss einfach deutlich höher liegen als der Punkt, an dem das Wasser in Schnee verwandelt wird. Auf diese Weise kann man den hydrostatischen Druck nutzen, also den Druck, den das Gewicht der Wassersäule aufbaut. Mit anderen Worten: Das System arbeitet ohne Energiezufuhr von außen.

Das Prinzip ist nun schnell erklärt: Der Gletscher fließt mit einer Geschwindigkeit von 70 bis 90 Metern im Jahr unter den Schneeseilen hindurch und wird bei Frost mit Schnee berieselt. Es muss genügend sein, um den besonders vom Abschmelzen bedrohten unteren Teil einige entscheidende Wochen länger zu bedecken. »Rein rechnerisch ist es sogar möglich, dass unter den heutigen Bedingungen der Gletscher in zehn Jahren wieder zu wachsen beginnt, wenn man zehn Prozent der Gletscherfläche mit Schnee ganzjährig abdecken würde«, erläutert Keller.

Im Winter 2021 tat er den nächsten Schritt: Er sammelte Sponsorengelder und eröffnete eine Testanlage an der 2000 Meter hoch gelegenen Talstation der Diavolezzabahn. Hier soll in den nächsten Jahren ein solches Schneeseil in kalten Nächten eine Eis-Stupa in den Engadiner Himmel wachsen lassen, danach könnte die Anlage in größerem Maßstab in einer Höhe zwischen 2300 und 2500 Metern installiert werden, in einer Art Nadelöhr, wo der Gletscher zwischen zwei Felswänden hindurchfließt, zwischen denen die Seile gespannt werden können.

Den Morteratsch wieder wachsen zu lassen, das wäre natürlich Kellers Traum, ein Traum, der bislang nur rechnerisch auf dem Papier besteht. Realistischer scheint das Minimalziel zu sein, das Schmelzen um 30 bis 50 Jahre zu verzögern, denn bis dahin, so

Keller, könnte die Menschheit wirksame Maßnahmen gegen den Klimawandel ergriffen haben.

Also alles halb so schlimm mit der Gletscherschmelze? Einfach Schneeseile drüberspannen, das Schmelzen rauszögern, und gut ist? So einfach ist es leider nicht. Was am Morteratsch funktionieren könnte, muss am Aletsch oder an anderen Gletschern noch lange nicht gelingen. Es muss viel zusammenpassen: die Existenz von Engstellen, um die Schneeseile fixieren zu können, oder die Möglichkeit, ein höher gelegenes Reservoir anzulegen. Felix Keller und seine Mitarbeiter verfolgen da jedenfalls seit Jahren mit Zähigkeit einfach eine clevere Idee, die jetzt erst mal zum Laufen gebracht werden muss. Und vielleicht bietet sie ja dann die Grundlage für den Schutz weiterer Gletscher.

Aber ist Kellers Optimismus gerechtfertigt, dass die Menschheit innerhalb der nächsten Jahrzehnte das Problem des Treibhauseffekts in den Griff bekommt? Ermutigendes ist zumindest aus dem Potsdam-Institut für Klimafolgenforschung (PIK) zu vernehmen. Auf dessen Webseite findet man eine interessante Grafik des Klimaforschers Stefan Rahmstorf. Sie zeigt die Verläufe von Temperatur und CO_2-Gehalt der Luft in den letzten 350 000 Jahren – ein Ergebnis umfangreicher Eiskernbohrungen.

Quelle: https://mobile.twitter.com/rahmstorf/status/1503328611302006785/photo/1
Credit: Stefan Rahmstorf

Man sieht darauf zweierlei. Zum einen: Temperatur und CO_2-Gehalt in der Atmosphäre sind aneinandergekoppelt, wenn das eine stieg, stieg das andere. Das ist die Situation, die wir auch heute haben: Was Tiere und Pflanzen in einer Million Jahren an CO_2 aus der Luft zogen und im Boden speicherten, blasen wir als Abfallprodukt aus der Verbrennung fossiler Energien in die Luft – und zwar pro Jahr! 1 000 000 Jahre : 1 Jahr – solange sich dieses Ungleichgewicht nicht grundlegend ändert, wird der CO_2-Gehalt der Atmosphäre immer weiter dramatisch zunehmen und mit ihm auch die Temperatur.

Wesentlich Mut machender ist jedoch die zweite Botschaft dieser Grafik: Immer dann, wenn der eine Wert abnahm, folgte auch der andere. Da wir die Temperatur in der Atmosphäre nicht direkt senken können, bleibt uns nur der Weg, dass wir das CO_2 aus unseren Produktions- und Verbrauchsabläufen herausbekommen müssen – und zwar schnell. Nur: Selbst wenn heute noch der CO_2-Ausstoß gegen null gefahren würde, stoppte nicht morgen die Gletscherschmelze. Auch nicht übermorgen. Aber es wäre eine Perspektive.

»Poche d'eau« und »Glof«: Was Gletscher anrichten können

Wenn der Lokalhistoriker Jean-Paul Gay im Schulhaus des kleinen Dörfchens Bionnay das Schulbuch aus dem Jahr 1892 öffnet, ist das ein beklemmender Moment: Hinter den Namen der meisten Schüler und Schülerinnen steht »gestorben in der Katastrophe vom 12. Juli 1892«. Die insgesamt 33 Toten in dem kleinen Bergdorf am Nordwesthang des Mont-Blanc-Massivs waren, Kinder wie Erwachsene, die ersten Opfer einer Naturkatastrophe, die man bis dahin so nicht gekannt hatte und die auch heute noch viel zu wenig auf dem Radar der Allgemeinheit auftaucht. Das ist brandgefährlich, weil der Klimawandel das Risiko der Wiederholung eines solchen Unglücks nach oben treibt.

Die Rede ist von einem Phänomen, das in Frankreich »Poche d'eau«, genannt wird, »Wassertasche«. Passender wäre der Begriff

»Stausee«, denn ein Wasserreservoir in einer solchen Dimension kann sich im Inneren eines Gletschers heranbilden. Die Gründe dafür: Die Gletscherschmelze nimmt ständig zu, immer häufiger regnet es auch bis in große Höhen, immer mehr Schmelz- und Regenwasser sucht auf dem Gletscher einen Abfluss. Meist gurgeln die Wasserströme ins Innere einer Spalte, sickern bis zum Gletscherboden durch und treten dort aus. In manchen Fällen aber sammelt sich das Wasser auch in einem Hohlraum im Bauch des Gletschers.

Ist der groß genug, staut sich immer mehr Wasser, das tief im Inneren nicht mehr gefriert, sondern flüssig bleibt. Dort herrschen ständig Temperaturen um den Gefrierpunkt, die oft weit darunter liegende Außentemperatur dringt nur in die ersten Meter des Eispanzers ein. Wasser und Eis kommen also im Gletscherinneren nebeneinander vor.

Wenn der Gletscher auf seiner langsamen Wanderung ins Tal den Stausee in seinem Bauch mitnimmt, kann es sein, dass die Wassertasche irgendwann von den Felsen am Untergrund angeritzt wird und sich ohne große Konsequenzen entleert. Es ist aber auch möglich, dass genau dies nicht geschieht und immer mehr Wasser ins Innere gelangt, das den Druck auf die Innenwände der Gletscherhöhle ins Unermessliche steigert.

Diese Entwicklung hatte sich im Tête-Rousse-Gletscher abgespielt und in der Nacht zum 12. Juli 1892 so zugespitzt, dass die Gletscherdecke förmlich abgesprengt wurde. Ein Foto, das einige Tage danach von der Ausbruchstelle gemacht wurde, zeigt zwei Menschen, die neben dem kreisrunden Ausbruchkrater von rund 40 Meter Durchmesser stehen und wie winzige Ameisen neben dem riesigen Spundloch im Eis wirken. Das Verhältnis zeigt die brachiale Gewalt, mit der sich 100 Millionen Liter Wasser ihren Weg nach außen gebahnt hatten.

Das Unheil nimmt am 11. Juli gegen 23 Uhr seinen Lauf, zu diesem Zeitpunkt beendet Monsieur Carall, ein Genfer Pianist, gerade sein Klavierkonzert, das er 2500 Höhenmeter tiefer im Kurhaus von Saint-Gervais-les-Bains gibt, einem Ort 25 Kilometer westlich von Chamonix. Der 11. Juli war ein heißer Tag, und die etwa 120 Kurgäste der edlen Anlage in einem ruhigen Seitental von Saint-Gervais genießen die hereinbrechende Kühle. Viele von ihnen haben in den Stunden davor einen etwa einen Kilometer langen Spaziergang taleinwärts zu einem Wasserfall gemacht, in dem das Wasser aus einem engen Felsenkanal in die Tiefe katapultiert wird. Ein gewaltiges, für viele Kurgäste furchterregendes Spektakel, das die unbändige Kraft des Wassers zeigt. Dieses Nadelöhr ist der Grund dafür, dass die meisten von ihnen die kommende Nacht nicht überleben werden.

Gegen Mitternacht: Vom Tête-Rousse-Gletscher hat sich die Flutwelle inzwischen nach unten gewälzt. Immer wieder wird sie von Engstellen aufgehalten, in denen sich Baumstämme und Felsbrocken zu Wehren verkeilen, die das Wasser so lange aufstauen, bis sie dem immer größer werdenden Druck nicht mehr standhalten und brechen, wodurch Geschwindigkeit und Gewalt der entfesselten Wassermassen noch einmal zunehmen.

Gegen 0:30 Uhr erreicht der Tsunami aus dem Gletscher das schlafende Bionnay. Bis auf eine Kapelle und zwei Häuser werden alle Gebäude von der Flutwelle mitgerissen, die Bewohner sterben im Schlaf. Eines der Gebäude, die die Katastrophe überstehen, ist das Schulhaus – für die kommenden Jahre wird es ohne Schüler sein. Gegen zwei Uhr wird die Flutwelle erneut gestoppt. In dem Nadelöhr am Wasserfall oberhalb des Kurhauses wächst der Wall aus Trümmerteilen Meter um Meter in die Höhe – bis auch er bricht. Die Folgen sind verheerend. Ganze Gebäudeflügel des riesigen Thermalbadkomplexes werden von der haushohen Welle mitgerissen, etwa 160 Kurgäste und Beschäftigte von den Wassermassen verschlungen. Die meisten Leichen werden nie gefunden, man schätzt, dass sie in den 55 Kilometer entfernten Genfer See gespült wurden.

200 Tote in nur einer Nacht. Man könnte nun denken, dass dies die Verantwortlichen von Saint-Gervais zum Nachdenken über den Standort einer solchen Klinik gebracht hätte. Aber weit gefehlt. Noch im selben Jahr wird das Kurhaus an gleicher Stelle wiederaufgebaut und neu eröffnet – zum Entsetzen vieler.

Doch beim nächsten Mal hatte Saint-Gervais Glück. Denn als es 118 Jahre später, im August 2010, erneut »Poche d'eau«-Alarm im Tête-Rousse-Gletscher gab, war man technologisch einen entscheidenden Schritt weiter. Wieder hatte sich eine riesige Wasserblase gebildet, die zu platzen drohte – eine hektische Rettungsaktion begann. Hubschrauber transportierten schweres Gerät auf den über 3000 Meter hoch gelegenen Gletscher, Spezialisten trieben Thermosonden in das Eis, die Entlastungskanäle ins Gletscherinnere freischmolzen, mehrere Pumpen wurden installiert, die das Wasser ins Freie pumpten. Dass sich die Geschichte nicht wiederholte, war nur der technischen Entwicklung und dem Umstand zu verdanken, dass es Wissenschaftler gibt, die – die Katastrophe von 1892 im Hinterkopf – einen besonders kritischen Blick auf den Tête Rousse werfen.

Wo sonst überall noch Wassertaschen im Bauch von Gletschern schlummern, die gefährlich werden könnten, weiß man nicht. Auf jeden Fall wird ihre Entstehung durch die steigenden Temperaturen im Alpenraum eher begünstigt als behindert. Und das Risiko für Gemeinden, die unterhalb von Gletschern liegen, steigt.

Eine sehr viel direktere und sehr viel deutlicher erkennbare Gefahr stellt das Phänomen der »neuen Gletscherseen« dar. Die immer größer werdenden Wassermassen aus schmelzenden Gletschern füllen immer mehr Senken, in denen der Wasserspiegel seit Jahren steigt. 500 bis 600 solcher neuen Seen meldet die Schweiz, 250 Österreich. Tendenziell können es noch Hunderte mehr werden. Was diese Seen so gefährlich macht: Sie sind Anarchisten. Sie halten sich an keine Berechnungen, sind bei Gefahr nicht schnell mal kontrolliert abzulassen, werden von keiner Staumauer gehalten und begrenzt. Wenn sie nach starken Niederschlägen überlaufen oder ein Felssturz eine Flutwelle erzeugt, wird es für Mensch und Tier, die unterhalb von ihnen leben, brandgefährlich.

Einer dieser Anarchisten hat sich oberhalb von Grindelwald gebildet. Der Verursacher ist der Untere Grindelwaldgletscher, der auf alten Stichen noch bis an den Ortsrand heranreicht, sich aber mit großer Geschwindigkeit immer tiefer in die Gletscherschlucht und von dort immer weiter in die Höhe zurückzog. Zwischen 1879 und 2019 verlor er rund 3,5 Kilometer an Länge.

2005 bemerkte man, dass sich in einem tiefen Kessel am Fuß des Gletschers ein See gebildet hatte, der rasch wuchs – und sich auf unergründliche Weise zwischendurch immer mal wieder entleerte und füllte, wie die *Jungfrau-Zeitung* berichtete: »Am 30. Mai 2008 bestätigen sich die Befürchtungen der Fachleute – ein spontaner Seeausbruch mit 800'000 Kubikmeter Wasser führt in Grindelwald erstmals zu Überschwemmungen. In der Nacht auf den 3. Juli füllt sich der See wieder wie von Geisterhand um 300'000 Kubikmeter und ebenso geheimnisvoll entleert er sich am 10. Juli wieder, ohne Schaden anzurichten. … Innert nur drei Monaten wird entschieden und bewilligt, dass ein künstlicher Abflussstollen vom Seebecken nach Grindelwald hinunter die drohende Gefahr bannen soll.« (Quelle: https://www.jungfrauzeitung.ch/artikel/181060/)

Die drohende Gefahr hat in Forscherkreisen bereits einen Namen: »Glof«. Die Abkürzung steht für »glacial lake outburst flood«, also Ausbruchsflut eines Gletschersees. Für 15 Millionen Franken wurde ein zwei Kilometer langer Stollen gegraben, mit dem man bis an den Rand des Sees gelangen kann. Ein tiefer gelegener Stolleneinlauf verhindert seit April 2010, dass der See das Volumen von 250 000 Kubikmetern übersteigt, alles darüber fließt über einen Seitenstollen zu einem Fenster, durch das das überschüssige Wasser in die Gletscherschlucht stürzt. Seither herrscht wieder Ruhe in Grindelwald. Aber das Beispiel zeigt, vor welchen technischen und finanziellen Herausforderungen Alpengemeinden plötzlich stehen können, wenn sich über ihren Köpfen ein solcher See zu bilden beginnt. Und nicht alle Gemeinden verfügen über die Möglichkeiten des reichen Grindelwald.

Die Staulage vom Januar 2019
Sven Plöger

Wenn man eine Dokumentation fürs Fernsehen dreht, ist viel Logistik erforderlich. Technik muss verpackt, die Kamera- und Tonleute müssen disponiert werden, der Regisseur und man selbst (sprich Rolf und meine Wenigkeit) müssen Dreh- und Reisetage auch mit ihrem jeweiligen, oft vollen Kalender abgleichen. Frühzeitige Planung ist fürs Gelingen also unabdingbar. Aber unser Thema Wetter spielt eben nicht immer mit, es hält sich nicht an unsere Planungen, sondern agiert nach Lust und Laune. Und dann heißt es schnell sein – und wenn man auf allen Positionen tolle, agile Leute hat, klappt das auch.

Als Anfang Januar 2019 auf der Ostflanke eines großen Hochs über den Britischen Inseln ein erstes Tief von Südnorwegen nach Polen zog, entstand eine regelrechte »Autobahn« für feuchtkalte Luft, die tagelang gegen die Alpen gedrückt und dort förmlich ausgequetscht wurde. Eine Staulage! Ständig drängt dann an derselben Stelle neue feuchte Luft nach, wird an den Bergen nach oben gezwungen. Abkühlung, Kondensation, Wolken und – weil es kalt genug ist – Schnee sind die Folge. Immer mehr. Als Ergebnis ging es innerhalb von einer Woche in vielen Regionen nördlich der Alpen von schneelosen Landschaften geradewegs zu neuen Schneerekorden. Es herrschte Extremwetter, weil das Tief einfach nicht weiterzog. Uns war klar, dass eine Alpendoku ohne dieses Ereignis immer unvollständig bleiben würde – also hin!

Am 9. Januar wurde viel telefoniert, und am 10. Januar traf morgens gegen fünf Uhr der SWR-Bus nebst Team ein. Alle waren dick eingepackt – und schauten dann mit Schrecken aufs Navi. Eigentlich war keine Straße mehr frei, Schnee oder viele Autos blockierten alles. Eine neue Staulage! Aber ein kleiner Schleichweg brachte uns doch noch erfolgreich nach Klais zwischen Garmisch-Partenkirchen und Mittenwald. Viel winterlicher konnte ein Ort nicht mehr aussehen, Schneepflüge fuhren durch die engen verbleibenden Gassen. Parkende Autos waren komplett unter dem Schnee verborgen und wirkten wie kleine Iglus ohne Eingang. Wenn man Menschen sah, dann standen sie meist auf den Dächern ihrer Häuser, um den Schnee herunterzuschaufeln. Unsere persönliche Schneemessung mit des Meteorologen wunderbarstem Präzisionsmessinstrument, dem Zollstock, ergab 1,30 Meter. Weil überhaupt kein Wind wehte, wurde dieser Wert ohne jegliche Schneeverwehung erreicht.

Besonders beachtlich: die gedämpfte Stille. Der Schnee schluckt den Schall wie ein professionelles Radiostudio, dessen Wände mit Schaumstoff isoliert sind. Schall wird direkt durch die Luft transportiert und gleichzeitig auch reflektiert. Harte Oberflächen funktionieren dabei am besten, weiche, poröse und unebene Flächen am schlechtesten. So wie Schnee. Zwischen den Flocken befinden sich große luftgefüllte Hohlflächen, die den Schall absorbieren. Schneit es zusätzlich, wird der Schall außerdem gestreut, besonders intensiv an großen Flocken, die bei Temperaturen um null Grad fallen, da die Luft dann deutlich mehr Wasserdampf aufnehmen kann als bei niedrigeren Temperaturen. Unsere Ohren nehmen also weniger Schall wahr. So wie es das alte Weihnachtslied »Leise rieselt der Schnee« ja auch treffend ausdrückt.

20 Jahre zuvor, bei einer Staulage im Januar und Februar 1999, herrschte allerdings alles andere als gedämpfte Stille. Eine stürmische Nordwestströmung sorgte für anhaltenden pfeifenden Wind, Schneemassen und extreme Schneeverwehungen. An unserem damaligen Wetterstudio im Appenzellerland auf rund 1100 Meter Höhe türmte sich der vom Wind verwehte Schnee teilweise vier Meter hoch auf. Für etwa vier Wochen reichte die Schneewehe vom Balkon meiner hübschen Minidienstwohnung mit Alpsteinblick in die vom Dach herunterhängende Schneemasse hinein. So entstand der coolste Kühlschrank meines Lebens: Balkontür auf, und die zu kühlenden Lebensmittel konnten mit einem lockeren Wurf im Schnee platziert werden. Ständig kamen Gäste und wollten ein Bierchen aus diesem Naturkühlschrank haben, vor allem aber selbst eine neue Flasche hineinwerfen. Kleine Freuden machen Menschen erkennbar fröhlich.

Für zwei Tage waren wir dann selbst auf dieser relativ geringen Höhe von der Außenwelt abgeschnitten, die schweren Traktoren der benachbarten Landwirte schafften es einfach nicht mehr, die rasch mit Schnee zuwehenden Wege freizuräumen. Eine Sonderfahrt mit einem riesigen Blech voller »Chäshörnli« vom Bergrestaurant »Unterer Gäbris« zu meiner Zweizimmerwohnung, die nun unbeabsichtigt mit zwölf Kollegen belegt war, gelang aber bestens – wir verbrachten einen unterhaltsamen Abend, den so schnell niemand von uns vergaß. Diesen vergnüglichen Luxus genießt man natürlich nur in einem sicheren Umfeld, wenn keine wirkliche Gefahr herrscht und einfach ein bisschen Abenteuerfeeling entsteht.

Viel dramatischer zeigte sich diese Wetterperiode dort, wo sich die Lawinengefahr gewaltig zuspitzte. Ständige Niederschläge in der immer gleichen Region und dazu schwankende Temperaturen führten zu massenhaft Schnee und zwischendrin immer wieder kurzen Regenphasen. Das Wasser gefror zu Eis, und so baute sich eine riesige Schnee- und Eisdecke auf. Unter »normalen« Bedingungen wären viel früher Lawinen abgegangen, diese Mischung jedoch blieb überraschend lange stabil, wurde dabei aber schwerer und schwerer. Bis dieser riesige Schneeberg am 23. Februar 1999 durch weiteren Neuschnee unter seiner eigenen Last zusammenbrach. Wie im Kapitel »Der Weiße Tod« auf den Seiten 93 ff. dargestellt, forderte die entstandene Lawine in Galtür und Valzur 38 Menschenleben.

Während Nord- bis Nordwestlagen den Regionen nördlich der Alpen Stauniederschläge bescheren, sind es südliche bis südwestliche Strömungen, die zu massiven Schneefällen südlich des Alpenhauptkamms führen. Besonders extrem sah es hier über die Weihnachtsfeiertage 2013 aus. Suchte man in den Skigebieten im Norden verzweifelt nach ein paar Schneeflocken und Schneeflecken, wurden die beiden Alpengebiete vom Wallis über die Berner Alpen ins Tessin und weiter nach Graubünden sowie von Südtirol über Kärnten in die Steiermark förmlich von Schnee überschüttet, denn die Mittelmeerluft, die dort auf die Alpen trifft, ist besonders feucht und kann in den kalten Monaten entsprechend große Schnee- oder in der wärmeren Jahreszeit Regenmengen produzieren. Das zeigen auch die Mittelwerte von Wetterstationen eindrücklich: Nach dem langjährigen Klimamittel von 1981 bis 2010 fallen im Jahr etwa in Basel 842 Liter Wasser als Regen oder Schnee auf den Quadratmeter, in Lugano aber beeindruckende 1559 Liter – fast das Doppelte. Im zweifellos alpenfernen Berlin sind es zum Vergleich 555 Liter.

Leise rieselt's, doch leider kein Schnee – die Krise der weißen Pracht

Wilson Alwyn Bentley hat eine Farm in Jericho/Vermont und eine Leidenschaft: Er will hinter das Wesen des Schnees kommen. Immer wenn es schneit, sitzt der kauzige Einzelgänger über einem Mikroskop und betrachtet die Kristalle, die allerdings ein großes Problem bergen: Sie schmelzen schneller, als sie der junge Mann zeichnen kann. Ein sündhaft teurer Fotoapparat wird angeschafft, doch Wilson muss zwei lange Jahre herumexperimentieren, bis er endlich Erfolg hat. Am 15. Januar 1885 gelingt dem 20-Jährigen das mikroskopische Foto eines Schneekristalls.

Es war nicht das erste der Welt, das war sechs Jahre vor ihm dem deutschen Naturwissenschaftler Johann Heinrich Flögel gelungen, Bentley machte allerdings bis zu seinem Tod 1931 5381 dieser hoch komplizierten Aufnahmen, was für die Frage, ob er das Wesen des Schnees enthüllen konnte, von Bedeutung ist. Die Antwort: Ja! Obwohl ... eigentlich eher: Nein! Andererseits: Irgendwie schon ... Wie jetzt? Nun, es kommt auf die Perspektive an. Nach mehr als 40 Jahren über dem Mikroskop und hinter der Kamera kam Bentley zu dem Ergebnis, dass kein einziges seiner 5381 fotografierten Schneekristalle einem anderen ähnelte. Die Frage, was jedes Kristall mit allen anderen verbindet, konnte er nicht beantworten. War er damit gescheitert? Oder ist das Resultat, dass jede Schneeflocke ein Unikat ist, Forschungsergebnis genug?

Zweiteres, meint die heutige Schneeforschung. Eine Schneeflocke entsteht, wenn ein Wassertröpfchen in einer Wolke zu Eis erstarrt und sich Wasserdampf an diesen Kernen oder an einem Staubpartikel anlagert, wobei die typische sechseckige Struktur entsteht. Eines dieser ein Millimeter Durchmesser großen Eiskristalle enthalte eine Trillion, also 1000 Billiarden oder eine Million Billionen, kurz unvorstellbar viele Wassermoleküle, »die Wahrscheinlichkeit, dass alle Moleküle am gleichen Platz sitzen, ist folglich sehr gering«, schreibt das WSL-Institut für Schnee und Lawinenforschung SLF.

Wer es genauer wissen will

Atmosphärische Lichterscheinungen

Wenn wir an unsere Atmosphäre denken, fällt uns immer zuerst das Wetter mit Wolken, Niederschlag, Wind und vor allem natürlich Wärme und Kälte ein. Wenn Rolf und ich uns aber die Reaktionen der Zuschauer auf unsere Dokumentation »Wo unser Wetter entsteht« oder auf die Wetterberichte anschauen, dann werden uns häufig auch Bilder geschickt, auf denen noch etwas anderes, Spannendes zu sehen ist: atmosphärische Lichterscheinungen! Das ist ein weites Feld mit ganz unterschiedlichen optischen Highlights. Dazu gehören neben den klassischen Regenbogen verschiedenste Formen von Halos, Nebensonnen, die Glorie, aber auch Polarlichter oder leuchtende Nachtwolken.

Durch Reflexion, Beugung oder Brechung von Licht an Tropfen, Eiskristallen oder Schwebteilchen entstehen oft faszinierende, manchmal nahezu irrwitzig anmutende Lichterscheinungen, die unsere Aufmerksamkeit auf sich ziehen. Ein paar davon, die uns gerade auch in den Alpen häufiger begegnen, seien im Folgenden herausgehoben. Alle beschriebenen Effekte gehören zu den Photometeoren – sie anzuschauen ist ein wahrer Naturgenuss!

Die Glorie des Brockengespensts (das auch in den Alpen daheim ist)

Goethe ist schuld! Denn er hat optisch-meteorologische Studien auf dem Brocken betrieben und den höchsten Berg des Harzes damit weltweit bekannt gemacht. Ausgerechnet Nebel half in diesem Fall, dass Goethe viel sah. Schaut man nämlich – die Sonne im Rücken – auf eine Nebelwand, so ist diese quasi eine Leinwand, auf die der eigene Schatten projiziert wird. Je größer der Abstand, umso größer auch der Schatten. Weil Nebel nun ständig etwas »wabert«, bewegt das »Gespenst«, also man selbst, sich auch bei absolutem Stillstand immer ein klein wenig.

Oft entsteht dabei um den eigenen Schatten herum noch ein farbiger kleiner »Regenbogen«. Mit Betonung auf »klein«, denn man erkennt sofort, dass es sich allenfalls um des Regenbogens winzige Schwester handeln kann, und die heißt Glorie. An den vielen kleinen Nebeltröpfchen werden die Sonnenstrahlen erst reflektiert und erzeugen dann durch Beugung des Lichts die typischen konzentrischen Kreise um den Mittelpunkt, sprich um den eigenen Schatten. Damit vollständige oder fast vollständige Kreise herauskommen, braucht es einen erhöhten Standpunkt, und ein solcher findet sich sowohl auf dem Brocken als auch in den Alpen zuhauf.

Halo

Dem im Mittelalter gebräuchlichen Latein entlehnt, ist »Halo« eigentlich der Sammelbegriff für Lichteffekte der atmosphärischen Optik. Meistens meint man zwar einen weißen oder farbigen Ring um Sonne oder Mond, wenn man vom Halo spricht, aber die Formen sind am Ende wirklich sehr vielfältig. Fleißiges Nachzählen beim »Arbeitskreis Meteore e. V.« förderte die Zahl 59 zutage – so viele verschiedene Halo-Arten wurden dort verzeichnet. Wunderschöne Bilder optischer Erscheinungen aller Art hat der Verein auf der Internetseite www.meteoros.de zusammengetragen und verständlich erklärt. Darunter finden sich auch so faszinierende Begriffe wie »Zirkumzenitalbogen«, »Supralateralbogen« oder »Untergegensonnenbogen«.

Das Stichwort, um all das zu erklären, lautet »hexagonales Kristallsystem«. Klingt etwas sperrig und bedeutet einfach erklärt: Wenn Wasser gefriert, entstehen winzige Eiskristalle, die aus energetischen Gründen immer die Form sechseckiger Plättchen oder Säulen haben. Mit einem Durchmesser von rund 20 Mikrometern sind sie winzig klein und daher so leicht, dass sie in der Atmosphäre schweben bzw. nur ganz langsam absinken. Dadurch richten sie sich alle in der gleichen Weise aus, und genau das ist das Geheimnis: Denn das Sonnenlicht wird beim Eintritt in die Eiskristalle gebrochen, in ihnen oft mehrfach reflektiert und beim Austritt erneut gebrochen. Dieser Prozess funktioniert wie ein großes Prisma, das das weiße Licht in seine Spektralfarben zerlegt – und prompt wird es »bunt«.

Solche Eiskristalle treten besonders in der höheren Atmosphäre auf, wo es immer kalt genug ist. So sind *Cirren* (Federwolken) oder *Cirrostrati* (Schleierwolken) ein fast sicheres Anzeichen, dass irgendein Lichteffekt zu sehen sein wird. Im alpinen Winter sind aber auch Polarschnee, Eisnebel oder manchmal sogar die Schneekanonen auf den Skipisten in der Lage, solche Effekte durch ihre Eiskristalle auszulösen. Polarschnee besteht übrigens aus kleinen Eisnadeln, die sich in der frostigen Luft unmittelbar aus dem Wasserdampf der bodennahen Luftschichten bilden und langsam zu Boden fallen. Gerade sie sorgen an sonnigen eisigen Tagen häufig für ein phänomenales Lichterschauspiel. Schnell mal abschwingen und ein Foto machen ist hier unser Meteorologentipp.

Hof

Manchmal erscheint der Mond nicht klar, sondern um ihn herum sehen wir eine weiße Scheibe mit rötlichem Rand, die Aureole. Auch »Hof« genannt, entsteht sie nicht durch Lichtbrechung, sondern durch Beugung des Lichts. Spannend daran: Sieht man einen Hof um den Mond, so ist tatsächlich meistens mit einer Wetterverschlechterung zu rechnen. Das hat aber nichts mit einer eventuellen Fähigkeit des Mondes zu tun, unser Wetter zu beeinflussen, wie manche(r) bis heute glaubt, sondern schlicht mit dem Mond als Lichtquelle. Der Hof macht nämlich deutlich, dass Wolken aufziehen. Und sich verdichtende Schleierwolken sind ein Zeichen für eine herannahende Warmfront, die 24 Stunden später oft Regen oder Schnee bringt.

Wer noch ein wenig unsicher ist und glaubt, dass das Wetter sich nach dem Vollmond richtet, dem sei gesagt: Die Mondphase ändert sich auf der ganzen Welt überall gleichzeitig. Würde sich das Wetter bei uns wegen der Änderung der Mondphase umstellen, dann müsste das überall auf der Welt gleichzeitig auch passieren – und genau das war noch nie der Fall. Der Grund für unsere Vermutung ist ein anderer: Wann schaut man hin? Bei Vollmond! »Guck mal, was für ein toller Halbmond heute!«, staunt schließlich kaum jemand. Weil man also stets auf den Vollmond schaut, ihn aber nur bei gutem Wetter sehen kann, wird es – weil wir in einer Region mit wechselhaftem Wetter leben – danach zwingend immer schlechteres geben müssen!

Irisierende Wolken

Immer wieder treffen Zuschauerbilder ein, bei deren Motiv es sich nicht um einen Regenbogen oder Halo handelt, obwohl die Absender genau dies vermuten: »Herr Plöger, schauen Sie mal, ein Regenbogen hoch am Himmel, aber es hat gar nicht geregnet.« In solchen Fällen handelt es sich oft um irisierende Wolken. Der Effekt tritt besonders bei mittelhohen *Altocumuli* (Schäfchenwolken) auf, die sich optisch nah an der Sonne befinden. Ebenso – und da sind die Alpen prädestiniert – bei den Lentis *(Altocumulus Lenticularis)*, den Linsenwolken bzw. den Föhnfischen, die wir uns ja schon in der Wissensbox über den Föhn auf Seite 125 angeschaut haben.

Was geschieht? Auch dies ist ein Beugungseffekt des Lichts, und zwar an besonders kleinen Wassertröpfchen oder Eiskristallen speziell am Rand dieser Wolken. Eine bestimmte Tröpfchengröße produziert eine bestimmte Farbe, und so

> sind die Farbflächen manchmal besonders groß. Außerdem gibt es aber auch eine größere Farbfläche, die durch Tröpfchen anderer Größe verursacht wird.

Zurück zu Bentley: Er war jener Faszination erlegen, die auch Kinder schlagartig überfällt, wenn sie aus dem Fenster schauen und sehen, wie der Regen in weiße Flocken übergeht: »Es schneit!!!« Schnee ist einfach *der* Aggregatzustand von Wasser mit der höchsten Strahlkraft. Und deshalb ist »Wird es weiße Weihnachten geben?« auch eine der am häufigsten gestellten Wetterfragen im Jahreslauf, auf die man mittlerweile zumindest in einer Hinsicht eine klare Antwort geben kann: Die Chancen darauf sinken beständig!

Bislang war der Erzfeind des weißen Festes eine Singularität namens Weihnachtstauwetter. Wie Sie bereits in der Wissensbox »Bauernregeln« auf Seite 155 erfahren haben, bezeichnet man mit »Singularität« Wetterlagen, die in einem bestimmten Zeitraum mit großer Wahrscheinlichkeit immer wieder auftreten, die Eisheiligen, die Schafskälte oder die Hundstage sind Beispiele dafür. Und eben auch das Weihnachtstauwetter, das in sieben von zehn Jahren auftritt und sich gemeinerweise die Periode zwischen 24. und 29. Dezember ausgesucht hat. Selbst in den Alpen kann dann bis in Lagen von 2000 Meter Höhe Schneeschmelze eintreten. Auslöser dieser warmen Welle ist wohl der hohe Norden. Dort wird ab November die Polarnacht immer länger und treibt die Temperaturen stetig weiter in den Minusbereich. Es bildet sich ein Kältehoch, das eisige Luft nach Westen hinaus auf den noch warmen Atlantik schaufelt. Das fördert die Bildung von Tiefs, die bei ihrer Drehung gegen den Uhrzeigersinn – nun angewärmt und mit Wasser vollgesogen – milde Luft Richtung Mitteleuropa verfrachten. Und das passierte 1997, 1998, 1999 – mit »Lothar« im Gefolge (siehe Kapitel »Der Wind, der Wind …« ab Seite 88) –, 2002, 2004, 2006, 2012, 2013, 2015, 2017, 2019. Nicht immer hatte es vorher geschneit, aber an Heiligabend lagen die Temperaturen oft nicht sehr viel niedriger als in Bethlehem zu dieser Jahreszeit. (Quelle: https://www.hr-fernsehen.de/sendungen-a-z/alle-wetter/online-thema/online-wetterthema-weihnachtstauwetter,artikel-2286.html)

Nur Weihnachten 2010 fiel aus dem Rahmen. Zunächst hatte es wieder einmal nach dem »üblichen Verdächtigen«, dem Weihnachtstauwetter, ausgesehen, doch dann … Martin Bohmann, der im niederbayerischen Eggerszell eine private Wetterstation betreibt, beschreibt die weiße Wunderwende in seinem Blog: »Einen Tag zuvor (23.12.) war es durch Föhneinfluss aus den Alpen noch bis zu 8 Grad mild. Auch der heilige Abend startete zunächst noch mild und am Vormittag setzte sogar Regen ein. Ein Italientief bescherte uns diese Niederschläge, Stück für Stück wurden allerdings kältere Luftmassen aus Norden angezapft, sodass ab 14:00 Uhr der Regen immer mehr in sehr starken Schneefall überging. Nachmittags schneite es dann im Vorderen Bayerwald anhaltend und sehr heftig, da der Schnee bei Temperaturen um 0 °C nass und schwer war, klebte er wunderschön an Sträuchern und Bäumen fest! So ein derart perfektes Weihnachtswetter mit Schneefällen und Kälte pünktlich zur Bescherung bekommt man nur selten geboten …« (Quelle: https://www.wetter-eggerszell.de/wetterereignisse/wetterereignisse-2010/24122010---starke-schneefaelle-an-heiligabend.html)

Auf das Weihnachtstauwetter ist zwar – leider – nach wie vor Verlass, dennoch hat sich in den letzten Jahrzehnten ein Global Player zum Schneefeind Nr. 1 hochgearbeitet: der Klimawandel. Die Winter werden immer milder. Halt! War da nicht der von

2018/19 mit der auf den Seiten 59 ff. erwähnten »Schneekatastrophe« im Januar? Und dann der Corona-Lockdown-Winter 2020/21, in dem zum Leidwesen von Skifahrern und Liftbetreibern nördlich des Alpenhauptkamms die größten Januar-Neuschneemengen seit 1968 registriert wurden? Da lag der Schnee doch im Allgäu und in den Chiemgauer Alpen bis zu 100 Zentimeter hoch, und auch in Österreich und der Schweiz war es der schneereichste Winter seit Jahrzehnten!

Klar, es hatte endlich mal wieder einige Wochen lang richtig Schnee in den Alpen, aber wenn man die beiden Winter in ganz Deutschland über ihren kompletten Zeitraum von drei Monaten betrachtet, so waren sie beide zu warm, viel zu warm: 2018/19 lag um 1,5 Grad, 2020/21 sogar um 1,6 Grad über dem Wert der Referenzperiode 1961 bis 1990, hat der Deutsche Wetterdienst (DWD) errechnet. Und 2019/20, der Winter dazwischen? Noch schlimmer! Er lag in Österreich um 2,7 Grad über dem vieljährigen Mittel und war damit der zweitwärmste Winter der Messgeschichte, meldet die Zentralanstalt für Meteorologie und Geodynamik (ZAMG). Auch in der Schweiz war er die zweitwärmste Periode seit 1864.

Auf der Webseite des Bayerischen Rundfunks gibt es das Tool »Schnee von morgen«, in dem man die Entwicklung der Schneehöhen und Wintertemperaturen zwischen 1961 und 2014 für verschiedene Orte abrufen kann. Das ist vor allem für all jene interessant, die dem Argument »Milde Winter gab's auch früher – ebenso wie kalte!« gern etwas entgegensetzen möchten. In Garmisch-Partenkirchen zum Beispiel gab es im Winter 1974 nur durchschnittlich fünf Zentimeter Schnee, etwa genauso viel wie 2007. Dem gegenüber gab es im kalten Winter 1964 rund 24, 2005 sogar 25 Zentimeter. Aussagekräftig wird das abwechselnde Hin und Her zwischen viel und wenig Schnee aber dann, wenn man den

Mittelwert über die gesamte Zeit hin ermittelt und als roten Zeitstrahl darstellt. Dann sieht man, wie der Durchschnitt der Schneehöhen kontinuierlich nach unten geht. Ähnlich sieht die Gerade bei der Anzahl der Schneetage aus: Es gab zwar immer wieder mal einen Winter wie 2005 mit 133 Schneetagen, im langfristigen Mittel ist die Zahl jedoch von etwa 120 stetig bis knapp unter 100 gesunken. Aufwärts zeigt die Linie nur bei den Temperaturen: Die sind in Garmisch von durchschnittlich 0,3 auf fast 2 Grad gestiegen.

Quelle: https://interaktiv.br.de/schnee-von-morgen/daten/index.html#klima/temperatur/1550/1961-2014
Credit: ©BR/Oliver Schnuck/Uli Köppen/Anna Leibinger; in Lizenz der BRmedia Service GmbH

Wie schon gesagt, wurde es in den vergangenen 150 Jahren im gesamten Alpenraum um zwei Grad wärmer. Was dies für das Klima bedeutet, ist mit einem einfachen Dreisatz auszurechnen: Da die Temperatur pro 100 Höhenmeter um 0,65 Grad abnimmt, ist die Nullgradgrenze bei zwei Grad Erwärmung um 300 Meter nach oben gewandert. Das deckt sich mit dem, was Markus Klotz seit über 30 Jahren beobachtet. Er ist der Herr über die Pistenbullys der Söldner Bergbahnen, eines Gletscherskigebiets im Ötztal, in dem Ende Oktober traditionell der Saisonauftakt des Skiweltcup-Winters stattfindet. Das Starthaus der Riesenslalompiste liegt auf 3048 Metern über dem Meer, das Ziel 368 Höhenmeter tiefer. »Früher mussten wir vielleicht mal den Zielbereich künstlich beschneien«, sagt Markus Klotz, »mittlerweile müssen wir die Schneekanonen schon ganz oben aufstellen.«

Wir drehten bei Markus Ende Mai. Wenn die Skisaison in Sölden endet, ist für ihn noch lange nicht Schicht. Denn dann beginnt das mühsame Geschäft des »Snowfarming«. Alle Pistenbullys sind da im Einsatz und schieben Schnee zu riesigen Haufen zusammen, über die ebenso riesige weiße Planen gelegt werden. Dieses speziell entwickelte Vliesgewebe reflektiert zum einen die Sonnenstrahlen, zum anderen hat es die Eigenschaft, dass es ein Luftpolster zwischen kaltem Schnee und warmer Luft bildet, das einen Temperaturaustausch erschwert. 70 Prozent mehr Weiß bleibt auf diese Weise erhalten, der Schnee von gestern wird zur Unterlage der Weltcup-Saison von morgen. Wenn man alles zusammenrechnet – Geräte, Arbeitszeit, Material –, bekommt man eine Vorstellung davon, was es kosten wird, in den Alpen weiterhin Wintersport so zu betreiben wie bislang.

Snowfarming ist aber eine Strategie, die vor allem dann greift, wenn genügend Schnee zur Verfügung steht, den man horten kann. Was aber, wenn man ihn erst herstellen muss? Davon lebt mittlerweile eine ganze Industrie, Schneekanonen oder -lanzen sind ein Milliardenbusiness geworden. Eine kurze Überschlagsrechnung: 2014 gab es rund 38 000 Schneekanonen im gesamten Alpenraum. Wenn wir jetzt einfach mal völlig realitätsfern annehmen, dass die Anzahl seitdem nicht zugenommen hat und alle Skigebiete lediglich im unteren Preissegment von etwa 30 000 Euro pro Maschine eingekauft haben, dann stünden allein im Alpenraum Schneemacher im Wert von 1,2 Milliarden Euro an den Pistenrändern. Es dürfte keine böswillige Unterstellung sein, wenn man davon ausgeht, dass die Summe in Wirklichkeit weit höher liegt.

Obendrauf kommen noch die Energiekosten für den Betrieb, die Kosten für den Bau von Speicherseen, die die Kanonen mit Wasser versorgen, die Kosten für das Pistenmanagement etc. Das alles muss natürlich erst einmal wieder erwirtschaftet werden.

Damit ist aber noch nicht das Ende der Fahnenstange erreicht, denn der ganze Ärger mit Umweltschutzorganisationen und -behörden schlägt auch noch zu Buche. Der Bund für Umwelt und Naturschutz Deutschland (BUND) hat zum Beispiel ausgerechnet, dass man für die Beschneiung der geschätzten 70 000 Hektar Pistenfläche im Alpenraum 280 Milliarden Liter Wasser benötigt – das ist dreimal so viel, wie die Stadt München in einem Jahr verbraucht. Und dieses Wasser, so bemängeln Umweltschützer, wird der Natur dann entzogen, wenn sie es am dringendsten braucht: im Sommerhalbjahr. Denn in dieser Zeit müssen die Speicherseen gefüllt werden, damit sie ab Herbst randvoll sind. (Quelle: https://www.bund-naturschutz.de/fileadmin/Bilder_und_Dokumente/Presse_und_Aktuelles/Pressemitteilungen/2015/PM_FA_10_15_Zusammenfassung_Der_gekaufte_Winter.pdf)

Auch die Wissenschaft steht dem »technischen Schnee«, wie er offiziell heißt, skeptisch gegenüber. Denn diese Kristalle unterscheiden sich deutlich von denen, die vom Himmel fallen. Kunstschneekristalle sind runder und verdichten sich stärker, wenn schwere Pistenraupen darüberfahren. Damit nimmt die Wärmeisolationsfähigkeit der Schneedecke stark ab. Christian Newesely vom Institut für Ökologie an der Universität Innsbruck vergleicht diesen Effekt mit Dämmmaterial beim Hausbau, aus dem sämtliche Luft herausgepresst wurde und das dadurch seine isolierende Eigenschaft verloren hat. »Schmelzwasser, das sich an warmen Tagen an der Schneeoberfläche [von Kunstschnee] bildet, sickert bis zur Bodenoberfläche durch und friert dort zu massiven Eisschichten«, so Newesely. »Diese Eisschichten verhindern den Luftaustausch zwischen Boden und Atmosphäre und der von Pflanzen und Bodentieren veratmete Sauerstoff kann nicht mehr nachgeliefert werden. Das hat tödliche Folgen für die Bodenbewohner: Viele Pflanzen ersticken.« Die Konsequenz ist eine zunehmende Erosion, denn: »Sterben die Wurzeln, kommen dem

Boden die Schrauben und Nägel abhanden, die ihn zusammenhalten.« (Quelle: https://www.uibk.ac.at/public-relations/medien/wissenswert/wissenswert_15122015_small.pdf)

Und die Situation wird sich noch weiter verschärfen. Im Sommer 2021 erschien der Sechste Sachstandsbericht des Weltklimarats IPCC. 234 Forscher hatten dafür mehrere Jahre lang alle verfügbaren Untersuchungen, Studien und Fachpublikationen ausgewertet und zusammengetragen. Das Ergebnis ist alarmierend: »Der neue IPCC-Bericht folgert, dass es seit mindestens 2000 Jahren keinen vergleichbaren Temperaturanstieg gegeben hat – und dass die Temperaturen heute bereits höher liegen dürften als in der wärmsten Phase des Holozäns vor 6000 Jahren. Nach Stand der Daten muss man rund 125 000 Jahre zurückgehen, bis in die Eem-Warmzeit vor der letzten Eiszeit, um global ähnlich hohe Temperaturen zu finden«, schreibt Klimaforscher Stefan Rahmstorf vom Potsdam-Institut für Klimafolgenforschung (PIK), der an dem Bericht mitgearbeitet hat. (Quelle: *SPIEGEL*, 9.8.2021)

Für den Wintertourismus in den Alpen bedeutet das: abnehmende Schneefälle, ständig kürzer werdende Saisonfenster, gigantische Investitionen für Schneekanonen mit hohen Energiekosten, einen gewaltigen Wasserverbrauch und Erosionsschäden durch die veränderten Eigenschaften des technisch erzeugten Schnees. Das alles zeigt, wie schwierig das Geschäft mit dem Wintersport geworden ist.

Dazu kommt noch der kontinuierliche Temperaturanstieg in den Alpen. Schneekanonen funktionieren nur, wenn Lufttemperatur und Luftfeuchtigkeit stimmen. Bei einer Luftfeuchtigkeit von 20 Prozent kann noch bei drei Grad plus Schnee entstehen; bei 90 Prozent muss die Lufttemperatur deutlich niedriger, bei minus zwei Grad, liegen. Doch was, wenn der Saisonauftakt naht und es immer noch zu warm und/oder zu feucht fürs Schneemachen ist? An dieser Frage hat sich im Alpenraum in den letzten Jahren eine spannende Diskussion entzündet, spannend deshalb, weil sie erbitterte Gegner plötzlich zu Bündnispartnern macht. Es geht darum, ob man, wenn es zu warm ist, biochemisch nachhelfen darf.

1987 entwickelte das amerikanische Unternehmen Snomax ein Verfahren, wie man auch bei Plustemperaturen Schnee erzeugen kann, die Rede ist von bis zu plus fünf Grad. Das Mittel, das man dem Wasser für eine Schneekanone beifügen muss, ist das gleichnamige »Snomax«, ein Pulver, das aus dem Bakterium *Pseudomonas syringae* gewonnen wird. Es kommt praktisch überall in der Natur vor und hat eisbildende Eigenschaften. Obwohl die Substanz, wie der Hersteller versichert, nur noch abgetötete Bakterien enthält, ist ihr Einsatz umstritten. Denn Naturschützer halten dagegen, dass dessen Folgen für die Umwelt noch lange nicht geklärt seien.

Dazu kommt, dass *Pseudomonas syringae* in lebender Form ein Erreger von gefürchteten Pflanzenkrankheiten ist. Es verursacht Fliederseuche, Bakterienbrand im Steinobst oder Baumkrebs. »Ein Bakterium lässt Kastanien bluten«, meldete zum Beispiel die Landwirtschaftskammer Nordrhein-Westfalen 2006, »auffällig für das neue Schadbild sind einzelne blutende Stellen am Hauptstamm sowie an den Ästen, die später eintrocknen. ... Mit fortschreitendem Befall sterben die Bäume vollständig ab« (Quelle: https://www.landwirtschaftskammer.de/landwirtschaft/pflanzenschutz/oeffentlichesgruen/pdf/praesentation-pseudomonas-syringae.pdf). Mittlerweile sind Tausende Rosskastanien in ganz Mitteleuropa dieser Krankheit zum Opfer gefallen, Experten vermuten eine Übertragung der Seuche durch die Luft. Die Frage ist also: Will man wirklich eine Substanz in der Landschaft verbreiten, die auf der Grundlage eines solchen Killers basiert? Was, wenn doch nicht alle Bakterien abgetötet sind?

In Österreich und in Deutschland ist der Einsatz von Snomax (noch) verboten, doch auch in Ländern wie der Schweiz zögern Skiliftbetreiber, das Mittel in ihre Schneekanonen zu füllen. »Schnee aus Bakterien«, das klingt für viele so ähnlich wie »Einsatz von Gentechnik«, obwohl das eine mit dem anderen Verfahren nichts zu tun hat. Aber die Stimmigkeit von Fakten ist nun einmal in einer mit »alternativen Wahrheiten« konfrontierten Gesellschaft nicht mehr von zentraler Bedeutung. Die Skiorte befürchten einen Shitstorm, wenn bekannt würde, dass sie dieses Zeug auf ihre Pisten bringen, schließlich gelten Ski- oder Snowboardfahren immer noch als Sportarten, die etwas mit »Natur« zu tun haben. An diesem Punkt ziehen Tourismusmanager und ihre natürlichen Feinde, die Umweltschützer, ausnahmsweise am selben Strang.

Über alledem schwebt ein Damoklesschwert namens Schneesicherheit. »Schneesicher« ist das wichtigste Versprechen, das ein Wintersportgebiet seinen Gästen machen muss, sofern es auch weiterhin gute Buchungszahlen haben will – jedenfalls, wenn es auf Massentourismus ausgerichtet ist. »Schneesicher« ist ein Resort dann, wenn

- man im Zeitraum vom 1. Dezember bis 15. April an mindestens 100 Tagen Ski laufen kann;
- die Schneeauflage 30 bis 50 Zentimeter dick ist;
- dies in sieben von zehn Wintern der Fall ist.

Dieses Versprechen wird künftig nur noch von wenigen Skigebieten zu halten sein, sagt eine Studie aus dem Jahr 2021. Das Südtiroler Institut Eurac Research untersuchte, wie sich die Schneesaison von 1971 bis 2019 entwickelte, und konnte zum ersten Mal die Daten aller mehr als 2000 Messstationen der Alpenländer Deutschland, Frankreich, Italien, Österreich, Schweiz und Slowenien auswerten. Die wichtigsten Ergebnisse: Obwohl es immer mal wieder schneearme und dann wieder schneereiche Phasen gab und die Schneeverteilung regional unterschiedlich ausfällt, lässt sich ein eindeutiger Trend herauslesen. An 82 Prozent der Stationen nahmen die Schneehöhen zwischen Dezember und Februar ab, zwischen März und Mai sogar an 90 Prozent.

Dementsprechend sank im gesamten Alpenraum die Anzahl der Schneetage im Winter um 35 Prozent und im Frühling um 30 bis 50 Prozent. Das trifft vor allem Skigebiete in den mittleren und tieferen Lagen hart: Unterhalb von 2000 Metern über dem Meer wurde die Schneesaison in den letzten 50 Jahren im Durchschnitt um 22 bis 34 Tage kürzer: Es schneite später, taute früher und regnete mehr. Die Webseite www.skiresort.de listet, gegliedert nach Höhe, 1136 Skigebiete in den Alpen auf: Auf Platz eins liegt die Schweizer Matterhornregion mit Zermatt/Breuil-Cervinia/Valtournenche, wo die Lifte bis auf 3899 Meter führen. Bereits ab Position 358 (Saint-Léger-les-Mélèzes in der französischen Region Provence-Alpes-Côte d'Azur) liegt die Bergstation unter dieser 2000-Meter-Schwelle, das heißt, über 70 Prozent der alpinen Skigebiete sind von dieser Negativprognose zu 100 Prozent betroffen. In Deutschland würden im schlimmsten Fall wohl nur Zugspitze, Fellhorn und Nebelhorn als Skigebiete überleben.

Was bedeutet das für die Zukunft des Wintersports in den Alpen? Werden die fast 50 Millionen aktiven Skifahrer in Europa sich künftig in dem einen Drittel der übrig gebliebenen Wintersportgebiete drängeln? Die Wintersportorte werden sich etwas einfallen lassen müssen, um ihren Gästen etwas zu bieten, das die Alpen für sie im Winter weiterhin attraktiv macht.

Im Graubündner Vals hat man bereits in diese Richtung gedacht und ein für kommerzielle Skigebiete ungewöhnliches Angebot entwickelt: Die Gondelfahrt zur rund 1800 Meter hoch gelegenen Mittelstation Gadastatt ist kostenlos. Nur wer ab dort die Skilifte bis 3000 Meter nutzen will, braucht ein Ticket. Von Gadastatt aus hat man mehrere Möglichkeiten: eine Wanderung auf einem gut gepflegten Winterwanderweg, eine Schneeschuhtour auf einer abseits gelegten Spur, eine Rodelpartie ins Tal oder einfach nur ein Sonnenbad auf der Terrasse des Bergrestaurants an der Mittelstation. Für dessen Pächter ist diese Strategie ein Segen: Er muss nicht nur von den Besitzern teurer Skipässe leben, sondern bekommt vor allem an schönen Tagen reichlich Kundschaft von unten zugeführt.

Ein Gedanke noch: Falls Sie gestählt im Partytalk sind, wissen Sie sicher, dass die Inuit mehrere Dutzend Wörter für Schnee haben, richtig? »Leider nicht«, sagt der Hamburger Linguist Anatol Stefanowitsch, das Ganze sei eine populäre Legende. Es gebe im Grunde genommen nur zwei Begriffe: *quanik* für fallenden und *aput* für liegenden Schnee. Und dann kombinierten die Inuit so wie wir auch: Pappschnee, Pulverschnee, Sulzschnee, Harschschnee, Firnschnee … Die Bestimmungsworte präzisieren hierbei die Art der weißen Pracht nach Alter (Neuschnee), Feuchtigkeitsgrad (Nassschnee), Farbe (durch Saharastaub gefärbter Blutschnee) oder Herkunft (Triebschnee).

Wenn Ihnen also auf einer Party mal wieder die Frage gestellt wird, welche Sprache die meisten Begriffe für Schnee habe, verweisen Sie einfach auf unsere deutsche. Damit liegen Sie zumindest nicht falsch.

Ein faszinierendes Experiment: Wie Ötzi über die Alpen (2)

Rolf Schlenker

Dienstag, 29. August 2006, ORF-Teletext: »Feuchte, ausgesprochen kühle Luft strömt von der Nordsee zum Alpenraum. Weitere Regenschauer an der Alpennordseite ... Schneefallgrenze auf 1500 Meter sinkend.«

Anhaltender Schneefall ab 1500 Metern – darf man angesichts einer solchen Prognose als Projektverantwortlicher zwei Leute über eine knapp 3000 Meter hohe Gebirgsscharte schicken? Hätte ich sie in Turnschuhen da hochgelassen, hätte das schon garantiert mächtig Ärger gegeben, nun trugen unsere beiden Alpengeher Henning und Ingo aber auch noch die Nachbildung von 5000 Jahre alter Bekleidungstechnologie am Leib ...

Als wir – die beiden Protagonisten und das SWR-Team – zwei Tage später im Pitztal standen und zur 2928 Meter hohen Fundusfeilerscharte hochblickten, sahen wir nur eine Farbe: Weiß. Doch Hugo, unser Bergführer, den wir zur Sicherheit engagiert hatten, war optimistisch, das Wetter werde besser werden, der Himmel aufreißen. Einzige Einschränkung: »Jenseits der Scharte gibt es ein steiles Lawinenfeld. Wenn da die Lawine bereits abgegangen ist, können wir drüber, wenn sie aber noch nicht runtergekommen ist, müssen wir umdrehen.«

Dieser Spätsommer mit seinen ständig neuen Schlechtwetterfronten schien sich gegen unser »Steinzeit«-Experiment verschworen zu haben, lieferte aber genau deshalb Ergebnisse, mit denen wir in unserem »Living Science«-Projekt nicht gerechnet hatten: So urtümlich sie dank Grasmantel, Fellmütze, Lederleggins und Hemd auch aussehen mochte – Ötzis Ausrüstung war besser, als man vorher hatte wissen können. So einen Realitätscheck hatte es davor eben noch nicht gegeben.

Der überraschende Erkenntnisgewinn hatte schon an der »Fließer Platte« oberhalb von Landeck begonnen, einem steinigen Wegstück, für das bereits vor 2000 Jahren die Römer Rinnenpaare in den blanken Felsboden gefräst hatten, eine Art Straßenbahnschienen, die verhindern sollten, dass Fuhrwerke bei Regen in den scharfen Kurven abrutschten und in die Tiefe stürzten. Als wir diesen Abschnitt der antiken Via Claudia Augusta passierten, regnete es Bindfäden. Und ich rutschte mit meinen Bergstiefeln an einigen steilen Stellen immer wieder auf dem glatten Felsboden aus, während Henning und Ingo in ihrem Steinzeit-Schuhwerk unbeirrt weiter nach oben gingen – seltsam.

Sie hatten sich aus Lederlappen Mokassins gefertigt, und es hatte ein paar Etappen und mehrere Lederarten gebraucht, bis sie das richtige Material gefunden hatten. Jetzt aber sah man, dass diese Schuhe, die genauso auch zu Ötzi-Zeiten getragen worden waren, mehr waren als nur ein nachgebildeter steinzeitlicher Behelf. Diese Mokassins hatten auf Fels ein Haftungsverhalten, das dem moderner Boulderschuhe nur wenig nachstand.

Die nächste Erkenntnis, wie effizient und durchdacht Ötzis Ausrüstung eigentlich war, kam uns dann im kniehohen Neuschnee, diesmal durch die berühmten Fellschuhe mit Gras-Innenpolsterung, die man bei dem Eismann gefunden hatte. Am 1. September waren wir bei der Ludwigsburger Hütte Richtung Fundusfeilerscharte, dem Übergang vom Pitz- zum Ötztal, gestartet. Ich ging voraus und hatte Kameraausrüstungsteile bei mir, im Drehtagebuch hielt ich fest:

»Nach 200 Höhenmetern bin ich schon fix und fertig. Keine drei Schritte kann ich setzen, ohne dass ich bis zu den Knien in den Schnee einbreche oder seitlich weggleite. Das ständige Ausrutschen, sich fangen, nur um sich gleich wieder fangen zu müssen, führt dazu, dass ich 10 Schritte gehe, keuchend stehen bleibe, wieder 10 Schritte gehe, wieder keuchend anhalte ... Herrgott, ich bin doch nicht am Everest, sondern gerade mal auf Zwosieben!

Die armen Ötzis hinter mir!

Ich drehe mich um ... doch: Merkwürdig! ... Das letzte Mal ist Henning noch viel weiter hinten gewesen ... Beim nächsten Kontrollblick scheint er erneut näher gekommen zu sein. Jetzt schaue ich genauer hin: Ohne Stolperer, Rutscher oder Verschnaufpausen zieht Henning seine ruhige Spur durch den Schnee. Vor dem Aufstieg hat er die bislang so belächelten Ötzi-Schuhe angezogen. ›Es ist halt kalt‹, meinte er, die riesigen Bärenfell-Nachbildungen sind natürlich bedeutend wärmer als seine Lederlappen, die er sonst um die nackten Füße gewickelt hat. Um zu verhindern, dass von oben Schnee in die Schuhe kommt, haben sich die beiden am Vorabend aus Fellresten noch Gamaschen genäht. Und nun schicken sie sich an, in diesem unwirtlichen Gelände dem Rest des Teams den Schneid abzukaufen.«

Spätestens seit diesem Moment war uns allen klar, welchem Zweck Ötzis Fellschuhe eigentlich dienten: Das waren Schneeschuhe! Nicht nur warm genug, sondern auch von der Sohlenfläche her groß genug, um auf Schnee effektiv gehen zu können – kurz: Das war ein prähistorischer Mix aus Moonboot und Schneeschuh.

Für alle Projektbeteiligten war es eine starke Erfahrung zu begreifen, wie nahe unsere jungsteinzeitlichen Vorfahren unserem

Know-how schon gewesen waren, egal, ob das die Technik von Angelgeräten, Holzbacköfen und Jagdbogen oder das Wissen um Konservierungsmethoden und Schmerzmittel betraf. Man hat sogar Hinweise dafür gefunden, dass die Jungsteinzeitler in der Lage waren, Operationen am offenen Schädel durchzuführen.

Kein Zweifel: Ötzis Zeitgenossen waren alles andere als primitive, »uga, uga« schreiende Zauseln – sie hatten vielmehr eine Hochkultur entwickelt, von der wir bis zum September 1991 kaum etwas wussten.

Die Boten des Wandels – warum sind gerade die Alpen so sensibel?

Vielleicht mögen Sie die Szene aus dem Zeichentrickfilmklassiker »Ice Age« genauso wie wir: Unterhalten sich zwei unterschiedlich intelligente Fantasietiere: »Warum sagen wir nicht einfach ›Kühle Wetterfront‹ dazu oder ›Fröstelära‹. Ich mein ja nur, woher sollen wir wissen, dass es eine Eiszeit ist?« – »Wegen ... dem ... vielen ... Eiiiiheiiiis!«, lautet die genervte Antwort mit nach oben gerollten Augen.

»Wegen des vielen Eises«, hätte es grammatikalisch richtig heißen müssen – aber die Definition selbst ist durchaus auf der Höhe der wissenschaftlichen Erkenntnis. Im »Geologischen Wörterbuch« der beiden Geologieprofessoren Hans Murawski und Wilhelm Meyer heißt es: »Ein Eiszeitalter ist ein Abschnitt der Erdgeschichte, in dem die Festlandsbereiche mindestens einer Polarregion vergletschert beziehungsweise von Eisschilden bedeckt sind.« Und da dies sogar in zwei Polarregionen – Arktis und

Antarktis – der Fall ist und noch zahlreiche Gebirgsgletscher dazukommen, ist es hinreichend belegt: Wir leben in einer Eiszeit! Nur was nützt uns dieses Wissen? Viel entscheidender ist die Tendenz, die die Temperaturen aufweisen. Und die zeigt nach oben. Also: Auch wenn der aktuelle Klimawandel in einer Eiszeit stattfindet, es ist und bleibt ein Klimawandel.

Wie grundlegend diese Entwicklung das Weltklima verändert hat, zeigen die »warming stripes«, die Wärmestreifen, des Klimaforschers Ed Hawkins. Der Brite hatte eine brillante Idee, wie man den Klimawandel mit einem einfachen Mittel anschaulich machen kann: Er stellte die Durchschnittstemperatur eines jeden Jahres zwischen 1881 und 2018 als senkrechten, farbigen Balken dar, die Farbskala reicht von Dunkelblau für ein sehr kühles Jahr über Hellblau (kühl), Weiß (normal), Hellrot (warm) bis Dunkelrot für ein sehr warmes Jahr.

Die obere Grafikhälfte zeigt die Temperaturentwicklung der Nord-, die untere die der Südhalbkugel. Auf einen Blick vermittelt sich so, wie dramatisch sich das Klima des gesamten Planeten in knapp 14 Jahrzehnten verändert hat:

Quelle: https://de.wikipedia.org/wiki/Klimastreifen#/media/Datei:20190725_COMPARE_Warming_stripes_-_N_vs_S_hemispheres_1880-2018_(ref_1901-2000).png
Credit: w:warming stripes: climate scientist Ed Hawkins, w:University of Reading, U.K.

Heruntergerechnet auf Deutschland, sehen Hawkins' Wärmestreifen nicht weniger bedrohlich aus. In unserem Jahrtausend explodieren die Temperaturen geradezu:

Quelle: https://www.klimafakten.de/sites/default/files/images/articles/warmingstripesgermanyweb.png
Credit: 2050 Media Projekt gGmbH
klimafakten.de

Dass auch die Natur ähnlich explosionsartig auf diese Veränderungen reagieren kann, zeigt das Schicksal von Marianne und Hansruedi Burgener aus der Gegend von Grindelwald. Wenn man den Eheleuten erzählt, Klimawandel sei ein schleichender Vorgang, dann können sie darüber nur bitter lachen. Denn sie mussten erleben, wie er im Eiltempo ihre berufliche Existenz zerstörte.

Im Jahr 2003 bekommen die Burgeners das Angebot, die Stieregghütte oberhalb von Grindelwald zu pachten und zu bewirtschaften. Ein gutes Geschäft, denn die 1650 Meter hoch gelegene Wanderhütte am Westhang des Mättenbergs ist nicht nur bei Übernachtungsgästen beliebt, sie liegt auch verkehrsgünstig an dem viel begangenen Weg zur Schreckhornhütte. Im Dezember 2003 macht das Ehepaar die Sache klar und unterschreibt den Pachtvertrag.

Die Saison 2004 beginnt noch vielversprechend. Die Hütte liegt idyllisch inmitten einer Almwiese auf einer Art Terrasse hoch über der Schlucht des Unteren Grindelwaldgletschers. Im Frühsommer 2004 macht Burgener jedoch eine beunruhigende Entdeckung: Am Rand der Almwiese bilden sich zur Schlucht hin im Boden Risse, die schnell breiter werden. Kurz danach bricht das erste Randstück Wiese ab und stürzt in die Tiefe, dann das nächste, immer weitere solcher Rutsche folgen, die Abbruchkante beginnt sich immer schneller auf die Hütte zuzubewegen. Im Mai 2005 erreicht sie die Terrasse, wenige Tage später hängt bereits eine Ecke der Hütte über dem gähnenden Abgrund. Da haben die Burgeners die Stieregg natürlich schon längst verlassen, am 3. Juni wird sie von der Grindelwalder Feuerwehr kontrolliert abgebrannt.

Was war da im Boden vor sich gegangen, dass die 1952 gebaute Stieregghütte nach etwas über 50 Jahren reibungslosen Betriebs so schnell zum Problemfall wurde? Verursacher des galoppierenden

Abbruchs war der Rückzug des Unteren Grindelwaldgletschers. Jahrtausendelang hatten die Eismassen die Felswände links und rechts seines Gletscherbetts gestützt – auch die, auf der oben die Almterrasse mit der Hütte lag. Dann aber begann er sich zurückzuziehen, immer weiter, bis die Wände nunmehr ohne stützenden Gegendruck steil aus dem jetzt gletscherfreien Tal aufragten. Jahrelang hielten sie das aus – aber irgendwann nicht mehr: Sie wurden in ihrem Inneren instabil und fingen an zu bröseln. Nur 18 Monate hatte es gebraucht, um ein Almenidyll zur Moränenbrache zu machen – Klimawandel im Zeitraffer.

Was die Burgeners erlebten, zog sich bereits seit Jahren im Kleinen wie im Großen durch den gesamten Alpenraum. So übertrug der SWR noch 1999 »Eiger live«, die Besteigung der Eiger-Nordwand unter Livebedingungen, in der zweiten Septemberwoche. Heute wäre das so nicht mehr möglich, da die Gefahr durch Steinschlag im Sommer so stark zugenommen hat, dass Kletterer die Nordwand nur noch im Winter durchsteigen können.

Was sich in der Eigerwand in kleinerem Maßstab vollzieht, ist auch in weitaus größerem zu beobachten, zum Beispiel in Bondo, im Kanton Graubünden, wo 2017 ebenfalls in den Sommermonaten ein gewaltiger Bergsturz acht Todesopfer forderte. Die Chronologie dieses schlimmsten Felssturzes der letzten Jahrzehnte in den Alpen zeigt, wie alarmierend instabil die geologische Situation in den Bergen inzwischen geworden ist.

- Mittwoch, 23. August 2017, gegen 9:30 Uhr: Von der Nordflanke des Piz Cengalo (3369 m) lösen sich drei Millionen Kubikmeter Gestein und donnern mit einer Geschwindigkeit von 250 Kilometern pro Stunde in das Bondasca-Tal, wo die Steinlawine ein Dutzend Ställe und Maiensäße zerstört. Ein automatisches Überwachungssystem löst Alarm aus, die

200 Einwohner von Bondo am Talausgang werden sofort evakuiert, ein Auffangbecken am Dorfrand mildert die erste Wucht. Die Bilder, wie sich eine felsige Schlammmasse durch die Dorfmitte wälzt, gehen um die Welt. Die große Anzahl von Handyvideos, die den Bergsturz festgehalten haben, zeigt, wie viele Wanderer an diesem schönen Sommertag in dem Gebiet unterwegs waren. Acht von ihnen werden von den Felsmassen verschüttet und nicht mehr gefunden.

- Freitag, 25. August 2017: Die evakuierten Bewohner von Bondo können in ihre Häuser zurückkehren. Doch bereits am Nachmittag werden sie abermals evakuiert, weil am Piz Cengalo erneut eine große Masse Fels abgebrochen ist. In Bondo werden zwei Räumbagger verschüttet.
- Donnerstag, 31. August 2017: In der Nacht zum 1. September wälzt sich erneut eine Mure auf Bondo zu und verschüttet zwei Zufahrtsstraßen. Bewohner und Übernachtungsgäste des Ortsteils Spino werden evakuiert.
- Freitag, 15. September 2017: Am späten Abend brechen am Piz Cengalo erneut 200 000 bis 500 000 Kubikmeter Fels ab.
- August 2018: Auch jetzt bewegt sich der Fels in der Abbruchkante noch um bis zu 2,5 Zentimeter pro Tag.
- Mittwoch, 14. August 2019: Gegen 13 Uhr ereignet sich ein kleiner Felssturz am Piz Cengalo, der aber keinen Schaden im Dorf anrichtet.

Fels steht offenbar nicht »felsenfest«. Fünf große und kleine Felsstürze in drei Jahren, das zeigt, wie brandgefährlich die Situation wird, sobald ein Berg einmal aus dem inneren Gleichgewicht geraten ist. Auch die angesichts der großen Opferzahlen gravierenden juristischen Fragen belasten die betroffenen Gemeinden erheblich: Wurde gründlich genug kontrolliert? Wurde zeitig und entschlossen genug gewarnt? Hätten die Wanderwege früher gesperrt und das Dorf besser geschützt werden müssen?

Das Problem dabei: Der Piz Cengalo war einer der »üblichen Verdächtigen«. Nach einem Felssturz im Dezember 2011 wurde der Berg überwacht, ein Alarmsystem sollte die Talbewohner warnen und ein Becken die Schuttmassen auffangen. Das System gab Alarm, aber das Auffangbecken war für die riesigen Mengen zu klein. Was noch schwerer wog: Bereits einen Monat vor der Katastrophe wurden verstärkt Bewegungen im Berg registriert. »Zusammen mit der aktuell erhöhten Blocksturzaktivität ein untrügliches Zeichen, dass ein grösserer Sturz bevorsteht«, warnte am 10. August 2017 ein Geologe per Mail das Bündner Amt für Wald und Naturgefahren (AWN) und empfahl, das Bondasca-Tal »vorläufig nicht mehr zu betreten«. (Quelle: https://www.beobachter. ch/burger-verwaltung/neue-erkenntnisse-zum-bergsturz-von-bondo-es-war-ein-drama-mit-ansage)

Die Warnung wurde von den Behörden offenbar als nicht so alarmierend empfunden, denn die geologische Beobachtung gelangte an die Öffentlichkeit, nicht aber die dringliche Warnung. So meldete die Zeitung *Südostschweiz* noch neun Tage vor dem Unglück: »In den letzten Wochen kam es beim Piz Cengalo im Bergell zu mehreren kleinen Felsstürzen, trotzdem gibt es keinen Grund zur Beunruhigung. Neue Messungen zeigen jedoch, dass sich die rund vier Millionen Kubik schneller verschieben.« (Quelle: www.suedostschweiz.ch/unterhaltung/audios/sendun gen/2017-08-14/der-piz-cengalo-ist-in-bewegung)

Dann begann das juristische Hickhack. Im Januar 2020 urteilte das Bündner Kantonsgericht: »Es handelte sich um ein aussergewöhnliches und sehr seltenes Ereignis, welches jenseits dessen lag, was hinreichend zuverlässig vorausgesagt werden konnte. Die Voraussetzungen der Voraussehbarkeit waren damit nicht gegeben«

(Quelle: www.infosperber.ch/politik/schweiz/bondo-urteil-6-gruende-fuer-den-gang-ans-bundesgericht/). Das sahen die Angehörigen der Opfer anders. Hätte man die Warnungen des Geologen entschlossen umgesetzt und das Tal gesperrt, wären alle Wanderer noch am Leben, argumentierten sie. Im Februar 2021 schließlich hob das Bundesgericht die Einstellung der Ermittlungen auf, und im Dezember 2021 meldeten Schweizer Medien, die Bündner Staatsanwaltschaft wolle erstmalig in dieser Angelegenheit ein unabhängiges Gutachten erstellen lassen.

Wer ist verantwortlich für die Natur und die Sicherheit der Menschen, die sich in ihr bewegen oder in und mit ihr leben? Diese Frage führte dazu, dass der markante Hochvogel (2592 m) in den Allgäuer Alpen mittlerweile eher einem Außenlabor gleicht als einem Kletterberg. Der gesamte Gipfelbereich wurde mit Kabeln und Sonden bestückt, die jede Bewegung und jedes Geräusch an Forscher der Technischen Universität München und des Geoforschungszentrums Potsdam melden. Auf Luftbildern sieht der Hochvogel aus, als hätte ein Riese ihn mit einem Handkantenschlag gespalten: Ein inzwischen fünf Meter breiter und etwa 30 Meter langer Riss, der durch den Gipfelbereich läuft und ständig wächst, könnte in naher Zukunft dafür sorgen, dass rund 260 000 Kubikmeter Stein den Halt verlieren und in die Tiefe donnern. Was die Situation etwas einfacher macht: Es liegen keine Dörfer unterhalb des Abbruchbereichs, ein gefährdeter Wanderweg, der Bäumenheimer Weg, wurde vorsorglich schon vor Jahren gesperrt.

Bei der Ursachensuche schießt einem als Erstes das Stichwort »Permafrost« durch den Kopf, doch der Hochvogel ist zu niedrig für ewiges Eis in seinem Inneren. Was ist dann schuld an dem steigenden Felssturzrisiko? »Regen«, meint Michael Krautblatter, der seit 2004 als Professor an der TU München Naturgefahren, Hangbewegungen und Permafrostsysteme erforscht. Seit den 1920er-Jahren hätten sich Starkniederschläge mehr als verdoppelt, der Druck des Wassers, das in die Klüfte eindringe, nehme so ständig zu. So trage selbst eine Wassersäule, die sich in feinsten Haarrissen aufgebaut habe, mit ihrem Gewicht zu den Spaltungsprozessen im Fels bei, sagt Krautblatter. Durch die Messgeräte am Berg empfangen die Forscher jede Minute ein Signal vom Hochvogel, wenn die Bewegungen in seinem Inneren zunehmen, dann sehen die Wissenschaftler das.

Und sie hören es auch. Die Forscher des Potsdamer Geoforschungszentrums haben im Gipfelbereich »Geophone« aufgestellt, die »die Melodie eines zerfallenden Alpengipfels« auffangen: »Die Geophone zeichneten über drei Monate hinweg auf, mit welcher Frequenz der Berg hin und her schwingt. Wie eine Stimmgabel wird auch massiver Fels durch äußere Anregungen wie Wind und Erschütterungen der Erdkruste in Schwingung versetzt. Dabei hängt seine Frequenz von Faktoren wie Temperatur, Materialbeanspruchung und dem Grad der Zerrüttung des Gesteins ab«, erklärt das Institut auf seiner Webseite. So ein Berggipfel »brummt« dann in einer bestimmten Frequenz, wenn die Spannung im Fels zunimmt, und in einer anderen, wenn sie wieder nachlässt. Je dichter diese Zyklen aus An- und Abschwellen werden, umso kürzer steht ein Felssturz bevor. (Quelle: www.gfz-potsdam.de/medien-kommunikation/meldungen/detailansicht/article/die-melodie-eines-zerfallenden-alpengipfels/)

Auf diese Art und Weise erhält die Wissenschaft eine Vorwarnzeit, die ähnlich wie eine Wetterprognose funktioniert: Je näher die Zukunft rückt, umso verlässlicher ist die Vorhersage, bei drei bis vier Tagen ist sie sehr präzise, auch wenn das erst einmal nicht so wirken mag. Doch eine solche Zeitspanne ist für Evakuierungsmaßnahmen oder Sperrungen von Wandergebieten oder -hütten ausreichend. Eine Katastrophe mit acht Toten wie in Bondo hätte es nicht geben müssen, wäre die Warn-E-Mail des Geologen ernster genommen worden.

In größeren Höhen sieht die Situation anders aus. Aufgrund des steten Ansteigens der Nullgradgrenze durch die Erderwärmung werden Bereiche, die sich früher in der Permafrostzone befanden, instabil. Für viele lag dabei die Erklärung nahe, dass das ständige Hin und Her zwischen Auftauen und wieder Zufrieren dazu führt, dass Schmelzwasser immer tiefer in Klüfte und Spalten dringt und dort nach dem erneuten Zufrieren durch die Ausdehnung den umgebenden Fels sprengt. Doch das Hauptproblem liegt woanders: Das Eis im Innern eines Berges wirkt wie Kitt, es hält das Gestein zusammen. Schmilzt das Eis, geht dieser Halt verloren. Das machten wir einmal in einem kleinen Studioversuch deutlich: Ein Eimer voller Wasser und Steine wurde in eine Kühlkammer gestellt und das Innere nach dem Gefrieren wie ein Napfkuchen aus dem Eimer gestürzt. Eine Kamera, die pro Minute ein Bild machte, verfolgte, was beim Auftauen in dem Eis-Stein-Kegel geschah: Erst mal nichts, doch dann begann sich – im Schnelllauf schön zu sehen – der oberste Stein zu bewegen, schließlich kullerte er herunter. Dann der nächste und übernächste. Am Ende, als alles Eis geschmolzen war, blieb ein Haufen Steine übrig.

Diesen Vorgang beobachtet Michael Krautblatter auch in seinen Forschungseinrichtungen direkt im Permafrostbereich der Zugspitze. Bei 2600 Metern über dem Meer beginnt momentan diese Zone, in der es zumindest an der kälteren Nordflanke dauerhaft unter null Grad hat. Beziehungsweise haben sollte. Denn die Messgeräte des Professors für Hangbewegungen an der TU München zeigen etwas beunruhigend anderes: Die Nullgradgrenze frisst sich immer weiter ins Innere des Berges. Oder andersherum: Die Außenbereiche werden immer wärmer.

Krautblatters Labor atmet Zugspitzgeschichte. 1937 verband man das Schneefernerhaus, ein Tophotel auf deutscher Seite, mit der Tiroler Zugspitzbahn an der österreichischen Bergflanke durch den 800 Meter langen fensterlosen »Kammstollen«, in dessen Mitte ein Zollbeamter auf einem Holzbänkchen saß und die Ausweise kontrollierte. Bis 1952 war das Schneefernerhaus Erholungszentrum der US-Armee, dann wieder ein deutsches Hotel, und seit 1992 ist es eine Umweltforschungsstation von neun Wissenschaftsorganisationen und dem Freistaat Bayern.

Für die Permafrostforschung wurde vom oberen Teil des Kammstollens ein Quergang gebaut, der so von innen bis an die steile Nordwand heranführt. In dem nur etwa einen Meter hohen Gang bekommt man als Besucher die erste Lektion in Sachen Permafrost erteilt: Im Berginneren hinkt die Temperatur ein halbes Jahr hinterher, das heißt, im Januar ist es im Berg am wärmsten, im Juli am kältesten, wobei die Temperaturen abnehmen, je weiter man von der Außenwand weg ist. Um diesen Temperaturtransfer zu messen, sind in regelmäßigen Abständen Messfühler an der Felswand befestigt, die im Stundenabstand die Felstemperatur aufzeichnen. Der Fühler, der in exakt zehn Meter Entfernung von der Außenwand befestigt ist, war seit seiner Installation noch nie aufgetaut, der heiße Sommer 2018 sorgte jedoch dafür, dass die Wärme bis wenige Zentimeter an ihn heranreichte. »So weit nach innen war das Eis noch nie zuvor weggeschmolzen«, erklärt Krautblatter.

Wie weit Außenwärme nach innen vordringen kann, sieht man an den Eiszapfen: »Wo ein Eiszapfen ist, muss vorher Eis aufgetaut sein.« Umgekehrt heißt das: Überall, wo weiße Eiskristalle blinken, ist das Wasser schon seit Ewigkeiten gefroren.

Die besorgniserregende Botschaft: Im Permafrost-Forschungsstollen auf der Zugspitze beobachtet man, wie dieser Punkt des

Auftauens immer weiter nach innen vordringt, sechs bis sieben Meter waren es bis 2018, dem zweitheißesten Sommer seit 1881, danach lag die Rekordmarke bei knapp zehn Metern. Das spiegelt die Temperaturentwicklung am Berg wider: Bis in die 1980er-Jahre maß man auf der Zugspitze Durchschnittswerte um minus fünf Grad, danach stiegen sie um ein Grad an, besonders dramatisch war der Temperaturanstieg im Sommer. Seit den 1990ern gab es kaum mehr Minustemperaturen – selbst die kalte Zugspitze passt damit in das Schema der Wärmestreifen von Ed Hawkins.

Eine exakte Messung, wie sich die Nullgradgrenze verändert hat, ist übrigens keine einfache Sache. Zum einen kann sie ja Tag für Tag woanders liegen, im Sommer wesentlich weiter oben als im Winter. Oder es hat – denken Sie an die Inversionslagen – im Tal Minusgrade, und über den Wolken herrscht T-Shirt-Wetter. Das Züricher Bundesamt für Meteorologie und Klimatologie (MeteoSchweiz) hat in einer Studie die Veränderung der Nullgradgrenze in der Eidgenossenschaft beobachtet: In den letzten 150 Jahren stieg sie je nach Region um 200 bis 700 Meter an, besonders stark im Winter. An der Alpennordseite stieg sie zwischen 1871 und 2019 um durchschnittlich 300 bis 400 Meter an, das bedeutet, dass in den Schweizer Bergen die durchschnittliche Nullgradgrenze bereits im März eine Höhe wie früher im April erreicht. In einer 300 bis 400 Meter breiten Zone, in der früher Dauerfrost herrschte, taut es jetzt also immer wieder.

Kurz zurück zu dem kleinen Studioversuch von oben: Der Zeitraffer machte deutlich, was passiert, wenn in einem Berg das Eis verschwindet: Er bricht nach und nach auseinander. Kann das auch auf der Zugspitze passieren? Es wäre nicht das erste Mal.

Welche Dimensionen ein solches Ereignis haben kann, sieht man deutlich in der 3500-Seelen-Gemeinde Grainau am Fuß der Zugspitze. Nur wenige Meter neben dem zweistöckigen Rathaus ist ein fast ebenso hoher und breiter Felsbrocken zum Stehen gekommen, Überbleibsel eines gewaltigen Bergsturzes. So ein Glück für den Grainauer Magistrat, könnte man jetzt denken, doch die Naturkatastrophe ereignete sich rund 3750 Jahre vor der Grundsteinlegung. 200 Millionen Kubikmeter Gestein – ungefähr 70-mal so viel wie am Piz Cengalo – lösten sich damals aus der Nordflanke, stürzten in das Gebiet des Eibsees und rasten auf der anderen Talseite wieder den Hang hinauf. Die Wucht muss unvorstellbar gewesen sein, viele Dutzende Male so stark wie eine Hiroshimabombe, so der gern benutzte Vergleich, wie sich bereits im Kapitel »Die schlimmsten Naturkatastrophen« auf Seite 112 zeigte. Dem Berg sieht man die Katastrophe von damals immer noch an: Zwischen Großer Riffelwandspitze und Zugspitze wirkt die Flanke des Massivs, als hätte ein Riese ein Stück aus ihm herausgebissen.

Wer heute um den Eibsee herumspaziert, empfindet die vielen riesigen, mit Moos bewachsenen Felsbrocken im Wald als romantische Hochgebirgslandschaft, es ist aber die alleroberste Schicht einer gigantischen, bis zu 50 Meter hohen Schutthalde. Geologen des Bayerischen Landesamts für Umwelt haben diese Geröll- und Steinmassen vermessen – und stießen auf ein überraschendes Ergebnis. Hier unten lag deutlich mehr Felsmasse, als in die Abbruchflanke passte. Daraus zogen sie den Schluss, dass dem Bergsturz vor gut 3800 Jahren zumindest noch ein weiterer vorangegangen sein muss, weshalb Lokalpatrioten sofort frohlockten, dass der 2962 Meter hohe Berg früher wohl mal höher war. Damit war die Zugspitze in die Riege der Dreitausender aufgestiegen. Zwar nur nachträglich, aber immerhin.

Viel wichtiger für die Menschen am Fuß des Berges ist die Frage: Kann sich eine solche Megakatastrophe wiederholen? »Dies ist nicht zu erwarten«, sagen die Geologen des Landesamts für Umwelt, und auch Michael Krautblatter ist der Ansicht, dass momentan nichts auf einen bevorstehenden Abbruch hindeutet. Aber – dies lassen die Temperaturmessungen im Berginnern befürchten – die Uhr tickt. Vielleicht nicht für uns, doch für nachfolgende Generationen.

Ein weiteres Problem ist die Zunahme der Lawinengefahr. Ein Phänomen, das vor allem Pistenbetreibern immer größere Sorgen bereitet, sind dabei die Gleitschneelawinen. Dass im Herbst nach warmen Tagen plötzlich viel Schnee auf den aufgeheizten Boden fällt, ist eine der Ursachen. Die unterste Schicht taut weg, unter der Schneedecke entsteht so ein Hohlraum, ein Luftkissen, das die ganze Auflage ins Gleiten bringen kann. Ein Kennzeichen dieser Lawinen ist das »Fischmaul«, eine bogenförmige Anrisskante, unter der das Gras bereits sichtbar ist. Immer wärmere Herbst- und immer mildere Wintertage könnten diese Entwicklung begünstigen, vermuten Experten. Betroffen sind neuerdings auch Gebiete, die als lawinensicher gelten. So überrollte zum Beispiel eine solche Gleitschneelawine im Februar 2019 eine viel befahrene Piste in Crans-Montana im französischsprachigen Teil des Wallis und tötete einen Skiläufer.

Alles hängt mit der Aufheizung der Atmosphäre zusammen. Um ein Grad erhöhte sich die globale Mitteltemperatur in den letzten 150 Jahren, in den Alpen waren es jedoch wie schon erwähnt zwei Grad. Das heißt, der Alpenraum ist von den Folgen des Klimawandels viel stärker betroffen als der größte Teil der restlichen Welt – woran liegt das?

Um es mit Mathematik zu sagen: weil die Oberfläche aller vier Seitenwände einer Pyramide in Summe größer ist als die des Vierecks, auf dem die Pyramide steht. Auf die Alpen übertragen: Unten im Flachland hat ein Areal, das zum Beispiel zwei Kilometer lang und zwei Kilometer breit ist, eine Fläche von vier Quadratkilometern. Und diese vier Quadratkilometer Boden werden nun von der Sonne erwärmt, heizen sich entsprechend auf und geben diese Wärme wieder an die Umwelt ab. In den Alpen kann sich aber auf diesen vier Quadratkilometern ein 2000 Meter hoher Berg auftürmen – hier mal vereinfacht als Pyramide gedacht. Dann beträgt die Oberfläche der vier Seitenwände dieser Pyramide (wir ersparen Ihnen die Formel) acht Quadratkilometer. Das heißt, dieser Berg bietet der Sonne durch seine hohen Flanken eine doppelt so große Fläche zum Aufheizen an wie das quadratische Areal in der Ebene.

Ein reizvolles Rechenexempel hat dazu auch das Schweizer Bundesamt für Landestopografie beigetragen: Würde man die Schweiz mitsamt ihren Bergen und Mittelgebirgen mit dem Nudelholz platt rollen, wäre das Land statt 41 285 etwa 80 000 Quadratkilometer groß.

Auf derselben Grundfläche wie in der Ebene gibt es im Gebirge also mehr Landmasse, die sich aufheizen kann. Dazu kommen noch zwei weitere Faktoren. Zum einen: Land erwärmt sich wesentlich stärker als Wasser. Da es im Inneren der Alpen nun mal keine Meere und kaum größere Seen, dafür aber eben viel Landmasse gibt, wird es hier vergleichsweise wärmer als in gewässerreichen Gegenden.

Zum anderen: Der Rückzug der Gletscher hat eine sehr direkte Auswirkung auf die Temperaturentwicklung in der Atmosphäre, ein Effekt, der besonders heftig in der Arktis auftritt. Gemeint ist »Albedo« (von lateinisch *albus* für weiß) – wir haben sie bereits kurz auf Seite 134 kennengelernt. Man bezeichnet damit die Fähigkeit eines weißen Untergrunds, eingestrahltes Licht – und damit Wärme – zu reflektieren und ins Weltall zurückzustrahlen. Den Albedoeffekt kann man selbst erfühlen, wenn man sich an einem heißen Sommertag in der prallen Sonne zuerst in ein weißes und danach in ein schwarzes Auto setzt. Im schwarzen ist es deutlich heißer. Das liegt daran, dass Schwarz Wärme speichert, während Weiß sie reflektiert. Auf die Arktis oder einen Alpengletscher übertragen, heißt das: Dort, wo weißes Eis liegt, ist es kühler als dort, wo das Eis weggetaut ist und die Wärmestrahlen im Boden gespeichert werden. Das Verschwinden von Eisflächen trägt also unmittelbar zur Aufheizung des Bodens bei.

Rekapitulieren wir kurz. Die Boten des Klimawandels in den Alpen sind vielfältig:

- Die Gefahr von Bergstürzen nimmt zu.
- Die Gletscher ziehen sich immer weiter zurück.
- Der dabei entstehende Albedoeffekt heizt die Umgebung zusätzlich auf.
- In ihrem Inneren transportieren Gletscher gefährliche Wassertaschen.
- Starkniederschläge nehmen zu und destabilisieren die Berge.
- Pflanzen und Tiere weichen immer mehr nach oben aus.
- Die Böden der Bergwälder verlieren immer mehr Humus.
- Die Lawinengefahr nimmt zu.

Es ist ein Kampf, der an vielen Fronten geführt werden muss. Und bei dem keine weitere Zeit verplempert werden darf.

Wie gefährlich sind die Alpen – ein gut gehütetes Geheimnis?

Rolf Schlenker

Anfang der 1980er-Jahre, ich bin mit Freunden auf Bergtour im Rosengartengebiet in den Dolomiten. Plötzlich – von irgendwoher aus dem gewaltigen Massiv – ein Schrei, so laut und schrill, wie ich es noch nie zuvor gehört habe. Sekunden später ein klatschendes Geräusch – der Aufprall eines Körpers? Dann Stille …

Was tun? Bergwacht verständigen? Handys gab es damals noch nicht. Hilfe leisten? Doch aus welcher Richtung kam der Entsetzensschrei genau? Es gelang uns nicht, die Stelle des vermeintlichen Unfalls zu orten, in den nächsten Tagen versuchten wir aber herauszufinden, was da passiert war. In den italienischen Lokalzeitungen stand kein Wort von einem Bergunfall. Als wir beim Abendessen mit dem Wirt eines Restaurants am Karerpass darüber sprachen, lachte der nur und sagte: »Solche Ereignisse werden doch nicht an die große Glocke gehängt, das würde nur dem Tourismus schaden.«

Daran fühlte ich mich erinnert, als ich mit der Recherche darüber begann, ob der Klimawandel Auswirkungen auf den Bergsport hat – und wenn ja, welche. Stieg zum Beispiel in den letzten Jahren das Risiko beim Wandern oder Skifahren? Gar nicht so einfach, hier aussagekräftige Zahlen zu erhalten, etwa zu den tödlichen Bergunfällen: Lediglich Österreich und die Schweiz führen Erhebungen für ihre Alpenregionen durch, der Deutsche Alpenverein (DAV) verzeichnet nur die Unfälle unter seinen Mitgliedern, in Italien wird bloß in vereinzelten Regionen gezählt, in anderen Quellen ist es wiederum unklar, ob die Zahlen nur die Bergtoten des Sommers oder auch die des Winters umfassen. Es ist also mehr als schwierig, an verlässliche Informationen zu kommen.

Dennoch unternahm ich einen Versuch am Beispiel von 2018, dem vorletzten Normaljahr vor der Coronapandemie. Da starben in Österreich 268 Menschen am Berg, in den Schweizer Alpen waren es 135 und 48 in den italienischen Dolomiten. 31 Mitglieder des DAV verunglückten – wo auch immer in den Alpen – tödlich, und für Frankreich stößt man auf die Zahl von 39 toten Bergsteigern und -wanderern allein zwischen dem 1. Juni und dem 10. August: »Die Sommersaison 2018 verspricht eine der tödlichsten in den französischen Bergen zu werden«, schrieb damals *Le Monde*.

So schwer es auch ist, aus solch unterschiedlichen Parametern eine absolute Zahl herauszufiltern: Wenn man davon ausgeht, dass Jahr für Jahr etwa 1000 Menschen in den Alpen ihr Leben lassen, liegt man vermutlich nicht völlig falsch. Darunter sind Opfer von Lawinen ebenso wie von Abstürzen, Steinschlag oder Herzattacken durch Überlastung.

Wenn man für 2018 die österreichischen Bergtoten (268) in Beziehung zu den Verkehrstoten des Landes setzt, das immerhin zu 60 Prozent in den Alpen liegt (409, 60 % = 245), dann könnte man zu dem Schluss kommen, dass Bergsport mindestens ebenso gefährlich ist wie Autofahren.

Und es ist nicht unbedingt Schwarzseherei, wenn man vermutet, dass der Klimawandel diese Statistik noch mehr zuungunsten der Bergtoten verschieben könnte. Die zunehmende Unberechenbarkeit von Steinschlag oder Phänomenen wie der gefährlichen

Gleitschneelawine, immer mehr Starkregenereignisse, die wie 2021 in der Höllentalklamm im Zugspitzmassiv in Sekundenschnelle Gebirgsbäche in reißende Flüsse verwandeln – all dies könnte dazu führen, dass Bergsport künftig jedem Einzelnen mehr Eigenverantwortung abverlangen wird als bisher.

Zugegeben, sehr oft der Konjunktiv »könnte« ... Deshalb: Seien Sie sich in den Bergen nie zu sicher!

Was die Hotspots des Klimawandels über die Zukunft der Alpen aussagen

»In den 90er-Jahren waren wir mit meinem Segelschiff, der ›Dagmar Aaen‹ auf den polaren Routen unterwegs«, schreibt Arved Fuchs in seinem Buch »Das Eis schmilzt« (Bielefeld 2020, S. 17). Eine seiner eindrücklichsten Erfahrungen war der Versuch, die tückische, zwischen Nordpol und der Westküste Sibiriens gelegene Nordostpassage zu durchqueren. Das ist – richtiger: war – ein fast immer zugefrorener Seeweg, der den Atlantik auf kürzestem Weg mit dem Pazifik verbindet, aber eben mitten durch die Arktis führt.

»Bei dem Versuch, sie zu durchfahren, bissen wir uns förmlich die Zähne aus«, so Fuchs weiter. »1991/1992 und 1994 versuchten wir die Passage zu bewältigen – und blieben immer wieder im Packeis stecken. Ich war frustriert und hatte keine Lust, einen weiteren Versuch zu starten. Im Jahr 2002 wurde ich von einigen Crewmitgliedern überredet, es doch noch einmal zu versuchen.

Und siehe da – wir kamen problemlos innerhalb weniger Wochen durch die gesamte Passage. Dort, wo uns in den Jahren zuvor meterdicke Eispressungen den Weg versperrt hatten, lag offenes Wasser vor uns«. Das heißt, in nicht mal einem Jahrzehnt war die jahrtausendealte Eisbedeckung der Passage im Sommer fast gänzlich verschwunden. Inzwischen fahren in den warmen Monaten 250 Meter lange und 44 Meter breite Riesentanker wie die russische *Korolev Prospect* durch das sensible Gebiet, der Klimawandel macht die Nordostpassage nach und nach zu einer kostensparenden Alternative für die Transportschifffahrt: Der traditionelle Seeweg von Europa nach Asien, zum Beispiel von Rotterdam über den Suezkanal nach Tokio, beträgt rund 21 000 Kilometer, die Route durch die Nordostpassage dagegen nur 14 000 Kilometer – das lohnt sich für die Reedereien. »Keine andere Landschaft hat in den letzten Jahrzehnten einen so gravierenden Wandel vollzogen wie die Arktis«, bilanziert Fuchs.

Doch was hat das mit den 5500 Kilometer entfernten Alpen zu tun? Ziemlich viel. Leider. Zum einen haben die Entwicklungen in der Polregion ganz konkrete Auswirkungen auf Mitteleuropa und damit auch auf die Alpen, denn die Arktis ist eine Schlüsselregion für unser Klima. Zudem laufen die Vorgänge, die sich auch in den Bergen abspielen, in der Arktis und einigen anderen, ähnlich sensiblen Regionen im Zeitraffer ab. Sie sind den Alpen bei den sicht- und spürbaren Veränderungen durch den Klimawandel quasi »voraus« und vermitteln dadurch eine Vorstellung, was auf den Alpenraum zukommen könnte, wenn die Erderwärmung weiter so ungehemmt voranschreitet wie bisher.

Eindrucksvoll sieht man das zum Beispiel an der 10-Grad-Juli-Isotherme, auf der Karte eine rote Linie, die von Neufundland über Island und an Murmansk vorbei kartoffelförmig den Nordpol umkreist. Der Begriff meint: An allen Orten, die innerhalb dieser Linie liegen, erreicht die Höchsttemperatur im Hochsommermonat Juli im Mittel gerade mal 10 Grad. Eigentlich. Denn im Juli 2020 maß man im Inneren dieses Zirkels, in Longyearbyen auf Spitzbergen, 21,7 Grad. Polarforscher vor Ort im T-Shirt statt in der Felljacke – an dieses Bild muss man sich erst mal gewöhnen …

Der Juli 2020 markierte einen weiteren Rekord: Noch nie seit Beginn der Satellitenmessungen hatte die Arktis so wenig Eis, 16 Prozent weniger als im Durchschnitt der sieben Jahre davor. Auch auf Spitzbergen wurde man von dieser Klimaentwicklung völlig überrascht. Noch im Juni 2006 hatte der damalige norwegische Staatsminister Jens Stoltenberg den ersten Spatenstich für den »Globalt sikkerhetshvelv for frø på Svalbard« getan, den weltweiten Saatgut-Tresor auf Spitzbergen. 2008 wurde das bunkerartige Gebäude eröffnet, und tief im Innern des dauergefrorenen Bodens wurden 4,5 Millionen Saatgutproben der wichtigsten Nutzpflanzen eingelagert. Die Idee dahinter: Bei großflächigen Zerstörungen durch Katastrophen oder Kriege sollte die Menschheit in der Lage sein, Nahrungsmittel nachzuzüchten. Das Saatgut wird bei minus 18 Grad gelagert. Falls das Kühlsystem einmal ausfallen sollte – kein Problem, der Permafrostboden würde schon dafür sorgen, dass die Temperatur nie über minus 3,5 Grad anstiege … dachte man.

Doch bereits im Frühjahr 2017 warf der Treibhauseffekt diese Überzeugung über den Haufen. Um den Eingangstunnel herum war der Boden so weit aufgetaut, dass Schmelzwasser ins Innere des Bunkers gelangte. Inzwischen wurden zehn Millionen Euro verbaut, um die Anlage selbst bei einem Temperaturanstieg von acht (!) Grad arbeitsfähig zu halten. Dies alles zeigt, dass die Rekordwärme aus dem Juli 2020 kein singulärer Ausreißer nach oben war, sondern ein weiterer Punkt auf einer Temperaturkurve, die steil nach oben zeigt.

Am 14. August 2021 meldete das National Snow and Ice Data Center (NSIDC) in Grönland etwas, was man dort zuvor noch nie beobachtet hatte: Regen. Das wäre jetzt nicht so ungewöhnlich, wenn diese Wissenschaftsstation nicht auf dem höchsten Punkt des grönländischen Eisschilds auf rund 3200 Metern über dem Meer liegen würde. Das heißt, selbst so weit im Norden und so hoch über dem Meeresspiegel sorgt der Klimawandel für völlig neue Verhältnisse.

Bereits im Juli des Jahres hatten ungewöhnlich hohe Temperaturen in Grönland für eine Rekordschmelze gesorgt. Im Nordosten, am Flughafen Nerlerit Inaat, waren 23,4 Grad im Schatten gemessen worden, die höchste Temperatur seit Beginn der Wetteraufzeichnungen. Die Folge der mehrtägigen örtlichen Hitzewelle: Täglich acht Milliarden Tonnen Eis schmolzen dahin, doppelt so viel wie im Sommer üblich, meldeten dänische Forscher. Und dann im August eben Regen. Eine völlig neue Dimension.

Aber was treibt die Temperaturen gerade im vermeintlich ewigen Eis so stark nach oben? Es sind vor allem warme Meeresströmungen aus dem Atlantik, die zunehmend die Arktis erwärmen, das ergaben die Daten aus der MOSAiC-Expedition, bei der sich 2019 Wissenschaftler aus 20 Nationen für ein Jahr auf dem Forschungsschiff *Polarstern* in der Polregion festfrieren ließen, um zum ersten Mal den gesamten Eiszyklus von Gefrieren bis zum Schmelzen messen und dokumentieren zu können. Ein Ergebnis: Das Eis war im Beobachtungszeitraum nur noch halb so dick wie vor rund 130 Jahren. Dabei machen besonders die immer länger werdenden eisfreien Phasen im Sommer der Polregion zu schaffen, denn sie lösen einen zerstörerischen Jojo-Effekt aus, der bereits erwähnt wurde – den Albedoeffekt. Damit ist die Fähigkeit einer Substanz oder eines Körpers gemeint, Licht- bzw. Wärmestrahlen zu reflektieren. Weißer Neuschnee zum Beispiel ist in der

Lage, bis zu 95 Prozent der einfallenden Sonnenstrahlen zurück ins Weltall zu werfen, beim grauen Granit sind es nur 15 Prozent, bei Wasser kann die Reflexionsfähigkeit sogar bis auf 2 Prozent runtergehen. Das bedeutet: Der Rest dessen, was nicht reflektiert wird, bleibt als Wärme zurück und wird gespeichert – das ist beim hellen Eis wenig, bei den dunkleren Materialien Fels und tiefes Wasser dagegen viel.

Mit diesen drei Zahlen – 95, 15 und 2 Prozent – kann sich nun jeder das Szenario selbst ausmalen, das in der Arktis abläuft, wenn die Temperatur ständig ansteigt. Schmilzt die Schnee- oder Eisdecke weg, kommt darunter entweder Fels oder Wasser zum Vorschein, statt 95 Prozent werden an diesen Stellen damit nur noch 15 oder gar um die 2 Prozent der Energie zurückgeworfen. Die anfallende Wärme bleibt mit der Konsequenz im System, dass dieses Gebiet noch stärker aufgeheizt wird. Und dadurch noch mehr Eis und Schnee verliert – ein Effekt, der sich tragischerweise immer weiter selbst verstärkt und beschleunigt.

Überall in der Polarregion ist dieser massive Temperaturanstieg zu beobachten. Als uns Tuomas, ein finnischer Rentierzüchter im Norden Lapplands, berichtete, dass es im Winter immer weniger Tage um minus 40 Grad und dementsprechend mehr Tage in den minus 30ern gebe, war unser erster Gedanke: Ist es nicht eigentlich egal, ob man sich bei minus 30 oder minus 40 Grad den Hintern abfriert? Aber sehr schnell wurde uns die alarmierende Botschaft dahinter bewusst: Die Winter im höchsten Norden Europas werden rasant wärmer, »der Schnee kommt immer später und geht immer früher«, erzählte Tuomas.

Nicht jeder, der im hohen Norden wohnt, sieht diese Entwicklung nur negativ, das konnten wir bei Dreharbeiten in Grönland feststellen. Im südgrönländischen Upernaviarsuk liegt eine landwirtschaftliche Versuchsanstalt. Ihr langjähriger Direktor, der

Agrarwissenschaftler Kenneth Høegh, führte uns zu Feldern, deren Bewuchs wir in einem Land, in dem ständig Eisbergbrocken durch die Fjorde treiben, nicht unbedingt erwartet hätten: Salat. In allen möglichen Sorten. Und gleich daneben ein Erdbeerfeld. Für Kenneth keine schlechte Entwicklung, denn bislang mussten Obst, Salat oder Gemüse ausschließlich per Flugzeug aus dem dänischen Mutterland importiert werden und waren dementsprechend teuer. Allerdings blickt natürlich auch er mit Besorgnis in die benachbarten Buchten, in die immer mehr Gletscherschmelzwasser strömt: Grönland verliert pro Jahr Eis in der Größenordnung des Fünffachen des Bodensees. Eine weitere Zahl macht das Gefahrenpotenzial deutlich, das hier schlummert: Würde alles Eis auf Grönland schmelzen, betrüge der Anstieg des Meeresspiegels sieben Meter – man braucht nicht viel Fantasie, um sich vorzustellen, was das zum Beispiel für Hafenstädte wie Hamburg, Genua, Lissabon oder New York bedeuten würde.

Doch inwieweit wirkt sich die Erwärmung der Arktis auf unser Wetter und Klima aus? Vor einigen Jahren stießen Forscher auf einen möglichen Zusammenhang. Der Hintergrund: Die großen Temperaturunterschiede zwischen dem warmen Süden und dem kühlen Norden befeuern den Jetstream, ein Westwindband, das zwischen 40 und 60 Grad Nord in etwa zehn Kilometer Höhe mit einer Geschwindigkeit von bis zu 500 Kilometern pro Stunde in West-Ost-Richtung die Erde umkreist, wobei nördlich dieses Windbands kalte Polarluft liegt, südlich davon warme Luft aus den Tropen.

Da dieses Windband immer wieder, zum Beispiel durch Gebirge, nach Norden oder Süden abgelenkt wird, läuft der Jetstream nicht schnurgerade um die Erde, sondern schlägt Wellen. Diese »Rossby-Wellen« sind nun aber die maßgeblichen Motoren unseres Wetters. Schwingen sie nach Norden aus, saugen sie warme

Tropenluft nach Europa, Russland oder in die USA; schwingen sie nach Süden aus, transportieren sie kalte Arktisluft zu uns.

Eine sehr plausible, aber letztendlich noch nicht vollständig bewiesene Hypothese von Forschern geht nun davon aus, dass die Stärke des Jetstreams – und damit auch die Zuggeschwindigkeit dieser Wellen – stark nachlässt, wenn die Temperatur- und Luftdruckunterschiede zwischen Nord und Süd sich verkleinern. Die Rossby-Wellen bewegen sich der Theorie folgend vor allem im Sommerhalbjahr oftmals nur noch im Zeitlupentempo, was zur Folge hat, dass Hochs oder Tiefs nicht mehr druckvoll weitergeschoben werden, sondern einfach über längere Zeiträume »stehen« bleiben. Das sorgt für nicht enden wollende Hitzewellen, Kälte- oder Regenperioden. Beispiele für solche Wetterlagen sind das Hitzehoch »Michaela« von 2003 mit geschätzt 70 000 Hitzetoten in Europa, Sommerdürren wie 2018 oder das Tief »Bernd«, das 2021 sowohl den Alpenraum als auch besonders Rheinland-Pfalz und Nordrhein-Westfalen mit Dauerregen, extremen Gewittern und verheerenden Überschwemmungen traf, die über 180 Tote forderten.

Die Nachrichten der letzten Jahre sind voll von solchen Naturkatastrophen, die aus diesen stehenden Wetterlagen resultieren. In der Türkei etwa wüteten im August 2021 in einem Landesteil verheerende Waldbrände, während zeitgleich in einem anderen Landesteil extreme Niederschläge für zerstörerische Überschwemmungen sorgten. Ortsfeste Tiefdrucksysteme hier, ortsfeste Hochs dort. Lang anhaltende Hitzewellen mit extremer Trockenheit sorgten in den letzten Jahren für großflächige Waldbrände in Australien, Kalifornien, Kanada, Sibirien und im Mittelmeerraum. Durch die Erwärmung der Antarktischen Halbinsel und der Westantarktis laufen auch auf der Südhalbkugel Prozesse ab, die nicht weniger dramatisch sind.

Ein weiteres, sehr drastisches Anschauungsbeispiel, was auf die Alpen zukommen könnte, lieferte uns ein deutscher Hotelier im Gegenextrem zur Polregion: der Sahara. Fritz Koring eröffnete in Marokko 1998 das »SaharaSky« bei Zagora südlich des Atlasgebirges, das immerhin einige Viertausender aufweist und ein Eldorado für Skitourengänger ist, die es etwas ruhiger und exotischer haben wollen.

Von den Schneereserven dieser Gipfel speist sich der Draa, ein Fluss, der sich vom Atlas aus an Fritz Korings Hotel vorbei in einem grünen Oasenband 1100 Kilometer lang durch die Sahara schlängelt, bevor er in den Atlantik mündet – zumindest immer mal wieder.

Denn der Wasserspiegel des Draa stieg und fiel mit dem entsprechenden Nachschub aus dem Gebirge. In den heißen Sommermonaten trocknete er aus, in den feuchten Wintern und den Monaten der Schneeschmelze stieg er wieder. So ging das Jahr für Jahr – bis 1999 Freiburger Kanuten kamen. Die Gruppe machte am Ufer fest und übernachtete im »SaharaSky«, am nächsten Tag paddelte sie weiter. Das Ganze gefiel den Freiburgern so gut, dass sie versprachen, im nächsten Jahr wiederzukommen. Doch daraus wurde nichts. »Im Jahr 2000 war plötzlich der Fluss weg«, erzählt Koring. Und er kam nicht wieder.

»Marokko trocknet aus«, meldet die in Köln erscheinende deutschsprachige *Maghreb-Post*. Ständig neue Hitzerekorde mit bis nahezu 50 Grad im Landesinnern, stetig sinkende Niederschläge, wobei gleichzeitig Extremwetterereignisse wie Stürme und Starkregen zunehmen, dramatisch sinkende Grundwasserspiegel in den Oasen und im Tal des Draa, eine immer weiter nach Norden wandernde Sahara – das sind die beunruhigenden Nachrichten aus dem Norden Afrikas, das bei einer Südlage einen nicht unerheblichen Teil unseres Wetters bestimmt.

Bei Dreharbeiten in Marokko wurden wir von Lahcen Ahansal betreut, einem Wüstensohn, der schon mehrmals den »Marathon des Sables« gelaufen ist, einen 230 Kilometer langen Ultramarathon durch die Wüste – und diese Schinderei sage und schreibe zehn Mal gewonnen hat. »Als ich ein Kind war«, erzählte uns der Mittdreißiger, »lag auf den Berggipfeln des Hohen Atlas noch bis weit in den Sommer hinein Schnee.« Davon ist heute nichts mehr zu sehen. Als wir im Mai durch das Gebirge fuhren, war es bis auf vereinzelte kleine weiße Flecken an hoch gelegenen Nordflanken schneefrei. Dem Draa und den Menschen, die an seinen Ufern leben, war der zentrale Wasserspeicher verloren gegangen.

Wie es früher einmal in dieser Gegend ausgesehen hat, zeigte uns Lahcen auf einigen Fotos aus seiner Jugendzeit. Darauf waren er und seine Freunde am Ufer des Draa zu sehen, der damals noch ein breiter Fluss war. Auf einem der Fotos sprangen die Jungs auf eine Weise ins Wasser, die mittlerweile selbst in feinsten Kreisen »Arschbombe« heißt. Wo das Foto einst entstanden war, konnte man noch das Bett erkennen, in dem der Draa damals verlief, nur war es jetzt mit Sand statt mit Wasser gefüllt.

Auch Hotelier Koring wurde von dieser Entwicklung getroffen. Als er 1998 das Hotel baute, musste er einen elf Meter tiefen Brunnenschacht ausheben, um an das Grundwasser zu kommen. Bei unseren Dreharbeiten 2015 war der Grundwasserspiegel bereits auf 30 Meter Tiefe abgesunken: 19 Meter in gerade mal 17 Jahren, das zeigt die gewaltige Dimension des Klimawandels in Marokko und welche verheerende Folgen es haben kann, wenn ein Gebirge wegen Schneemangel als Wasserspeicher ausfällt.

Eine weitere Gefahrenzone für das Klima ist der Golfstrom bzw. der Nordatlantikstrom, wie er später auf dem freien Atlantik heißt. Dieses gewaltige System transportiert warmes Oberflächenwasser vom Äquator in Richtung Arktis und umgekehrt kaltes

Tiefenwasser wieder nach Süden. Auf ihrer Reise streift diese Meeresströmung auch Mitteleuropa und sorgt so für unser mildes, gemäßigtes Klima.

Immer wieder wurde in den vergangenen Jahren und Jahrzehnten gemeldet, dass die Dynamik dieses globalen Förderbands schwächle – zuletzt veröffentlichten Wissenschaftler 2021 eine Studie, die belegte, dass der Golfstrom in über 1000 Jahren nie so schwach war wie zurzeit. Was es bedeuten würde, wenn er gar kippte, war Thema von Roland Emmerichs Katastrophenthriller »The Day After Tomorrow« aus dem Jahr 2004. Wissenschaftler rauften sich zwar die Haare über einige deftige physikalische Irrtümer, aber der Klimawandel, wenn auch made in Hollywood, erreichte so immerhin ein Millionenpublikum.

Das Problem des Golfstroms ist aber durchaus real. Eine immer wärmer werdende Arktis produziert immer mehr süßes Schmelzwasser, das als Labradorstrom vor der Ostküste der USA auf den stark salzhaltigen Golfstrom stößt, der auf seinem Weg zur Grönlandsee ist. Der Mix, der dabei entsteht, hat es in sich.

Denn der hohe Salzgehalt sorgt für eine hohe Dichte, das Wasser ist damit deutlich schwerer als Süßwasser – eine wesentliche Voraussetzung dafür, dass das Golfstromwasser zwischen Grönland, Island und der norwegischen Insel Jan Mayen wie ein riesiger Wasserfall zum Meeresboden sinkt und seinen Weg zurück nach Süden nimmt. Wird dieses Wasser jedoch immer stärker mit Süßwasser aus der zunehmenden Arktisschmelze verdünnt, sinkt sein Salzgehalt ständig, und diese Abwärtsdynamik nimmt peu à peu ab. »Wenn wir die globale Erwärmung weiter vorantreiben, wird sich das Golfstromsystem weiter abschwächen, laut der neuesten Generation von Klimamodellen bis 2100 um 34 bis 45 Prozent«, sagt der schon zitierte Klimaforscher Stefan Rahmstorf vom Potsdam-Institut für Klimafolgenforschung PIK (Quelle:

SPIEGEL, 9.8.2021), ein Level, das die Welt gefährlich nahe an den Kipppunkt bringen könnte, an dem die Strömung instabil wird.

Was aus all diesen Punkten zu lernen ist: Das Klima der Alpen kann man nicht für sich allein betrachten, es ist ein Produkt aus einer Vielzahl von Faktoren in allen Teilen der Welt, von der Arktis über die Sahara bis hin zum weltumspannenden System des Golfstroms.

»Daisy« und die Medien

Sven Plöger

Wie wir in diesem Buch gesehen haben, mussten die Medien in den zurückliegenden Jahren leider viel von echten Naturkatastrophen berichten. Dass es aber auch anders sein kann, erfuhr ich, kaum dass das Jahr 2010 begonnen hatte. Vorab: Es war absolut richtig, Anfang Januar vor dem herannahenden Sturmtief »Daisy« zu warnen. Es baute nämlich eine klassische Luftmassengrenze über Europa auf, als es von Spanien über Norditalien Richtung Schwarzes Meer zog. Nach dem Durchzug des Sturmfeldes kam es vor allem auf den Britischen Inseln und in Frankreich zu einer Kältewelle mit teilweise unter minus 15 Grad, während auf seiner Vorderseite über Rumänien anfangs noch fast 20 Grad plus gemessen wurden! Der Alpenraum bekam einige Zentimeter Schnee ab, man blieb aber völlig entspannt. Winter im Winter kann ja mal passieren. Im Norden und in der Mitte Deutschlands fielen vom 7. bis 9. Januar täglich etwa 5 bis 15 Zentimeter Neuschnee. Die Windböen lagen meist unterhalb von 70 Kilometern pro Stunde, an Nord- und Ostsee wurden aber auch mal knapp über 100 Kilometer pro Stunde erreicht.

    Da ich an diesen Tagen im Wettereinsatz war, lautete meine Analyse ebenfalls: Business as usual im Winter. Deutlich drauf hinweisen: ja. Vollkommen durchdrehen: nein. Aber irgendwie muss der mediale Wunsch nach Dramatik in dieser Zeit groß gewesen sein, und so stand ich schnell auf verlorenem Posten mit meiner Aussage, dass es einen typischen Wintersturm mit jeweils bis zu 15 Zentimetern Neuschnee am Tag geben werde. Den Hinweis, man solle keine unnötigen Autofahrten unternehmen und, sofern sie unbedingt notwendig wären, mit vollem Tank und einem warmen Schlafsack aufbrechen – für den Fall, dass es zu Verkehrsstaus komme –, hielt ich für angemessen. Das war's dann aber auch.

Wie langweilig muss das in den Ohren einiger durch was auch immer aufgeputschter Medienschaffender geklungen haben. Jedenfalls entstand schnell der »Monsterblizzard Daisy«, der eine »Schneewalze« über das Land rollen lassen werde. In vielen Redaktionen wurden wildeste Erinnerungen an nie erlebtes Wetter wach, aus dem Sturm wurde geschwind ein Orkan, und sofort begann man, ebenso eifrig wie eigenwillig zu rechnen: Schneemassen und Orkan kreieren gefühlt mindestens einen halben Meter Neuschnee durch Schneeverwehungen. Da in der aufgewühlten Lage aber jede Hoffnung auf eine vernünftige Berichterstattung vergebens war, stellten kurz darauf viele Gazetten besorgt fest, dass ein halber Meter Neuschnee bei schwerstem Orkan ja mindestens eine Schneehöhe von 1,50 Meter entstehen lasse (die armen Schneewehen mussten also zweimal ran). Und wo sollte das eigentlich alles stattfinden? Hmm. Bestimmt überall in Deutschland! Ein Land in Schockstarre, Sonderschalten im Fernsehen und im Radio – oft mit meiner Beteiligung, wobei ich immer wieder aufs Neue, aber völlig erfolglos versuchte, einfach über das zu erwartende Wetter zu sprechen. Stattdessen wurde sogar über notwendige Hamsterkäufe debattiert – wer weiß, ob und wann wir nach »Daisy« jemals wieder an Lebensmittel gelangen könnten? Mir blieb nur, erstaunt zu gucken und ernsthaft an der Menschheit zu zweifeln.

Und dann? Nachdem der typische Wintersturm mit Schnee und ohne Dramatik durchgezogen war, wurde sofort damit begonnen, auf uns Meteorologen einzudreschen: Wie hätten wir eigentlich so maßlos übertreiben können! Uns fehle es wohl an Verantwortungsgefühl, am rechten Maß für sorgsame Warnungen oder einfach ganz generell an der Fähigkeit, Wetter vorherzusagen. Ich entschied mich gegen Schnappatmung und dachte nur: In ein paar Jahren schreibe ich das mal auf. Dies ist hiermit geschehen, und jeder von uns muss sich überlegen, an welcher Stelle man seiner Verantwortung gerecht werden sollte. Das gilt bei einer Wettervorhersage und bei allem anderen, was man tut. Nimmt man sie nicht wahr, kann es gefährlich werden.

Und danach?
Die Zukunft der Alpen

»Als er den Waldsaum erreichte, dessen Wipfel schon von Sonne brannten, während kühler Schatten noch um die Stämme duftete, verhielt ihm ein reizvolles Bild den Schritt. Neben dem Wege lag ein Mädchen schlummernd in den blühenden Heidelbeerbüschen, die Hände unter dem Nacken verschlungen, das Gesicht ein wenig zur Seite geneigt. Die Glieder des schönen Körpers, der unter der leichten Hülle der ländlichen Tracht seine schlanken Linien verriet, waren wohlig in den Teppich der linden Büsche geschmiegt ...«

Tief durchatmen! Ludwig Ganghofer in Hochform. Der bayerische Bestsellerautor des beginnenden 20. Jahrhunderts schrieb diese Kitschszene für seinen 1904 erschienenen Roman »Der hohe Schein«. Worte aus einer anderen Welt, nicht nur im literarischen, gesellschaftlichen oder politischen Sinne. Eine Postkarte aus diesem Jahr verdeutlicht, wie anders sich Ganghofer und seinen Zeitgenossen damals die alpine Bergwelt noch darbot. Das Foto zeigt den Gepatschferner im Tiroler Kaunertal, einen mächtigen Eisstrom, der sich praktisch auf Augenhöhe am Fotografen vorbeischlängelt. Auf einem Foto, das 113 Jahre später vom selben Standort aus aufgenommen wurde, sieht man nur noch viel Geröll, steile Schutthänge und erst ganz weit im Hintergrund die jämmerlichen Überreste des einst so stolzen Gletschers. Allein zum Aufnahmezeitpunkt 2017 hatte der Gepatschferner im Vergleich zum Vorjahr 125 Meter Länge verloren, er ist damit der am schnellsten rückläufige Gletscher in Österreich.

Der Gepatschferner auf einer Postkarte von 1904 und auf einem Foto von 2017 – wie wird es dort 2130 aussehen?

Was wird ein Foto weitere 113 Jahre später 2130 zeigen? Kein Fleckchen Eis mehr? Nur noch Geröll? Und Hänge, die abgerutscht sind, weil ihnen wie 2005 an der Stieregg über Grindelwald die Stabilität verloren ging? Werden ständig steigende Temperaturen den Permafrost in den Berggipfeln so weit zurückgedrängt haben, dass wie 2017 in Bondo ganze Bergflanken abgesprengt werden? Werden die Heidelbeersträucher, in die sich Ganghofers schöne Maid zum Schlummern legte, überhaupt noch in den Alpen heimisch sein? Oder werden sie durch ständig zunehmenden Trockenstress längst ausgestorben sein – so wie Hunderte anderer Pflanzen- und Tierarten auch? Und werden sich Europas Länder in solchen Dürrezeiten um das spärlicher fließende Alpenwasser streiten?

Wir werden uns an andere Alpen gewöhnen müssen. Wie sie genau aussehen werden, vermag jedoch noch keiner zu sagen.

Was man weiß: Wenn die Temperaturen steigen, kann die wärmere Luft mehr Feuchtigkeit aufnehmen. Die Wolken werden also mehr Wasser in Richtung Berge transportieren. Wann und wie es dort in welchen Höhenlagen niedergeht – als Regen oder Schnee –, bleibt abzuwarten. Wird es immer häufiger so ein instabiles Hin und Her geben wie im Winter 2020/21? Sie erinnern sich – die größten Januar-Neuschneemengen seit 1968, und dennoch war der Winter um 1,6 Grad zu warm.

Es wird mehr Extremwetterlagen geben, prognostizieren Experten. Bedeutet das mehr Starkregen und heftigere Gewitter und Stürme? Droht Gemeinden an Alpenflüssen und -bächen ein ähnliches Schicksal wie im Juli 2021 den Dörfern im rheinland-pfälzischen Ahrtal? Werden ganze Gebiete wegen Bergsturzgefahr geschlossen werden? Oder weil die Lawinengefahren immer unberechenbarer werden? Wird es für Touristen Einschränkungen geben, so wie es bereits in der »Wave« der Coyote Buttes North der Fall ist, einer bizarren, von Sand rund geschliffenen Felslandschaft im US-Bundesstaat Utah? Pro Tag dürfen maximal 20 Besucher das Gebiet betreten, die Tickets werden oft schon Monate vorher in einem Losverfahren vergeben. Sieht so die Zukunft der Alpen aus?

Zum guten Schluss: Bildbetrachtung eines alpinen Weihnachtswunders

Vals in Tirol, wo an Heiligabend 2017 Zehntausende Tonnen Gesteinsmaterial ins Tal stürzten und das Dorf nur knapp verfehlten
Credit: Daniel Liebl

Dieses Foto wurde am 25. Dezember 2017 in Vals in Tirol aufgenommen (nicht zu verwechseln mit dem schweizerischen Vals in Graubünden). Obwohl es mehrere Jahre alt ist, zeigt es alpine Gegenwart und Zukunft in einem.

Doch von Anfang an: Es war Sonntag, der 24. Dezember 2017, Heiligabend. Wie überall im Tal war auch in Vals gegen 16:30 Uhr Schluss mit der hektischen Betriebsamkeit, die Sonne ging gerade unter, und jeder im Dorf versammelte sich mit der Familie zu Hause vor dem Christbaum. Auf der viel befahrenen Landesstraße

L 230, die St. Jodok am Brenner mit dem 500-Seelen-Dorf verbindet, war deshalb auch niemand mehr unterwegs. Zum Glück. Denn um 18:17 Uhr lösten sich mehrere Zehntausend Tonnen Fels und Erde und verschütteten ein langes Straßenstück kurz vor dem Dorf meterhoch. Wäre nicht Heiligabend und Sonntag gewesen, viele Berufspendler hätten sich noch auf dem Heimweg befunden.

Auf dem Foto kann man es im wahrsten Sinne des Wortes schwarz auf weiß sehen: Nur wenige Hundert Meter weiter links, und es hätte eine Katastrophe gegeben. So aber machte schnell das Wort vom »Weihnachtswunder« die Runde.

Da es keine Opfer gab, schaffte es dieser Bergsturz nur zu allenfalls regionaler Bekanntheit. Wie man sieht, war es auch kein katastrophaler Abbruch einer ganzen Felsflanke wie am Piz Cengalo bei Bondo, sondern eine Rutschung an einer mittelhohen Erhebung, so wie es sie auch im Sauerland, Schwarzwald oder Fichtelgebirge gibt. Das vergleichsweise unspektakuläre Foto zeigt damit den Umstand, dass der Klimawandel Berge wie Hügel instabil macht, sei es oberhalb der Nullgradgrenze durch schmelzendes Eis im Berginneren oder unten im Tal durch die Veränderungen im Boden aufgrund von Extremwetterlagen, Humusverlust oder anderen Einflüssen. Die Zahl solcher Vorfälle wird steigen, da sind sich Forscher sicher.

Ein weiterer Effekt, den man aus dem Foto herauslesen kann: Der Klimawandel setzt jahrhundertealtes Wissen um die Gesetzmäßigkeiten der Natur außer Kraft – von einem Tag auf den anderen und in Sekundenschnelle. Ein Blick in die Geschichte von Vals verdeutlicht das: 1313 zum ersten Mal urkundlich erwähnt, erlebte das Dorf so ziemlich jeden vorstellbaren Schrecken: Hunger, Seuchen, Schlachten, Besatzung, ein Zwangsarbeiterlager der Nazis. Aber der Nordhang direkt über dem Dorf war nie zum Problem geworden. Deshalb bauten die Alten genau hier ihre Häuser und

Höfe. Dieses Naturwissen hielt der Realität 704 Jahre lang stand. Bis eben zum Heiligabend 2017. Nur: Auf das Glück, das Vals hatte, darf man sich nicht verlassen.

Auf dem Foto selbst nicht, aber mit einem kurzen Blick auf die Karte ist einer der Haupttreiber der Klimakatastrophe zu erkennen: der Verkehr. Nur viereinhalb Kilometer nordwestlich von Vals verläuft die Brennerautobahn, auf der sich im Jahr 2020 14,83 Millionen Pkws und Lkws zwischen Österreich und Italien hin- und herquälten. Wenn man sich nochmals vor Augen hält, dass das, was aus dem Auspuff rauskommt, dreimal so schwer ist wie das, was man in den Tank einfüllt, wird klar, welche Schadstofflasten durch die A 13 die Region bereits vor der Grenze überschwemmen.

Inzwischen erinnern bei Vals Lawinenverbauungen, Steinschlagschutzdämme, Stahlnetze und eine Gedenktafel an den Bergsturz. Rund 7,5 Millionen Euro wurden um das Dorf herum verbaut, meldete die Tageszeitung *Der Tiroler* in einem kurzen Artikel, das sind umgerechnet 15 000 Euro pro Bewohner. Eine kleine Kopfrechnung dazu, fernab jeglicher faktischen Untermauerung: Müsste man in jeden einzelnen der 13 Millionen Alpenbewohner diesen Betrag investieren, käme die stolze Summe von 195 Milliarden Euro zusammen. Nur für Straßen- und Gebäudeschutz. Dazu kämen noch Erhalt der Waldgürtel, künstliche Lawinenverbauungen, Hochwasserstaubecken, Gletscherschutzmaßnahmen und und und …

Was man aus dem Foto des Valser Weihnachtswunders herauslesen kann: Es sind nicht die großen Katastrophen allein, die alles so komplex und teuer machen, sondern die unzähligen kleinen Schutzmaßnahmen, die oft schon wenige Kilometer weiter kaum mehr wahrgenommen werden. Man sieht: Die Alpen, wie wir sie kennen, gibt es nicht umsonst.

Und es geht ja nicht nur um dieses Gebirge im Herzen Europas. Es geht genauso um die Küsten, die vom steigenden Meeresspiegel bedroht werden, um die Landschaften mitten drin, die wie das idyllische Ahrtal von einem Tag auf den anderen in eine Wüste aus Schlamm und Trümmern verwandelt werden, und es geht auch um die Böden in unseren Landwirtschaftszentren, die – so zeigen neueste Studien – in naher Zukunft immer weniger Erträge bringen könnten.

Kurz: Es geht um alles!

Das ist wirklich eine absolute Herkulesaufgabe! Und genau da steckt das Problem. Der Berg an Herausforderungen ist riesig und berührt fast alle Bereiche unseres Lebens. Eine solche Aufgabe erscheint schnell unüberwindlich groß, und plötzlich stellt sich die Frage, ob das eigentlich zu schaffen ist. Und wenn ja, wie, wo doch alles so sehr miteinander verknüpft ist. Man weiß gar nicht, wo man anfangen soll, und steht plötzlich verunsichert da wie das Kaninchen vor der Schlange. Wie soll aus diesem Zustand eine Aufbruchstimmung entstehen?

Vielleicht so: Man sortiert erst die Dinge aus, die garantiert nicht helfen. Den Klimawandel zu ignorieren oder sich die Welt schönzureden ist bestenfalls bequem, schlimmstenfalls wird man sein blaues Wunder erleben. Unser heutiges Wissen über das Klimasystem und den menschengemachten Einfluss darauf ist trotz akademischer Detailfragen sehr gut abgesichert.

Danach sollte man sich einen Satz bewusst machen, den wohl alle Eltern schon zu ihren Kindern gesagt haben: »Euch soll es mal besser oder zumindest gleich gut gehen wie uns.« Niemals sagen Eltern ihren Kindern: »Wir wünschen euch, dass es euch mal schlechter geht als uns.« Aber leider tun wir gerade alles dafür, dass es genau so kommen kann. Doch ignorant gar nichts zu tun oder mutlos, weinerlich und bräsig aufzugeben, bevor man überhaupt richtig angefangen hat, etwas zu tun, ist allein aus Fairness gegenüber den nachfolgenden Generationen gar keine Option!

Das Wichtigste, was wir zunächst brauchen, ist eine optimistische Haltung! Wenn man das für naiv hält, bietet sich die Gegenprobe an: Was hat man davon, eine hoffnungslose und grundpessimistische Weltsicht einzunehmen? Ist auf diese Weise mehr zu erreichen? Hilfreicher ist es da schon, den Optimismus nicht nur zu fühlen, sondern auch zu begründen. Mit offenen Augen in die Welt zu schauen, sich lokale Projekte oder Start-ups anzusehen, durch die längst Dinge verbessert werden konnten, das motiviert. Und sich immer wieder klarmachen, dass die Wissenschaft eindeutig sagt, dass wir viele Ziele wirklich erreichen können, wenn wir die Dinge, die wir vereinbart haben, weltweit entschlossen umsetzen. Wenn man A sagt, muss man auch A machen und nicht B, sonst funktioniert es nicht – das ist Lebenserfahrung, die immer gilt.

Jetzt braucht es etwas Kraft, denn wir müssen schon ehrlich sein. Und deshalb gehört der Gedanke aus dem Kopf verbannt, dass die Klimaziele auch ohne Veränderungen bei der eigenen Lebensgestaltung erreicht werden können – nach dem Motto »wasch mir den Pelz, aber mach mich nicht nass«. Das ist schlicht unmöglich. Denn es ist doch auch so: Wenn sich Wetterkatastrophen ungebremst weiter häufen, wird sich die Lebensgestaltung ebenfalls ändern, nur hat man dann keinen Einfluss mehr auf das »wie«. Und wir schreiben auch bewusst »Veränderung der Lebensgestaltung«, denn wer sagt eigentlich, dass Veränderung immer Verzicht heißt? Wo steht das geschrieben? Veränderung kann doch genauso gut ein Gewinn sein, ja selbst eine persönliche Herausforderung kann ein Gewinn sein! Sind drei auf Teufel komm raus in den Jahresurlaub gepresste Fernreisen plus zwei Kreuzfahrten auf übervollen Riesendampfern wirklich zwingend so viel besser, als beispielsweise ganz entspannt vier Wochen am Stück durch die Bergwelt der wunderschönen Alpen zu wandern und dabei großzügige, das Alltagsleben entschleunigende Pausen einzulegen? Die zweite, sehr viel klimafreundlichere Variante könnte ein unglaublicher Gewinn sein. Probieren Sie's doch einfach mal aus ...

Für das eigene Gemüt ist noch etwas wichtig: nicht immer auf die anderen schauen! Oft hört man: »Was macht es denn für einen Sinn, wenn ich mich bemühe, klimafreundlich zu leben, und andere tun das nicht?« Natürlich kann sich diese Frage jeder Einzelne, sogar auch ein ganzes Land stellen. Nur: Was soll eine vernünftige Antwort darauf sein? Ist es wirklich sinnvoll, deshalb nichts zu tun, weil andere nichts tun? Und mit diesem Argument in Kauf zu nehmen, dass die Geschichte einen Verlauf nimmt, unter dem man am Ende auch selbst leiden wird? Das ist weder sinnvoll noch logisch. Man sollte es einfach angehen, wie es Sportler in Interviews gebetsmühlenartig wiederholen: »Ich muss mich auf meinen Wettkampf und nicht auf den der anderen konzentrieren.« Genau!

Dass in vielen Ländern dieser Welt und an vielen Stellen in unserem Land zu wenig gemacht wird, dass die Politik den eigenen Zielen ständig hinterherhinkt, dass viel zu viele Lobbyisten viel zu viel Einfluss haben, dass vernünftige Rahmenbedingungen oft fehlen, dass wir an vielen Stellen in maßloser, zeitfressender Bürokratie ertrinken, dass in einigen Regionen der Welt himmelschreiende Ungerechtigkeiten herrschen und vieles besser sein könnte, als es ist: alles richtig! Aber solche Erkenntnisse haben zunächst einmal nichts damit zu tun, ob man selbst bereit ist, mehr für den Erhalt der eigenen Umwelt zu tun als bisher. Diese ganze Litanei wird allzu oft als Ausrede missbraucht, um sich zurückzulehnen: Weil so vieles im Argen liegt, lohnt sich mein eigenes Handeln doch gar nicht. Falsch, niemand ist machtlos. Bereitschaft zur

Veränderung, Erfindergeist und Technik sind gemeinsame Stellschrauben, mit denen Ziele erreicht werden können.

Kehren wir zu unserem Eingangsbild zurück – dem Berg an Herausforderungen. Was machen Bergsteiger in den Alpen, wenn sie ein hohes Hindernis überwinden wollen? Sie analysieren die Kletterroute, zerlegen sie in überschaubare Routenabschnitte und verteilen dann die Aufgaben untereinander. Das wäre auch etwas für diesen Berg der Herausforderungen!

Auf unseren Reisen sind wir gerade in den Bergen der Alpen immer wieder mit Menschen ins Gespräch gekommen, die sich aufgrund der sichtbaren Veränderungen und der Emotionen, die das auslöst, genau diese Frage gestellt haben: »Was kann ich denn selbst gegen diese Entwicklung tun?« Jetzt könnten wir hier eine lange Liste mit vielen Ratgebern einfügen, die das Buch dicker machen würde, und sagen: »Lesen und machen!« Doch wir möchten lieber auf den aus unserer Sicht wichtigsten Gedanken zu sprechen kommen.

Es kommt auf die Praxis an! Ratgeber lesen ist gut, zu tun, was drinsteht, ist besser, aber Dinge in der Praxis zu erleben ist am besten. Doch dafür braucht man Zeit. Und nun stellen Sie sich vor, wir erringen als Gesellschaft die Übereinkunft, dass jeder junge Mensch sich ein Jahr seines Lebens für die Solidargemeinschaft einsetzt. Das kann im sozialen Bereich sein, das kann aber auch ein Umweltjahr sein. Genug Zeit zu haben, Zusammenhänge zu verstehen, »an die Hand genommen« und sensibilisiert zu werden für Vorgänge in der Natur – das ist ein Fundament aus Erfahrung, das es am Ende viel leichter macht, wirklich bereit zu sein, Dinge zu verändern, die man bisher »halt schon immer so« gemacht hat. Und in der heutigen Welt mit einer zu hohen »Ich-Dominanz« ist es auch kein Fehler, in die Solidarität einer Gesellschaft zu investieren.

Als wir diese letzten Zeilen geschrieben haben, fiel uns auf, was die Alpen schaffen, einfach weil sie da sind: Durch ihre Ruhe schenken sie uns Zeit, die wir in unserer Alltagshektik des Höher, Schneller, Weiter, Mehr kaum mehr finden, aber stets vermissen. Hat man diese Zeit, um nachzudenken, dann kann man einen klaren Kopf bekommen, dann kann man Optimismus begründen und für sich selbst ein Startsignal setzen. Dafür, dass auch die Alpen enkelfähig bleiben!

Die Gebirgsgruppen der Alpen

Ostalpen
1 Bregenzerwald-Gebirge
2 Allgäuer Alpen
3a Lechquellen-Gebirge
3b Lechtaler Alpen
4 Wetterstein-Gebirge und Mieminger Kette
5 Karwendel
6 Brandenberger Alpen (Rofan-Gebirge)
7a Ammergauer Alpen
7b Bayerische Voralpen
8 Kaiser-Gebirge
9 Loferer und Leoganger Steinberge
10 Berchtesgadener Alpen
11 Chiemgauer Alpen
12 Salzburger Schieferalpen
13 Tennen-Gebirge
14 Dachstein-Gebirge
15 Totes Gebirge
16 Ennstaler Alpen
17a Salzkammergut-Berge
17b Oberösterreichische Voralpen
18 Hochschwab-Gruppe
19 Mürzsteger Alpen
20 Rax-Schneeberg-Gruppe
21 Ybbstaler Alpen
22 Türnitzer Alpen
23 Gutensteiner Alpen
24 Wienerwald
25 Rätikon
26 Silvretta
27 Samnaun-Gruppe
28 Ferwall-Gruppe
29 Sesvenna-Gruppe
30 Ötztaler Alpen
31 Stubaier Alpen
32 Sarntaler Alpen
33 Tuxer Alpen
34 Kitzbüheler Alpen
35 Zillertaler Alpen
36 Venediger-Gruppe
37 Rieserferner-Gruppe
38 Villgratener Berge
39 Granatspitz-Gruppe
40 Glockner-Gruppe
41 Schober-Gruppe
42 Goldberg-Gruppe
43 Kreuzeck-Gruppe
44 Ankogel-Gruppe
45a Radstädter Tauern
45b Schladminger Tauern
45d Seckauer Tauern
45c Rottenmanner und Wölzer Tauern
46a Nockberge
46b Lavanttaler Alpen
47 Randgebirge östlich der Mur
48b Sobretta-Gavia-Gruppe
48c Nonsberggruppe
48a Ortleralpen
49 Adamello-Presanella-Gruppe
50 Gardaseeberge
51 Brentagruppe
52 Dolomiten
53 Fleimstaler Alpen
54 Vizentiner Alpen
56 Gailtaler Alpen
57b Südliche Karnische Alpen
57a Karnischer Hauptkamm
58 Julische Alpen
59 Karawanken und Bachergebirge
60 Steiner Alpen
63 Plessurgebirge
64 Plattagruppe
65 Albulaalpen
66 Berninaalpen
67 Livignoalpen
68 Bergamasker Alpen

Westalpen
70 Appenzeller Alpen
71 Schweizer Mittelland
72 Französischer Jura - Schweizer Jura
73 Zentralschweizerische Alpen
74 Berner Voralpen
75 Freiburger Voralpen
76 Chablais-Alpen
77 Savoyer Kalkalpen
78 Französische Kalkalpen
79 Provencalische Alpen
80 Glarner Alpen
81a Gotthardgruppe
81 Urner Alpen
82 Adula-Alpen
83 Tessiner Alpen
84 Berner Alpen
85 Diableretsgruppe
86 Walliser Alpen
87 Mont-Blanc Gruppe
88 Grajische Alpen
89 Dauphiné-Alpen
90 Cottische Alpen
91 Meeralpen
92 Ligurische Alpen